교부들은 기독교의 근원이자 보화다. 이를 간파한 종교개혁가들은 '근원으로 돌아가라'는 구호를 외치며 교부들로부터 교회를 개혁할 힘과 자원을 발견했다. 저자는 교부들의 성경 해석 방법을 명쾌하게 설명함으로써 그 샘물로 우리를 친절하게 안내한다. 성경 읽기 및 해석에 관한 좋은 책들이 많지만 초기의 기독교 교사들의 지혜를 가르쳐 준다는 점에서 이 책의 가치는 두드러진다. 책의 곳곳에서 독자들은 고전이 주는 신비한 감동과 통찰력을 얻을 수 있을 것이다. 저자는 이 책을 통해 교부들이 어떻게 성경을 이해하고 해석했는지 상세하고 생동감 있게 전달하는데, 무엇보다 교부들이 성경의 세계에 깊이 빠져 있으며 그들의 사상과 언어, 사역이 성경에 의해 철두철미하게 형성되었음을 잘 보여 준다. 동·서방의 대표적 교부들과 알렉산드리아, 안디옥 전통의 성경 해석 방법에 대한 설명은 성경 해석의 다양하고 풍성한 특징을 제대로 알려 준다. 또한 이 책은 교부들의 성경 해석이 단지 지적 작업이 아니라 예배와 경건과 실천과 필연적으로 연결되어 있음을 뛰어나게 보여 준다. 이 책을 길잡이로 삼아 교부들과 함께 성경을 읽는다면 성경 읽기의 기쁨과 유익이 더 커질 것이라 확신한다.

배정훈 교수(고신대학교 신학과)

나는 21세기에 신학을 공부했고, 소위 '역사-문법-문예적' 방식으로 성경을 주석하는 법을 배웠다. 즉 그것이 긍정적이든 부정적이든 '현대성'이라는 빛 아래에서 성경을 읽도록 훈련받았다. 나 같은 독자들에게 교부들의 성경 읽기는 지나치게 알레고리적이고 신비적으로 보일 것이다. 물론 교부들의 해석에 비판의 요소가 없지 않지만 그럼에도 불구하고 교부들은 우리를 지나친 합리성과 학문 세계의 좁은 틀에서의 해석이라는 괴물로부터 우리를 구원한다. 그들의 교회 및 하나님 중심적 해석은 우리를 뜨거운 경건으로 인도하며, 우리를 순수한 영혼으로 만들어 간다. 이 책은 주요 교부들의 성경 읽기를 개관하고, 현대성 아래에 있는 우리의 시력을 새롭게 하여 공교회의 교제 안에서 하나님의 말씀을 읽는 새로운 경험을 하도록 우리를 초대한다.

이정규 담임 목사(시광교회)

Reading Scripture with the Church Fathers

Originally published by InterVarsity Press
as *Reading Scripture With the Church Fathers* by Christopher A. Hall.

위대한 성경 교사들과 함께 성경을 만나다

교부들과 성경 읽기

Reading Scripture with the Church Fathers

뎁, 네이선, 나탈리, 조슈아에게

차례

서문 10

1장 교부들을 왜 읽어야 하는가 14

교부들은 믿을 만한가 · 오직 성경으로? · 기억의 부재 · 고향으로 돌아오는 길 · 주

2장 현대인의 생각과 성경 해석 28

전통으로의 도피? · 포스트모더니즘: 통찰과 책임회피 · 현재 상태 · 공사 중인 다리 · 다른 안경을 통해 · 해석학적 근접성 · 주석과 영적 형성 · 주

3장 교부들은 누구인가 68

교모는 안 되나? · 교부는 어떤 사람인가? · 핵심을 이루는 특징 · 주

4장 동방의 네 박사: 아타나시우스, 나지안주스의 그레고리우스, 대 바실리우스, 요하네스 크리스소토무스 92

아타나시우스 · 해석의 사례 · 아타나시우스의 해석학적 반전 · 추가 연구를 위해 · 나지안주스의 그레고리우스 · 해석의 사례 · 추가 연구를 위해 · 대 바실리우스 · 해석의 사례 · 추가 연구를 위해 · 요하네스 크리스소토무스 · 해석의 사례 · 추가 연구를 위해 · 주

5장 **서방의 네 박사:** 174
암브로시우스, 히에로니무스,
아우구스티누스, 대 그레고리우스
아타나시우스 · 해석의 사례 · 아타나시우스의 해석학적 반전 · 추가 연구를 위해 · 나지안주스의 그레고리우스 · 해석의 사례 · 추가 연구를 위해 · 대 바실리우스 · 해석의 사례 · 추가 연구를 위해 · 요하네스 크리소스토무스 · 해석의 사례 · 추가 연구를 위해 · 주

6장 **교부와 성경:** 알렉산드리아의 주석 230
여러 층위를 가진 성경 · 필로 · 오리게네스의 선배들 · 알렉산드리아의 주적 · 오리게네스 · 주

7장 **교부와 성경:** 안디옥의 대응 272
타르수스의 디오도루스 · 몹수에스티아의 테오도루스 · 알렉산드리아와 안디옥: 부유함과 가난함에 대해 · 주

8장 **교부의 성경 해석 이해하기** 308
들어가는 물음 · 지식, 태도, 성향 · 듣는 법 배우기 · 기억하는 법 배우기 · 전통? · 초대 · 주

약어표 · 주요 교부들의 연대 · 주요 공의회 목록 · 더 읽을 만한 책들 · 역자 후기 · 교부들의 주요 활동 무대

서문

런던을 처음 방문하기 위해 준비하던 때가 기억난다. 나는 우선 런던의 역사를 훑어보았다. 그리고 지도를 보고 방문할 장소들을 표시하면서 그 곳들을 직접 눈으로 보면 어떨지를 상상해 보았다. 실제로 런던을 방문하고 나는 실망하지 않았다. 런던은 기대했던 것만큼 인상적이었다. 물론 실망스러운 부분도 없지 않았다. 예를 들어, 빅벤이 생각보다 작다는 것을 알고는 놀랐다. 사진에서 빅벤은 주변 풍경을 압도할 정도로 인상적이었다. 아마도 카메라 각도와 조명 때문이었던 것 같다. 실제의 빅벤이 인상적이었지만 사진으로 보았던 것만큼은 아니어서 조금 실망했다.

이 이야기를 하는 이유는 교부를 처음 만나는 독자들도 이와 비슷한 실망이나 심지어 환멸 같은 것을 느낄 수 있지 않을까 해서다. 특히 현실적이지 않거나 잘못된 정보에 근거한 기대감을 갖고 있거나 주제에 맞지 않는 기대를 하고 있을 경우 그럴 가능성이 높다. 그래서 이 책에서 기대해야 할 것은 무엇이고 기대하지 않아야 할 것은 무엇인지를 서두에 이야기하려 한다. 교부들의 주석 세계에 들어가려면 길을 인도할 안내판이 있어야 하는데, 이 책은 바로 그런 안내판을 필요로 하는 사람들을 위한 것이다.

"교부들의 성경 주해" 같은 초기 기독교의 성경 해석을 다룬 중요한 주석 총서가 최근 출간되어 많은 관심을 받고 있다. 교부들의 성경 해석을 공부하려는 이들에게 이런 총서는 많은 도움을 준다. 본서도 그런 역할을 하기를 바란다. 나는 교부들의 성경 해석 방법론과 내용을 명쾌하고 간결하게, 그리고 정확하게 소개하려고 한다. 골치 아프게 교부들의 글을 읽어야 하는 이유는 무엇인가? 교부들은 어떤 사람들이고 어떻게 성경을 읽었는가? 교부들은 어떤 방법론과 기술을 채택해 성경을 읽었으며, 현대의 독자가 보지 못하는 강조점과 주제 그리고 그들만이 찾아낸 성경의 특성들은 어떤 것인가? 언어, 정치, 사회, 철학적 환경은 교부들이 성경을 읽는 데 어떤 영향을 주었는가? 교부들의 해석 가운데 가장 돋보이는 부분은 어디이고 실수한 곳은 어디인가? 오늘날 우리가 성경을 읽는 데 교부들은 어떤 도움을 주는가? 이와 관련된 여러 질문과 그에 대한 적절한 대답이 책 대부분을 차지할 것이다.

교부들이 이미 익숙한 사람들에게 이 책은 새로울 것이 별로 없어 보일 수도 있다. 아니, 오히려 어떤 부분은 왜 누락되었는지 의아해할지도 모르겠다. 어떤 교부는 제외하고, 어떤 교부는 포함했는지 궁금한 사람들에 대한 나의 우선적인 대답은 지면의 한계와 책의 목적 때문에 논의와 분석이 제한되었다는 것이다. 따라서 교부들을 자세하게 연구할 때 주의 깊게 귀 기울여야 하지만 본서에서는 다루지 않는 교부들이 있다. 암브로시아스터와 티코니우스 같은 교부들이 성경 주석에 어떻게 이바지했는지에 대해서 자세하게 쓰지 않았다. 이들은 교부의 성경 해석을 처음 연구하는 사람에게는 잘 알려진 인물이 아니지만, 이 영역을 깊이 연구한 사람들에게는 익숙한 인물들이다. 오히려 나는 성경의 한 구절 한 구절마다 주석을 붙이지는 않은 나지안주스의 그레고리우스 같은 교부들을 자세히 다룬다. 그러나 시리아 교회와 콥트 교회의 전통에 나오는 풍부한 내용을 별로 다루지 않았다. 이를 의아하게 생각하는 독자들이 있을 것이다.

나는 주로 교회가 인정한 교부들, 그러니까 동방 교회와 서방 교회가 동시에 인정한 교부들 가운데, 성경을 잘 읽고 다양한 필요와 주제, 상황에 성경의 풍성한 내용을 적용하는 법을 잘 보여 주는 교부들을 소개하고 분석하고자 한다. 그래서 교회에서 유명한 교사나 위대한 박사 여덟 사람에게 초점을 두었다. 동방에서는 아타나시우스, 나지안주스의 그레고리우스, 대 바실리우스, 요하네스 크리소스토무스를 다룰 것이다. 서방에서는 암브로시우스, 히에로니무스, 아우구스티누스, 대 그레고리우스를 다룰 것이다.

이들 가운데는 폭넓게 성경을 주석한 교부도 있지만 그렇지 않은 교부도 있다. 그래도 이들 모두의 마음은 성경 이야기로 가득 차 있었다. 이들은 모두 성경을 매우 다양한 상황과 사람들 가운데서 그에 맞게 해석했다. 히에로니무스 같은 교부는 친구의 편지에 나온 문제에 답하거나 반대자들이 내놓은 물음에 답하기 위해 성경 본문을 주석했다. 그렇지만 그것 말고도 히에로니무스는 중요한 성경 주석을 많이 남겼다. 아타나시우스와 나지안주스의 그레고리우스 같은 교부는 성경을 신학 논쟁이라는 더 넓은 맥락에서 해석했다. 그래서 성경 주석보다 신학 논문을 읽어야 그들의 주석을 잘 이해할 수 있다. 아타나시우스를 논의할 때 다루겠지만, 이 “검은 난쟁이”의 가장 좋은 주석은 아리우스와 그의 제자들의 신학적 입장에 대응할 때 나타난다. 아타나시우스는 아리우스의 입장을 복음에 대한 위협이라고 여겼기 때문이다.

그 밖에 대 그레고리우스와 요하네스 크리소스토무스 같은 중요한 교부는 목회 은사를 받은 이들이었다. 그들은 로마와 안디옥, 콘스탄티노플의 회중에게 충실하게 설교했다. 이들은 설교를 위해 성경을 해석했다. 그들의 주석은 목회 문제와 목회 관심사라는 맥락에서 나왔기 때문에 실천적이라는 특징이 있다. 그레고리우스나 크리소스토무스는 단지 자신의 즐거움을 위해 성경 연구하는 것을 용납하지 않았다. 사실 모든 교부가 주장하듯이, 성경 연구는 회중과 동떨어진 전문 학자가 은밀하게 행하는 지적 작업이 아니다.

성경 해석은 교부들이 주장하듯이 교회적이어야 한다. 성경 해석은 기도와 예배라는 맥락에서 교회 안에서 교회를 위해 행하는 활동이다. 사사롭거나 개인적인 일이 아니라 공동체의 활동이다. 교부들의 성경 해석의 본질은 교회와 공동체, 헌신과 연결되어 있다. 오늘날 많은 성경 연구자들, 특히 현대 학문 기관의 해석학 기법을 훈련받은 사람은 이런 사실에 놀랄 것이다. 모든 교부들이 주장하듯이, 경외심을 갖고 성경을 받아들이는 자세로 성경에 접근하는 사람에게 성경 본문은 언제나 열려 있다.한마디로 말해, 교부들은 시종일관 성경을 거룩한 책으로 다룬다. 성경이 담고 있는 메시지를 존중하고 그 메시지에 순종할 준비가 되어 있는 사람, 그런 사람만이 성경의 풍부한 내용을 제대로 캐낼 수 있다.

하지만 과거 수백 년 전에 살았던 그리스도인의 통찰과 해석 방법이 21세기를 사는 그리스도인과 무슨 상관이 있는지, 현대에서 교부 세계로 이어지는 다리를 놓을 수 있는지에 대해 질문하는 사람도 있을 것이다. 나는 분명히 다리를 놓을 수 있다고 본다. 교부의 세계와 오늘날 그리스도인의 세계라는 두 가지 해석 세계를 하나로 잇는 첫째 단계로, 오늘날 그리스도인이 성경을 읽고 해석할 때 어떤 경향을 보이는지 물어야 한다. 이러한 예비 작업을 한 후에, 이 책의 나머지 부분에서 교부의 해석학적 견해와 방법론을 연구할 것이다. 교부들의 해석학적 관점은 오늘날의 해석학적 접근 방식들을 기꺼이 보완해 주고 뒷받침하고 때로는 비판해 줄 것이다.

1장
교부들을 왜 읽어야 하는가

히에로니무스, 아우구스티누스, 바실리우스, 나지안주스의 그레고리우스, 요하네스 크리소스토무스, 닛사의 그레고리우스, 아타나시우스, 오리게네스, 몹수에스티아의 테오도루스, 알렉산드리아의 키릴루스, 알렉산드리아의 클레멘스, 순교자 유스티누스, 이레나이우스, 암브로시우스, 대 그레고리우스, 어떤 이들은 이 이름들애 익숙할 것이다. 어쩌면 서양문명을 떠올리거나 교회사 과목을 기억하는 사람도 있을 것이다. 우리는 아우구스티누스의 『고백록』을 읽고, 『신국론』을 읽었다. 하지만 시간이 흐르면서 기억이 흐릿해졌다. 초기 교회 인물과 세계에 대한 우리의 열정은 무뎌졌다.

교부들의 글을 이해하려고 했던 언젠가의 시도가 떠올라 좌절하기도 할 것이다. 초기 기독교의 문서들을 연구하려 했던 열망을 떠올려 보라. 교부들의 관점을 열어 주기보다 어둡게 했던 번역문을 힘들게 헤쳐나갈 때의 막막함이 떠오른다. 아우구스티누스에 관한 책들이 계속 출간되는 것을 보고 그럴 이유가 있다고 생각하지만 그의 글과 세계는 우리하고는 멀 뿐이라는 생각이 들기만 한다. 문화적 장벽과 해석학적 독특성, 난해한 번역, 혼란스러운 신학 논쟁 뒤에 그들의 글과 세계가 가려 있는 경우가 너무 많다. 히에로니무스나 바실리우스같이 덜 알려진 교부들도 마찬가지다.

어떤 교부들은 낯설고 이들에 대한 연구도 왕성하지 않기에 교부에 대한 궁금증은 늘어만 간다. 교부들은 어떤 사람인가? 초기 기독교 지도자는 모두 교부인가? 그렇지 않다면, 교부는 어떤 이들이 되는가? 왜 시간을 내어 교부들의 글을 읽어야 하는가? 왜 교부들은 특이한 알레고리를 사용했는가? 교부들은 복음을 제대로 이해했는가? 혹시 교부는 그들이 살던 그리스와 로마라는 배경 때문에 부지중에 복음을 왜곡하지 않았는가?

교부들은 믿을 만한가

개신교 독자라면 교부들에 대해 더 회의적일 수 있다. 교부들을 신뢰해도 되는가? 교부들은 대부분 로마 가톨릭 신자나 동방 정교회 신자가 아닌가? 교부는 행위를 통한 구원을 믿지 않았는가? 교부들은 복음을 기독교가 아닌 그리스나 로마 문화에 맞추어 이해하지 않았는가? 많은 이들이 이런 질문을 한다. 교부들 하면, 매서운 눈을 지닌 율법주의적이고 극단적인 금욕주의자가 생각나기에 더욱 그렇다.

교부를 신뢰할 수 있는가? 사실 이 물음은 여러 다른 배경을 가진 그리스도인들에게 여전히 근본적인 문제다. 교부들이 우리를 잘못된 길로 인도하지 않는가? 교부들이 성경을 제대로 읽었는가? 그렇지 않다면, 문화적, 종교적 맹점 때문에 복음의 진수를 오해한 것은 아닌가? 많은 개신교인은 중세 후기의 로마 가톨릭의 폐해가 교부들의 사상에서 시작되지 않았나 의심하고 있다. 마르틴 루터는 이렇게 자문했다. "오랜 세대를 거쳐 인정받아 온, 덕망 있는 교부들에게 의지하는 것의 유익이 무엇이란 말인가? 그들은 모두 눈먼 자들이었다. 더구나 그들은 바울이 가장 분명하고도 확실하게 했던 말을 그냥 넘겨버리지 않았는가."[1]

루터는 교부들을 기꺼이 버리려 했던 것처럼 보인다. 하지만 그는 자신의 글에서 언제나 교부들과 대화했다. 그는 특히 아우구스티누스의 통찰에 의지했다. 루터가 교부들과 함께 성경을 읽을 때 사용한 방법론을 주의 깊게 검토해야 한다. 그래야 루터에게 더 충실할 수 있다. 루터는 교부들이 잘못했다고 느낄 때 주저하지 않고 그들을 비판했다. 하지만 동시에 교부들의 목소리를 주의 깊게 경청했으며, 교부들이 성경을 정확하게 해석했다고 느낄 때는 교부들에 대한 존경을 표현하는 데 주저하지 않았다.

오직 성경으로?

많은 이들이 2세기부터 16세기의 교회 역사를 오류로만 이어진 역사로 여긴다. 많은 개신교인에게 교회사는 상당 부분 불모의 황무지와 성령의 인도와 분별이 없는 오류의 사막으로 남아 있다. 루터, 멜랑히톤, 칼뱅, 쯔빙글리, 멘노 시몬스에 와서야 비로소 복음의 바른 이해가 복구되고 다시 활성화되었다. 이들을 통해 희석되지 않고 성경에 근거를 두는 분명한 복음 이해가 가능해졌다. 종교개혁가들은 "오직 성경으로!"라고 주장했다. 그리고 이 주장은 교부들에게 강한 의구심을 갖게 한다. 교회 전통에 비추어 성경을 읽으려는 경향이 교부들에게 두드러지게 나타나기 때문이다. 종교개혁자들은 의심의 초점을 교부들 자체에 두었는가, 아니면 교부의 가르침에 대한 사람들의 바른 해석 또는 잘못된 해석에 두었는가?

예를 들어, 루터가 논문 『문자와 영에 관하여』에서 고린도후서 3장

6절에 관해 주석한 내용을 살펴보자. 바울은 하나님에 대해서 이렇게 말한다. "저가 또 우리로 새 언약의 일군 되기에 만족게 하셨으니 의문으로 하지 아니하고 오직 영으로 함이니, 의문은 죽이는 것이요, 영은 살리는 것임이니라." 루터는 오리게네스와 히에로니무스, 그 밖의 "교부들이 이 구절을 확대 해석하고 잘못 사용했다"고 주장한다. 물론 그들은 "모든 사람이 잘 알고 있으며 잘 알 수 있듯이, 유대인과 이단을 몰아내기 위해서" 그렇게 했다. 그렇기에 우리는 교부들이 잘못된 주석에 대해 너그러워져야 한다. 그렇다고 그들의 잘못을 따라서는 안 된다. 루터를 더욱 화나게 했던 것은, 엠서를 비롯하여 그가 대적했던 로마 가톨릭 학자들이 교부들이 제공하는 좋은 점과 교부들이 때로 저지르는 잘못을 구분하지 못했던 점이었다. 루터가 보기에 엠서와 다른 사람들은

> 교부의 저술과 가르침에 대해 분별력을 상실했다. 존경하는 교부들도 인간이기 때문에 잘못해서 옆길로 갈 수 있음에도 불구하고 그들은 교부들의 것이라면 모두 삼킨다. 특히 교부들이 잘못된 길로 갈 때는 더욱 그러하다. 반대로 교부들이 잘한 부분에서는 뒤따르지 않는다. 특히 교부들의 가르침과 삶 가운데 지금 보기에도 좋은 것들임을 쉽게 증명할 수 있는 부분들은 빼먹는다.[2]

루터는 "교부들의 책을 성경과 비교하고, 성경의 빛에 따라 그 책을 판단해야 한다"고 일관되게 주장한다.[3]

"오직 성경으로"라는 구호는 앤서니 레인의 말처럼 "교회가 오류를 범할 수 있다"는 것을 솔직하게 인정 한다는 주장이다.[4] 교회가 성경에 대해 충실해야 한다는 것은 바로 교부들 스스로가 그렇게 주장한 바다. 동시에 "오직 성경으로"는 그리스도인이 하나님의 말씀을 잘 이해하기 위한 유일한 원천이 성경과 성만이라는 뜻은 아니었다. 종교개혁 시대보

다 계몽주의 시대에서 자율적 해석가라는 이상이 더 쉽게 통용될 수 있었다. 루터와 칼뱅 같은 종교개혁가들은 지혜롭게도 역사와 공의회, 신조와 교부의 글을 포함한 교회 전통을 풍부한 내용이 담긴 원천으로 여겼다. 어리석은 자나 거만한 자만이 그러한 것을 무시할 뿐이다.[5]

그리스도인이 한 번이라도 진공 상태에서 성경을 읽은 적이 있는가? 성경 메시지를 흐리게 하거나 뒤트는 역사적·언어적·문화적 영향에서 해석학적으로 완전히 차단된 진공 상태에서 성경을 읽은 적이 있는가? "신약 정경을 인간이 이전에 본 적이 없었던 것처럼 열라"는 알렉산더 캠벨의 충고를 따를 수 있는가?[6] 또는 그렇게 하는 것이 더 선호할 만한가? 성경 읽기를 배운, 해석의 문화와 공동체에서 쉽게 벗어날 수 있는가? 정말 객관적이고 자율적인 관찰자와 해석자가 있겠는가? 우리는 이를 의문스럽게 여긴다. 하지만 오늘날에는, 객관적이고 매우 개인주의적인 해석 입장과 방법을 칭찬할 만한 목표로 삼고, 그것이 현실적으로 가능한 일이라고 본능적으로 전제하는 사람이 많은 것 같다. 드물지 않게 오늘날의 그리스도인들은 자유주의자이든 보수주의자이든 자신의 해석 환경을 해석학적 껍질로 여기고, 이 껍질 속의 공기는 과거와 현재의 타락시키는 영향으로부터 체계적으로 걸러졌다고 한다. 그런데 어떻게 그리고 무엇이 타락시킬 수 있는 영향이라고 정확하게 확인할 수 있을까? 물론 오늘날 자유주의를 따르는 기독교 지성과 경건주의를 따르는 기독교 지성에게 그 대답은 서로 다를 것이다. 하지만 두 집단 모두 기독교의 과거를 매우 조심스럽게 대한다. 자유주의를 따르는 그리스도인은 너무나 자주 과거를 다만 계몽주의가 태동할 때까지 쭉 뻗어 있는 시간으로 여긴다. 경건주의를 따르는 그리스도인이 보기에 과거는 종교개혁이 일어날 때까지 기다린 시간에 불과할 때가 많다.

기억의 부재

로버트 윌켄은 오늘날 많은 신학자와 일반 그리스도인이 세속이라는 측면과 교회라는 측면의 황량한 풍경에서 뿌리 없이 떠돌고 있는데, 그 주된 원인은 그들이 기독교의 과거를 잊어버렸기 때문이라고 주장한다.[7] 일리 있는 지적이다. 오늘날 지성은 과거에 대한 책임감을 잃어버렸다. 그 대신 오늘날 많은 사상가는 의도적으로 제한된 범위에서만 과거의 생각과 전통에 기대며, 자율적 반성을 합리성의 진수로 여긴다. 우리는 자신을 인식 대상과 의도적으로 분리시키며, 이를 통해서만 진리를 발견한다. 윌켄은 이러한 자율적 입장 때문에 오늘날 그리스도인이 전통을 철저하게 의심하게 되었다고 본다.

윌켄이 확인해 주듯이, 로마 가톨릭 신학자 데이비드 트레이시가 이러한 경우다. 트레이시가 보기에

> 어떤 전통에 있든지 전통적인 기독교 신학자는 그 전통에 대한 믿음과 순종이라는 도덕성을 전하고 실천했다. 또 교회 공동체의 믿음에 대해 근본적으로 충실하라고 설교하고 이를 실천했다. 그러나 자연과학 분야든 사회과학 분야든 간에 오늘날 역사가들과 과학자들은 그와 정확히 반대되는 도덕성을 설교하고 실천한다. 누군가가 전통이 그러하기 때문에 어떤 인지적 주장이 믿을 만하다고 주장한다 해 보자. 이 경우 그 사람은 그 주장을 지적 통합성을 가지고 연구할 수 없다. 새로운 과학적 도덕성에 있어서, 모든 인지적 주장을 분석하는 사람인 우리는, 문제를 탐구하는 특정 과학 공동체가 발전시킨 방법론적 절차에 대해서만 충실하면 된다.[8]

윌켄이 주장하듯이, 그로 인해 신학자는 대학이라는 상황에서, 트레

이시가 말한 자율적 탐구라는 입장을 가지고 신학을 하게 되었으며, 역설적이고 불필요하게도 신학자들은 신학적 탐구와 반성이 뿌리를 두는 종교 공동체와 멀어지게 되었다. 윌켄은 "기독교 신앙이 언제나 비판적이고 이성적 작업인 경우는 잘해 봤자 세상의 지혜를 신앙의 세계로 받아들이는 정도에 불과하다"고 말한다. 하지만 윌켄이 발견했듯이, 가장 지혜로운 기독교 사상가는 자신들이 "전통을 보존하는 자들"이라는 사실을 알았다. 그 전통은 성경에 근거를 두며, 비판적으로 검증되며, "수많은 남녀노소"의 삶을 통해 검토되며, 비판자들에 맞서 옹호되며, "수많은 사회적·문화적 배경에서 다듬어진 것"이다.

트레이시가 자신의 자율적 탐구 정신으로 매우 의심스러운 눈초리로 본 것은 바로 이렇게 폭넓은 해석적 공동체다. 윌켄의 다음과 같은 질문은 옳다. "트레이시가 말하듯이 왜 전통 밖에서만 이성을 발견해야 한다고, 왜 참된 합리성에는 '자율성'이 있어야 한다고 전제해야 하는가? 이 전제는 자의적 기억상실, 스스로 부과한 고난을 끌어들이는 것과 같다. 그 결과 우리 삶에서 깊이와 방향이 사라질 것이다."[9]

고향으로 돌아오는 길

토머스 오든은 "교부들의 성경 주해"의 편집자인데, 오늘날 사람들은 과거의 기여를 낮게 평가하고 현재의 지혜를 과대평가하는 경향이 있음을 폭넓게 다루었다. 오랜 세월 동안 고전적 자유주의 전통에 확고하게 자리 잡고 있던 신학자 오든 자신도 1960년대 후반이 되어서야, 기독교의 과거를 존중하지 않고 무시했기 때문에 자신이 신학, 철학, 역사, 정치를 보는 자신의 관점이 심각하게 왜곡되어 있었음을 불현듯 인식하게 되었다. 지난 25년 동안 오든의 영적 순례는 윌켄이 말한 "자신에게 부과한 기억상실"에서 점차 깨어나는 신학자를 여러 면으로 잘 설명해 준다. 그런 점에서 오든은 어느 정도 자세하게 검토할 가치가 있다.

토머스 오든은 경건주의 전통과 민주당의 정치 이상에 깊게 뿌리를 내린 가정에서 성장했다.[10] 오든의 부모는 성경과 깊은 인격적 신앙에 대한 헌신을 자유주의 정치 철학과 노조 운동에 대한 헌신과 연결했다. 오든은 이러한 양육을 진지하게 받았다. 특히 그는 순전한 신앙이라면 언제나 구체적 행위에서 드러나야 한다는 생각을 진지하게 받아들였다. 고등학교 시절 오든은 학생들을 조직해서 세계연방주의자 운동을 만들었다. 또한 대학 시절 오클라호마 대학교의 민주실천학생회에서 열심히 일했다. 이때 그는 사회주의 철학에 경도되었다. 오든은 달라스에 있는 퍼킨스 신학교에 입학 했다. 퍼킨스 신학교를 선택한 이유는 성경 메시지에 개인적으로 강하게 헌신했기 때문이 아니라, 교회가 사회에서 변화의 주체로 효과적으로 봉사할 수 있으리라는 희망이 있었기 때문이다.

퍼킨스에서 조셉 매튜스를 통해 오든은 세속적 실존주의와 종교적 실존주의 사상을 접했다. 오든은 사르트르, 카뮈, 마르셀의 책을 탐독했다. 하지만 오든의 사상 방향을 상징적으로 가장 잘 나타내는 것은 루돌프 불트만이다. 불트만의 실존주의적 범주는 성경이 오늘날에도 적실하다는 사실을 오든에게 다시금 일깨워 주었다. 오든은 성경을 다시 읽을 수 있었다. 물론 나중에 오든이 "근대성"이라고 부른 해석의 안경을 통한 것이었지만.

오든은 퍼킨스를 떠나 예일 대학교 석사 과정에서 리처드 니버의 지도를 받으며 공부했다. 이때 특별한 신학 소명이 그의 내면에서 영글었다. 하지만 이 소명이 형성된 것은 그가 '새로움'을 이상화한 것을 통해서였다. 나중에 오든이 이러한 초기 시절을 묘사했던 것같이, 젊은 신학자로서 그는 동료들과 학생들이 혁신이라는 기준에 따라 학계와 교회에 대한 그의 공헌을 판단해 줄 것이라고 믿었다. 오든은 새롭게 창조해야

겠다는 소명을 갖고 있었다. 그래서 오든은 교회 전통과 자기 이해를 알려고 하지 않았고 사용하지도 않았다. 1950년대 후반과 1960년대 초에 그는 계속해서 실존주의에 열정적으로 끌렸다. 나아가 후기 프로이트파 심리학에 관심이 생겼고, 그것으로 실존주의에 대한 이전의 열정을 보완했다.

새로운 실험은 과거에 대한 깊은 불신이나 경멸로 이어졌다. 이것이 오든의 초기 생각과 글의 특징이었다. 성경과 다른 신학 문헌들이 그에게 작용했다. 하지만 이는 대화라기보다 "걸러내는 과정"이었다. 그는 그의 "조건"과 "세계관"과 "현대인이라는 전제"에 "맞을 수 있는 한에서만" 자료가 하는 말에 귀 기울였다.

> 나는 오늘날 내 세계관에 맞지 않는 내용은 받아들이지 않기로 결심했다. 나아가 불트만, 틸리히, 하이데거, 로저스에게 영향을 받은 나는, 신학자는 새로운 것을 만들고 새로운 신학을 발전시키며 다른 사람들이 보았던 것과 다르게 보려고 노력하는 데 그 의의가 있다고 생각했다. 이를 통해 신학자는 긴박한 세계에 대해 개인적 기술과 주관적 경험을 주어야 한다고 믿었다.[11]

자유롭게 행동했던 1900년대에 그 열매가 일부 맺혔지만, 오히려 그것은 오든으로 하여금 그의 신학적 전제와 방법론에 대해 진지하게 의문을 던지게 만들었다. "1968년경에 나는 성sex 실험이 낳은 엄청난 해악을 보았다. 내 친구들도 그랬다. 가정 파괴와 정신을 뒤틀어놓는 마약이 그들의 삶을 갈기갈기 찢어놓았다. 그들이 창조하고 있다고 여겼던 놀라운 세계가 먼지와 재, 고난으로 바뀌고 있었다. 엄청난 고통이었다."[12]

오든은 그의 신학 방법론이 그를 어느 방향으로 끌고 갔는지 재고했다. 그리고 그는 자신이 결국 죽음에 이르렀음을 깨달았다. 이제 어디로 돌아가야 하는가? 오든에게 현대성이라는 샘물은 말라 버렸지만, 이내 기대하지 않았던 원천에서 물을 마실 수 있게 되었다.

오든은 1970년대 초 드루 대학교에서 학생들을 가르쳤다. 그곳에서 그는 윌 헐버그를 만났다. 헐버그는 유대교 철학자이자 르네상스적 교양인이었다. 헐버그는 오든이 교부의 세계에 집중함으로써 현대 신학의 원천에서 빠진 것을 보충해야 한다고, 그렇지 않으면, 전체 견해와 신학적 관점이 크게 잘못될 것이라고 강하게 경고했다. 오든은 헐버그의 충고에 따라 이후 5년 동안 교부 문헌을 주의 깊게 연구했다. 어떻게 신학을 해야 하는가? 이 시기에 그 물음에 대한 그의 이해가 극적으로 바뀌었다. 그 결과 오든은 그의 신학적 의제를 근본적으로 재구성 했다.

이전에는 오든의 해석 공동체가 오든을 훈련시켰다. 그래서 신학자가 교회와 신학교, 대학교와 폭넓은 지적 공동체에서 소명을 성취하며 진실성 있게 되려면, 신학자의 작업이 창조적이고 새로워야 한다고 생각했다. 교부들의 사상은 오든의 이런 근본 전제에 도전했다. 오든은 그가 새롭다고 생각한 것 가운데 매우 많은 것이 사도 전통만큼 오래된 것이었음을 깨닫게 되었다. 교부의 글을 읽을수록, 더욱 그렇게 깨닫게 되었다. 오든이 현대적 기여라고 여겼던 생각을 이미 초기 기독교 저술가들은 직관하고 있었다.

오든은 교부 사상을 연구하면서, 교회의 예배 공동체라는 맥락에서 신학을 할 수 있고 또 그렇게 해야 한다는 사실을 점차 깨닫게 되었다. 수많은 세월과 문화, 언어를 가로지르는 교제인 예배 공동체에서 말이다. 하지만 오든은 교회의 삶과 반성에서 면면히 남아 있는 주제와 관례를 찾아내었다. 그것은 하나님이 예수 그리스도 안에서 역사 속으로 들어오신 일에 대한 "일치된" 이해였다. 오든은 교회 공동체와 그 축적된 역사와 전통이 생각들을 바로잡아 주는 것을 알았다. 그에게는 "새로운" 것을 원래 뛰어난 것으로 이상화하는 경향이 있었다. 이제는 새로운 것을 만들어야 한다는 필요 대신 귀 기울여 들으라는 요청이 자리 잡았다.

> 『네메시우』를 읽고 있는 중에 뭔가 번뜩 생각났다. 내가 조건을 달지 말고 열심히 적극적으로 귀 기울여 들어야 한다는 사실을 깨달았다. 내 삶 전체가 듣는 것에 매달릴 정도로 귀 기울이라. 내가 나의 현대의 근시를 넘어서 멀리 볼 수 있을 정도로 귀 기울이라. 현대라는 내 감옥의 벽을 뚫고 나갈 정도로 귀 기울이라. 실제로 세계와 시간과 인간 문화에 관해 전혀 다른 전제를 가진 과거에서 들려오는 음성을 들을 수 있도록 귀 기울이라. 나는 40세가 되어서야 비로소 신학자가 되기 시작했다. 그때까지 나는 선생을 제대로 만나지 못한 채 신학을 가르치고 있었다. 나의 선생은 나에게 신학을 가르쳐줄 수 있는 교부라는 것을 알게 되었다.[13]

오든은 "새로운 방향 설정"과 "해석학적 반전"을 경험했다. 여기서 그는 "근대 이전의 텍스트에 귀 기울이는 법을 배웠다." 오든은 해석학이 성품, 성향, 순종과 떼어놓을 수 없다는 사실을 이해하게 되었다. 이 점을 교부들이 강조했음을 앞으로 살펴볼 것이다. 텍스트에 귀 기울이고 텍스트에 순종해야 한다는 것은 "내가 해석학적으로 배운 가장 중요한 하나의 교훈"이 되었다고 오든은 말한다. "칼 로저스는 나에게 내 경험을 신뢰하라고 가르쳤다. 고대 기독교 저술가는 나에게 성경과 전통이 내 경험을 바꾸어놓을 것을 믿으라고 가르쳤다."[14]

오든이 현대 신학에서 "고전 정통"Paleo-Orthodoxy으로 향한 순례는 주목할 만하다. 오든과 같은 방향으로 가고 있는 신학자와 성경학자들이 매우 많다. 그들 대부분은 비교적 젊다. 그래서 오든은 그들을 "젊은 구닥다리"라고 부른다. "젊은 구닥다리들"이 왜 이렇게 넘쳐나는가? 왜 많은 사람이 성경을 현대적 방법으로 읽고 해석하는 데 불만을 품는가? 현대 그리스도인이 성경을 어떻게 읽는지 조금만 자세히 들여다보아도 이 중요한 물음에 답할 수 있다.

주

1 Martin Luther, *The Bondage of the* Will, in Timothy F. Lull (ed.), *Martin Luther's Basic Theological Writings* (Minneapolis: Fortress, 1989), 200쪽.

2 Martin Luther, *Concerning the Letter and the Spirit*, in Timothy F. Lull (ed.), *Martin Luther's Basic Theological Writings* (Minneapolis: Fortress, 1989), 81쪽. 루터는 교부의 주석적 잘못을 분명하게 확인해 주지 않는다. 그저 히에로니무스와 오리게네스의 잘못이 "어떻게 그리고 왜 일어났는지 지금은" 살펴보지 않겠다고 말한다. (같은 책, 81쪽).

3 같은 책, 7쪽.

4 Anthony N. S. Lane, "*Sola Scriptura*? Making Sense of a Post-Reformation Slogan", in Philip E. Satterthwaite, David F. Wright (ed.), *A Pathway into the Holy Scripture* (Grand Rapids, Michigan: Eerdmans, 1994), 324쪽.

5 칼뱅이 삼위일체를 논할 때 교부와 대화했다는 사실을 참조하라. John Calvin, *Institutes of the Christian Religion*, ed. John T. McNeil (Philadelphia: Westminster Press, 1975), 158쪽(1,14.29).

6 Lane, "*Sola Scriptura*?", 311쪽에서 인용.

7 Robert L. Wilken, *Remembering the Christian Past* (Grand Rapids, Mich.: Eerdmans, 1995).

8 David Tracy, *Blessed Rage for Order:* (New York: Seabury Press, 1975), 6쪽.

9 Wilken, *Remembering the Christian Past*, 170쪽.

10 오든의 영적 순례에 대한 자료는 *Christianity Today* 34, No. 13 (September 24, 1990)에서 내가 오든과 했던 인터뷰 및 그의 조직신학 2권 *The Word of Life* (San Francisco: Harper & Row, 1989)에 나오는 자전적 언급에 주로 근거한다.

11 Oden, Word of Life, 219쪽.

12 Christopher A. Hall, "Back to the Fathers", *Christianity Today* 34, No. 13 (September 24, 1990): 28쪽.

13 Oden, *Word of Life*, 219-220쪽.

14 같은 책, 220쪽.

2장
현대인의 생각과 성경 해석

윌리엄 에이브러햄은 「개혁 저널」에 쓴 잘 알려진 논문에서 다음과 같이 말한다. "서양 문화에 일반적으로 알려진 기독교의 고전 전통을 거부한다는 것에서부터, 오늘날 신학은 공감대가 형성되기 시작한다.[1]

에이브러햄은 환원주의 냄새를 강하게 풍기는 현대 신학이 많으며, 현대 신학자는 "과학이라는 규범"과 "역사 비평"을 규범적 기준으로 받아들이는 과학적 환원주의에 빠져 있다고 지적한다. 과연 하나님의 구속 사역에 대한 성경 이야기는 환원주의자의 영역에 들어맞을까? 에이브러햄이 우려하듯이, 잘 들어맞지 않는다. 신학자가 환원주의자의 틀에 맞춰 글을 쓴다고 가정해 보자. 이때 "사람들이 말하듯이, 오늘날에 전통을 '의미 있게' 재해석하는 것" 외에는 선택의 여지가 없다.[2]

그는 현대 세계관의 다른 특성에 대해서도 기술하고 분석한다. 현대인은 "유럽 계몽주의에서 발전된 합리성이라는 캐논, 즉 정경이 교육시킨 사람"이다. 계몽주의의 합리성은 하나님의 특별 계시를 거부하고, 기적이 있을 수 있다는 믿음을 거부한다. 그 주된 이유는 하나님이 역사에 개입하신다는 가능성을 더 이상 타당한 대안으로 여기지 않기 때문이다.

그 결과는 세속화된 개인과 신학자의 분리다. 이는 불행한 결과다. "기독교라는 제도는 개인과 신학자를 더 이상 깊게 형성하지 못한다. 그들은 닻이 풀린 채 개인주의와 자율성이라는 바다에 홀로 남겨져 있다."[3] 에이브러햄에 따르면, 그 결과 많은 현대 신학자는 세속적 가치가 "전통적 신자의 가치보다 더 기독교적인" 것이라고 추천해 주었다. "또한 진정성, 공동체, 평화와 정의를 추구할 때 세속인에게 합류하려 한다." 그로 인해 계몽주의의 정치와 윤리를 재가공하고 확장하는 것처럼 보이는 의심스러운 신학이 생겼다.[4]

에이브러햄은 권고한다. "현대 세계에서 신학의 건강을 되찾고 유지해야 한다." 흥미롭게도 이 권고는 성품 형성이라는 문제에 초점을 둔다. 다시 말하면, 영적으로 병든 신학자는 병든 신학을 낳는다. 병든 신학자들은 어떻게 회복되는가?

예를 들면, 에이브러햄은 겸손의 덕을 함양하라고 권한다. 현대 신학자들은 교만해서 자신이 타당하고도 겸손하게 이룰 수 있는 것 이상을 이룰 수 있다고 간주하는 유혹을 받아왔다. 그의 충고에 따르면, 더 겸손하게 자신을 깨닫는 접근은 "참으로 복잡하고 신비한 하나님의 질서 앞에서 자신이 적합하지 않다는 느낌"을 가져온다. 하지만 현대 신학은 "세계에서 하나님이 하시는 일의 신비를 해명하려 할 때 인간 지성의 한계를" 인정하지 않는 때가 너무 많았다. 현대 신학자는 다음의 사실을 떠올려야 한다.

> 참된 신학이라면, 정말로 기독교적인 신학이라면, 분명 계시와 전통에 뿌리를 두고 기독교 공동체 안에서 예배하고 기도하는 것과 세계 안에서 연민을 갖고 봉사하는 데 뿌리를 둘 것이다. 분명 놀라운 그리스도의 복음 앞에 두렵고 떠는 일과 성령의 은혜와 역사에 겸손히 의지하는 데 깊이 뿌리를 내릴 것이다. 하지만 신학 논의를 지배하는 오늘

날의 규범들에는 이 특성들이 정확히 빠져 있다.[5]

계시와 예배, 전통은 신학이 잉태되고 자라고 번성하는 "근본이 되는 자궁"이다. 하지만 역설적이게도, 주변 문화에 효과적으로 복음을 전달하려고 하다가 오히려 이 원천을 떠나버린 신학교가 너무 많다. 안타깝게도, 많은 신학교 졸업생들이 아무것도 걸치지 않은 상태에서 자신만의 신학을 구성해야 한다는 압박을 받는다. 에이브러햄이 신랄하게 묘사하듯이, 많은 신학교에서 "모든 신학생들은 한 학기 혹은 짧은 기간만 공부한 후에 나름대로 신조를 발전시키고 곧이어 이 신조를 교회에 적용해야 한다"는 기대를 받는다.[6] 그러한 기대는 우스운 일이다.

신학자들은 어떻게 그들의 작업을 시작해야 하는가? 현대 그리스도인은 성경을 어떻게 읽는가? 계몽주의가 현대 신학자들의 작업과 현대 그리스도인들의 성경 읽기에 큰 영향을 주었다는 지적에 있어서는, 트레이시, 윌켄, 오든, 에이브러햄 모두 의견이 일치한다. 전부는 아니더라도 서양 신학자는 대부분 계몽주의의 자녀다. 이는 보수주의자든 자유주의자든 마찬가지다.

트레이시 같은 이는 이러한 가계의 전통을 환영하지만, 윌켄과 오든, 에이브러햄은 이러한 발전에 훨씬 더 조심스럽게 반응한다. 교부들이 성경을 어떻게 읽었는지를 이해하고, 교부의 세계에 제대로 들어가려면 우리 자신의 배경을 주의 깊게 검토해야 한다. 우리의 배경인 근대 계몽주의와 후기 계몽주의를 검토하는 일은 매우 중요하다.

많은 계몽주의 사상가는 오랜 종교 전쟁에 겁을 먹고 뒤로 물러섰다. 그래서 그들은 종교적 관용, 양심의 자유, 정치적 자유의 확대, 민주주의 원리와 철학, 법의 개혁과 인도주의적 처벌을 앞장서서 옹호했다. 이는 긍정적이다. 피터 게이가 우리에게 바르게 상기시켜 주듯이, 계몽주의 지도자는 수많은 주요 전선에서 자유를 확대하는 데 앞장섰다. 이들이 앞장선 것은 "제멋대로 사용되는 권력에서 벗어나는 자유, 표현의 자유, 상거래의 자유, 자신의 재능을 실현시킬 자유, 미적 반응의 자유"였다.[7]

다소 부정적인 것은, 계몽주의를 이끌던 이들 가운데 상당수가, 기독교 교리와 신학에 모순이 없고 그것이 중요하며 도덕적이라는 사실에 점점 의문을 갖는 경향이 있었다는 사실이다. 신학과 교회의 전통과 관점을 고집스럽게 고수하던 일은, 많은 이들의 생각처럼, 지치고 고문받고 살해당한 사람과 더불어 끝났다.

그렇다고 계몽주의 사상가 대다수가 하나님이 계시다는 믿음을 곧바로 버렸다는 말은 아니다. 볼테르도 주장하듯이, 모든 사람이 이성적이고 도덕적으로 살도록 도우려면 하나님이 계시다는 믿음이 있어야 한다. 가장 진보적인 철학자만 그렇지 않다고 생각할 것이다. "나는 내 변호사나 재단사, 하인, 심지어 아내도 하나님이 계시다고 믿기를 원한다. 그러면, 도둑맞는 일이 훨씬 줄어들 것이다. 아내의 외도로 망신당하는 일이 훨씬 줄어들 것이다."[8] 하지만 볼테르와 그 밖의 사람들이 옹호하는 종교적 믿음을 뒷받침하는 신학은 너무나 많이 축소된 신앙이었다. 신학의 정교한 구분과 교회의 교리는 계몽주의의 합리성이라는 쇠창살에 갇혀, 의심의 눈초리를 점점 더 받게 될 것이었다.

그리스도인 모임의 행태와 성장에는 각기 나름대로 독특한 교리나 문화가 있다. 그래서 기독교 진리를 포괄적으로 논리적 모순이 없는 전체로 이해할 수 있는 가능성이 무너지는 것 같았다. 볼테르는 그러한 생각을 점잖게 비꼬았다.

> 분명히 교회는 잘못할 수 없다. 나는 그렇게 알고 있다. 그런데 그 교회는 그리스 정교회인가, 라틴 가톨릭 교회인가, 영국 성공회 교회인가, 아니면 덴마크와 스웨덴의 교회인가, 아니면 유명한 뉘샤텔의 교회인가, 아니면 퀘이커로 불리는 소박한 교회인가, 아니면 재세례파 교회인

가, 아니면 모라비아교도 교회인가? 터키 교회에도 나름대로 특성이 있다. 하지만 그들은 중국 교회가 훨씬 더 오래된 교회라고 말한다.[9]

지난 100년간의 공포는 종교적으로 교만하고, 지적 기력을 크게 잃고, 인간 이성이 주는 가능성을 포용하지 않으려 한 결과라고 인정하는 것이 더 정직하지 않을까? 얼핏 생각해도, 이런 일은 결과가 그리 좋지 않을 것 같다. 볼테르는 종교적 열정을 통제하지 않을 때 생기는 끔찍한 결과를 직접 보았다. 그는 이렇게 경고했다. "여러분의 믿음은 여러분을 설득해서 여러분의 지성이 부당하다고 선언하는 것을 믿도록 한다. 그때 당신의 삶의 행위에서 이와 같이 당신의 이성을 희생시키지 않도록 주의하라."[10]

하지만 교회의 유산과 권위의 가치를 더 의심하게 한 요소는 종교적 유혈과 독재만이 아니었다. 과학과 수학, 철학이 발전해서 인간 이성을 깜짝 놀라게 하는 재주를 부릴 수 있다는 것을 보여 주었다. 베이컨, 갈릴레오, 데카르트, 뉴턴, 케플러의 작업은 서양 지성인에게 새로운 전망을 열어주었다. 알지도 기대하지도 못했던 세계들이 하룻밤 사이에 나타났다. 그래서 그 세계들을 연구해야 했다. 종교적 미신과 억압적 전통이 너무 오랫동안 이성에게 재갈을 물렸으며, 이성의 잠재력을 억눌렀다.[11]

이성이라는 원리는 유럽을 종교 때문에 혼란스러웠던 과거에서 벗어나게 해주겠다고 많은 사람에게 약속했다. 인류는 이성에만 근거를 두는 종교라는 생각과 삶의 방식을 그려볼 수 있었던 것 같다. 그럴 때 과거의 잘못을 피하고 미래를 위해 새로운 지평을 열 수 있다고 여겼다. 마음을 과거의 미신과 구속에서 벗어나게 해야 이러한 과정이 촉진된다고 보았다. 이성을 사용하는 자율적 개인에게 끝없는 가능성이 있는 것 같았다.

처음에는 계몽주의 합리성과 기독교 믿음은 서로 조화될 수 있으며 동맹 관계라고 낙관했다. 하지만 이러한 낙관을 유지하기 어렵다는 사실이 드러났다. 리처드 타르나스 같은 해석가에 따르면, 계몽주의에 맞는 우주 모델과 "전통을" 따르는 기독교 우주론은 일치하지 않는 점이 있다. 계몽주의의 우주 모델은 기계론적 모델이다. 스스로의 "기계적 힘과 물질적 우주와 행성인 지구가" 있는 모델이다. 아직도 태양과 지구가 "중립적인 끝없는 허공 사이에 놓인 수없이 많은 다른 물체들 사이에서 움직이는 두 물체일 뿐"인 것으로 인식된다면,[12] 사상가들은 여전히 지구와 인류를 하나님의 목적 중심으로 파악하지 않았을까? 파스칼 같은 매우 헌신적인 기독교 사상가조차 새로운 우주의 차원과 함의 앞에서 불안했던 것 같다. "나는 이렇게 무한한 공간들의 영원한 침묵 때문에 두렵다."[13]

계몽주의 세계관과 기독교 세계관은 점점 일치하지 않게 되었다. 계몽주의 세계는 생명의 가장 깊은 신비를 푸는 데 필요한 열쇠가 인간 이성에 있다고 보는 세계다. 하나님이 이 세계에 필요한 가설로 더 오래 남아 있을 이유가 있을까? 세월이 흘러감에 따라, 계몽주의 세계는 고전적이고 정통적인 기독교에서 멀어져갔다. 이런 일은 아주 쉽게 눈에 띄었고 서양 문화 전체에 파문을 불러일으켰다.

서양 문화는 오랜 역사에서 처음으로 기독교 혈통에서 벗어났다. 점차 계몽주의 사상가들은 계시 종교의 주장을 믿을 만한 진리의 원천과 인도자로 여기지 않았다. 과거에서 벗어나 새로운 세계가 나타나기 시작했다. 자연 종교는 이러한 세계에 풍부한 통찰을 주는 원천이라고 약속했다. 자연 종교는 이성을 활용하며, 모든 사람이 사용할 수 있는 보편적 원리와 법칙에 근거를 둔다. "창조주는 참으로 중요한 사실들을 모든 사람이 읽을 수 있도록 열려 있는 자연이라는 위대한 책 안에 다 기록해 놓았다."[14]

기독교가 자연 종교를 가장 믿을 만하게 해석한다고 여겨 기독교를 유지하려 한 사람들이 있기는 했다. 하지만 많은 이들은 계몽주의의 영향으로 권위 있는 텍스트에 있는 초자연적으로 계시된 해석을 크게 의심했다. 이러한 회의주의로 인해 하나님이 우주에 개입하실 수 있다는 생각이 막혀버렸다. 오래전부터 계몽주의의 전제에서 성장한 많은 서양 사상가들이 세계를 닫힌 인과 체계로 파악했으며, 하나님이 일할 여지를 남겨두지 않았다. 클락 핀녹이 주목하듯이, "세계는 통일된 세계이며 자연의 원인과 결과가 냉혹하게 이어진다. 이러한 생각이 모든 곳에서 지배적이었다. 성경의 구속 역사는 신화로 여겨졌다."[15]

초기 계몽주의 사상가들이 이어지면서, 실재를 해석할 때 기독교의 틀이 필요하다는 생각은 옆으로 밀려났다. 이는 놀라운 속도로 이루어졌다. 이제 철학에서는 무신론이 대안이 되었다. 서양 사상에서 처음으로 널리 받아들여지는 대안이었다. 루드비히 포이어바흐의 해석에 따르면, 하나님은 인류의 가장 깊은 희망과 관심을 투사한 것이다. 칼 마르크스에 따르면, 종교적 믿음은 마약이다. 돈이 있는 상류 계급의 부정의에 맞서는 혁명을 일으키지 못하도록 프롤레타리아를 진정시키려고 고안해 넌 마약이다. 프로이트는 종교적 믿음을 인간 영혼에 깊이 들어있는 노이로제와 연결한다. 노이로제는 안정성을 유치하게 추구하면서 성숙하지 않으려는 태도의 반영이다. 자신의 체계로 인해 영혼에 너무나 많은 짐을 지고 있던 철학자 니체가 분명하게 감지해 내었듯이, 신이 없는 세계에서 모든 가치는 상대적이 된다. 니체에 따르면 진리는 언어와 문화가 만들어낸 것일 뿐이다.

후기 계몽주의 신학이 되풀이해서 보여 주듯이, 현대 신학은 일반 계시나 자연 계시에서 울려 퍼지는 것을 넘어서는 하나님의 파장을 전혀 듣지 못한다. 핀녹의 말처럼 현대 신학의 "극단적 세속주의"는 "무기력"하다, 스스로 부과한 시야 안에서

> 인간의 삶의 자리는 하나님의 목적 안에 있는 맥락에서 벗어나서, 무

> 의미한 환경으로 흘러간다. 인간의 일은 항상 변하는 곳으로 흘러간다. 상대적인 배열보다 더 궁극적인 무언가가 없는 곳으로 흘러간다. 오늘날 현대인은 자신을 자기 운명의 창조자로 여기려 한다. 하나님이 뒷받침해 주시는 대로, 거룩한 규칙이 지시하는 대로 살려고 하지 않는다. 도리어 맹목적인 물질의 영역, 분별한 경로를 돌고 있는 영역에 머무는 식으로 살고 싶어 한다. 그러한 사람에게 실제로 있는 것은 그들을 낳은 세속적이고 우연적이고 맹목적인 원인이다. 그들이 스스로 창조해 낸 것은 공산품과 사회 제도이다. 삶은 태어날 때 시작되며, 죽을 때 끝난다. 그들이 스스로 창조해 내는 의미 외에는 아무 의미도 없다.[16]

되돌아보건대, 철학과 신학에서 계몽주의의 낙관론은 우리의 감성에 충격을 주었다. 물론, 계몽주의 원리 가운데 중요한 정치 개혁과 기술 발전에 이른 원리도 있었다. 하지만 계몽주의 관점에는 가장 충격적이고 어려움을 주는 요소가 있으니, 이성이 자율적으로 작용한다는 소박한 확신이다. 이성이 개인의 성향과 사회와 문화라는 맥락, 종교 공동체의 영향에서 자유롭다는 확신이다. 이러한 주장에 도전하는 것은 포스트모던 철학과 해석학만이 아니다. 고전적 기독교도 이러한 주장이 근본적으로 타당한지 의심한다.

서양 신학 전통의 기본적인 격언은 아우구스티누스와 안셀무스의 배관을 통해 흘러온다. 믿음이 이해에 이르게 한다는 격언이다. 여기서 말하는 믿음이란 그리스도에 대한 믿음이며, 개인적으로 자신의 죄를 깨닫는 믿음이며, 계속되는 자기기만이라는 유혹을 의식하는 데 근거를 두는 믿음이며, 성경의 권위에 뿌리를 두는 믿음, 하나님의 영감을 통해 성경이 전달하는 계시에 뿌리를 두는 믿음, 하나님이 인류에게 하시는 말씀의 의미에 대해 교회가 숙고해 온 역사가 키워준 믿음이었다.

계몽주의라는 관점이 이러한 접근을 뒤집었다. 이해가 성숙한 믿음에 이르게 할 것이며, 그 반대는 아니라는 주장이다. 따라서 기독교 전통의 측면 가운데 자유롭고 자율적인 인간 이성의 기준에 맞지 않는 측면은 의심의 눈길을 받았다. 그래서 결국 많은 사람이 그러한 측면을 버렸다. 곧 부활과 성육신, 삼위일체, 기적, 그 밖의 계시의 선물들이 사소한 것이 된 현실이 그리 놀랄 일인가?

보수적 그리스도인이라면 계몽주의의 손상된 신학 방법론에서 벗어났을 것이라고 생각할 사람도 있을 것이다. 하지만 계몽주의의 핵심을 이루는 전제가 특히 미국에서 복음주의 해석학을 형성했다. 예를 들어, 마크 놀은 계몽주의의 핵심 범주를 통해 성경을 해석하려는 보수적 복음주의 학자의 시도를 연대순으로 기록했다.[17] 복음주의 학자들은 계몽주의가 전통을 크게 의심하는 데 찬동해서, 전통이 없는 해석학을 낳았다. 계몽주의가 전통을 공격했지만, "오직 성경"이라는 구호는 살아남았다. 하지만 성경은 과학적으로 확인하고 분석하고 범주화해야 하는 사실로 가득 찬 무시간적 텍스트가 되고 말았다.

놀의 표현을 사용하면, "(성경이 최고의 종교적 권위일 뿐 아니라 유일하게 물려받은 권위임을 뜻하는) '오직 성경'이란 구호만 살아남았으나, 그 구호는 이 시대의 특징이라고 할 전통에 대한 공격을 여전히 유지시켰다."[18] 네이선 해치가 주목하듯이, 성경은 "너무나 쉽게 '모든 종류의 사람이 그들 나름대로 사용하도록 하늘에서 떨어진 책'이 되었다."[19]

놀의 설명에 따르면, 보수적 그리스도인은 성령의 인도를 받아 새로워진 이성을 사용할 때, 성경을 이해할 수 있고 교회를 순수한 신약시대로 회복시킬 수 있다고 널리 기대했다. 교회의 주석 역사는 기독교 공동체가 예루살렘에 처음 세워진 이후 성경을 읽은 교회의 전통이다. 그런데 이제 우리가 성경을 정확하고 안전하게 읽으려면, 이 역사는 피해야 할 적이 되었다. 알렉산더 캠벨은 환원주의 운동을 주도한 인물이었는데 그는 다른 사람들을 위해 목소리를 높였다. "나는 이전에 누구도 성경을 읽지 않은 것처럼 성경을 읽으려고 했다."[20]

계몽주의의 발자국은 많은 복음주의자가 성경을 과학적 텍스트로 다루는 데서 발견된다. 이들에게 성경은 오직 새로워진 이성을 이용해 귀납적으로 연구해야 하는 텍스트다. 제임스 라마르는 1859년 『성경의 원칙 혹은 귀납적 성경 해석 방법』에서 다음과 같이 말한다. "성경은 귀납적 방법이라는 원칙에 따라 연구하고 설명할 것을 허용한다. 또한 그렇게 해석할 때, 성경은 자연의 언어와 같이 잘못될 수 없고 확실한 목소리로 우리에게 말을 건다. 자연의 언어란 과학의 실험과 관찰에서 들리는 언어다."[21]

루이스 체이퍼는 달라스 신학교를 창설한 탁월한 인물 가운데 한 사람이다. 놀은 체이퍼가 성경과 조직신학에 대한 자신의 세대주의적 접근의 근거를, 성경을 잘 읽기 위해 고안된 겉으로만 과학적인 접근 방식에 두었다고 주장한다.

> 하나님과 그분의 일에 관해 모든 자료에서 모든 사실을 모으고 과학적으로 배열하고 비교하고 드러내고 옹호하는 것이 조직신학이다. 하나님의 위대한 시대가 잘 정의된 질서에 들어온다. 하나님의 구체적인 목적이 그러한 질서의 특성을 드러낸다. 성경을 연구하는 사람이라면, 이를 발견할 것이다. 신학자에게는 하나님의 계획이 중요하다. 이는 건축가에게 청사진이, 항해사에게 지도가 중요한 것과 마찬가지다. 신학은 과학으로서 이렇게 위대한 계시 영역(모형론)을 무시했다. 인간 행위에 관한 교리를 살펴보는 일은 성경의 위대한 교리를 발견하고 분류하고 드러내려는 과학에 적절하게 속한다. 해석의 과학은 보통 해석학으로 불린다. 논리적 절차와 과학적 방법이 해석학에서 핵심을 이룬다.[22]

체이퍼가 모형론에 대해 보이는 관심은 많은 교부들이 같은 주제에 대해 보인 관심과 잘 어울린다. 일반적으로 계몽주의는 전통이 해석학적 뒷받침으로 이바지할 수 있음을 부정한다. 그런데 체이퍼의 방법론에서 그러한 부정을 발견하게 되니 얼마나 놀라운 일인가? 정말 놀이 주목하듯이, "교만에 가까운" 자기 확신이 개신교의 근본주의에 있다. "그것은 극단적인 반전통주의가 드러내는 확신이다. 반전통주의는 이전 세대로부터 지혜를 얻을 수 없다고 주장하지만, 근거가 없는 주장이다."[23] 체이퍼는 신학 교육을 공식적으로 받지 않았다. 놀에 따르면, 체이퍼는 여기에 실제로 장점이 있다고 느꼈다. 그래서 체이퍼는 성경을 읽을 때 영향을 줄지 모르는 과거의 잘못을 저지르지 않게 되었다고 느꼈다. 체이퍼는 다음과 같이 말했다. "나는 정해진 신학 교과 과정을 공부하지 않았다. 그 덕분에 편견 없는 마음으로 주제에 접근할 수 있었다. 성경이 실제로 가르치는 것에만 관심을 둘 수 있었다."[24]

놀은 동시대의 세대주의자 크레이그 블레이싱을 체이퍼와 대조시킨다. 그는 체이퍼가 무분별하세 역사적 맥락을 무시하고 성경 해석자에게 나쁜 영향을 주었다고 적절하게 비판했다. 블레이싱에 따르면, 체이퍼는

> 해석의 역사성을 방법론적으로 깨닫지 못했다. 나아가 이러한 해석학적 결핍은 분명하고 단순하고 평범하고 문자적인 해석을 옹호한다는 점에서 세대주의적 사고와 실천이라는 의미로 구조화되었다. 해석의 역사적 본성을 방법론적으로 깨닫지 못하는 해석을 견지하는, 자의식적 해석에서 정체성을 찾는 한 세대의 신학자들이 우리에게 있다.[25]

블레이싱의 주장에 따르면, "역사적으로 볼 때, 우리 자신의 신학 사상까지 포함해서 전통은 모든 신학 사상을 제한한다. 교육이나 경험과 같이 개인적이고 문화적인 요소뿐 아니라 신학자들도 전통에 들어간

다."[26] 그렇다. 전통을 완전히 제쳐놓으려는 덧없는 소망은 "어떤 전통인가"라는 물음으로 대체해야 한다.

전통으로의 도피?

계몽주의는 모든 권위와 전통을 제쳐놓으려 한다. 자율적으로 추론하는 개인만 예외이다. 최근 발전을 보면, 이러한 시도는 또 다른 지적이고 문화적인 전통을 나타내고 있다. "전통의 가치를 낮게 여기는 전통"이다.[27] 계몽주의는 "역사를 진보로" 이해한다. 이러한 낙관적인 이해에 뿌리를 두는 사상가들은 앞만 내다보는 경향이 있다. 하지만 로저 룬딘이 "억눌리거나 무시되거나 잊혔지만 다시 회복되어야 하는 전통에 진리가 있을 것이다"라고 주장할 때, 그는 진리에 더 다가가 있다.[28]

로버트 윌켄은 계몽주의가 전통을 너무나 의심하여서 더 이상 현대인들은 "앞서 있었던 것과 자신에게 유익했던 일을 감사하게 받아들일 수 없게 되었다"고 한다. 윌켄은 인간 이성이 진공에서 활동하지 않는다는 사실을 상기시켜 준다. 도리어 인간 이성은 "사물 밖에서가 아니라 사물 안에서 발견된다. 이성은 인간의 마음에 독자적으로 있는 추상적인 자질이 아니다." 만일 그렇다면, "우리의 손이 주인의 인도를 따르게 하는 것"은 자연스럽고도 매우 타당한 일이다. "이성을 홀로 내버려 두어야 한다는 생각은, 마치 우리가 일련의 지침을 연구함으로써 바이올린 연주를 하거나 조각을 만들 수 있다고 생각하는 것만큼이나 어리석은 일이다."[29]

> 창조적 연구를 하는 많은 영역에서, 탁월성과 독창성의 전제는 전통에 몰입하는 것이다. 예를 들어, 음악에 대해 생각해 보라. 토요일 아침,

> 나는 미국 공영 라디오에 나오는 재즈 방송을 들을 때가 많다. 이 방송은 유명하거나 그렇게까지 유명하지는 않은 재즈 피아니스트나 색소폰 연주자, 드럼 연주자, 트럼펫 연주자 등과 대담하는 것이 특징이다. 그들은 선생님과 스승에 대해 정말 많은 존경심을 갖고 이야기한다. 그들의 이야기를 듣고 나는 깊은 인상을 받곤 한다. 그들은 처음에 다른 사람의 스타일을 모방하면서 피아노 연주를 배웠다. 트럼펫을 부는 법을 배울 때 그들은 루이 암스트롱이나 다른 대가들을 모방했던 사람에 대해 존경심을 갖고 이야기한다. 이와 마찬가지로, 미국 포크송 가수 진 레드펫 같은 연주가는 미국 컨츄리 음악을 작곡하고 부르는 데 필요한 조건이 전통이라고 이야기한다. 얼마나 자주 그렇게 이야기하는지 모른다. 우리는 이 점에 깊은 인상을 받는다. 전통을 잊지 말라는 권고를 우리는 얼마나 자주 듣는가? 왜 그러한가? 역사적 이유나 고고학적 이유 때문이 아니다. 확실히 미술가나 작가, 조각가처럼 음악가는 그들의 손가락 끝, 성대, 귀를 통해 모방하는 것이 탁월성과 독창성에 이르는 길임을 알기 때문이다.[30]

지적인 삶과 신학 연구에 대해서도 같은 이야기를 할 수 있다. 토머스 오든에 따르면, 교부들이 "신학으로 연주하는 것"을 보는 일은 윌리 데이스가 센터필드에서 경기하거나 듀크 엘링턴이 "세련된 아가씨"를 연주하는 것을 보는 것과 같다.[31] "좋은 사상가들의 글을 읽고 그들의 생각이 우리의 생각을 형성하도록 함으로써 생각하는 법을 배워야 한다." 윌켄에 따르면, 시간이 흘러도 신뢰할 수 있다고 인정된 저술가에게서 배우는 것이 가장 좋다. 그러한 저술가는 오랜 세월 동안 검증된 사람이며, 하나님이 그리스도 안에서 이루신 구속 사역을 신뢰할 수 있게 해석한 사람들로 인정받은 사람이다. 윌켄은 아우구스티누스가 한 말을 우리에게 떠올려 준다. 권위는 힘이 아니라 신뢰성을 가리키는데, 그것은 "진실되게 가르쳐서" 확립된 신뢰이며, "말만 아니라 행동으로 신뢰와 믿음을 불러일으키는 사람에게" 머무는 신뢰다. "말만 아니라 행동이 학생의 신뢰를 얻는다. 선생의 인격이 학생들에게 신뢰를 준다. 요약하면, 선생의 성품을 보고 학생들은 선생을 신뢰한다."[32]

월켄의 이런 관점은 오랜 세월 교부 저술에 몰입해 온 것을 통해 형성되었다. 그 관점은 개인주의를 대신하는 건전한 대안을 준다. 오늘날 인식론과 신학에서는 개인주의가 지배적이다. 개인주의는 지나치게 높은 평가를 받았다. 윌켄이 주장하듯이, 그리스도인이라면 상상해 보지 못한 세계, "가슴 가운데서 마음으로" 진리를 추구하는 세계를 다시 불러오는 데서 정체성을 발견할 수 있다. 그 세계는 실재를 전체적으로 읽도록 촉진하는 공동체다. 이 공동체는 우리가 어떻게 무엇을 생각하는가, 우리는 누구인가, 우리는 어떻게 살아야 하는가 하는 질문이 분리될 수 없는 전체임을 주장한다. 이 공동체는 우리에게 실재에 대한 통합적 독법을 제공하는데, 그러한 독법이 교부들의 글에 많이 반영되어 있다.

포스트모더니즘: 통찰과 책임회피

계몽주의는 자율적 이성을 높인다. 포스트모더니즘 해석학은 이에 대한 반응과 반발로서 텍스트를 해석하는 일을 해석자의 성별, 문화, 언어, 사회적 위치와 떼어놓을 수 없다고 주장한다. 계몽주의에서 과대 평가된 개인주의를 바로잡는 데 있어 포스트모던적 관점은 여러 가지로 유익하다. 개인주의에서 각 개인은 이성에만 근거를 둔다. 성경 텍스트뿐 아니라 우주도 이성에만 근거를 두어 해석한다. 그러나 포스트모던적 해석학 덕분에 문화, 역사, 사회라는 환경이, 우리가 다른 사람의 텍스트와 세계를 보고 이해하는 데 영향을 주고 제한을 둔다는 사실들을 알게 되었다.

그러나 포스트모던적 수정은 존재론, 인식론, 윤리를 해석 자체에 모두 구겨 넣어버리는 경향이 있기 때문에 위험하다. 리처드 로티에 따르면, "우리가 더 이상 인식론적이지 않을 때 얻는 것이……해석학이다." 그래서 포스트모던 해석가는 "세계에 객관적으로 있는 것이나 역사에 일어난 일에 그리 관심을 두지 않는다. 도리어 우리가 자연과 역사에서 끌어내어 사용할 수 있는 것에 관심을 둔다." 로저 룬딘이 주장하듯이, 많은 사람은 언어가 진리를 반영할 수 있다는 믿음을 잃어버렸다. 그 대신 우리는 언어를 "우리가 원하는 것을 얻는 데 도움을 주는 치료" 도구로 삼는다.[33] 그 결과 룬딘의 "해석의 문화"가 나온다. 여기서 고립되고 표현적이고 자율적인 자아는 주관적 벌판을 거칠게 가로질러 간다. 알래스데어 매킨타이어가 주목하듯이, "주관적 관점주의"가 승리를 거둔다. 포스트모던주의자가 생각하듯이, 계몽주의가 자율적 합리성을 확신하는 데 대해 유일한 대안은 포스트모던적 주관주의이기 때문이다.[34] 룬딘이 이러한 발전을 이렇게 묘사한다.

> 인식론에 대한 확신이 서서히 좀먹어 들어간다. 이때 관점주의는 고립된 자아가 자신의 능력에 대한 믿음을 유지할 수 있는 기회를 주는 것 같다. 고립된 자아는 3세기 이상 동안 서양 과학과 철학, 예술의 중심에 있었다. 비록 우리가 도덕적 완전함을 이루거나 의심할 수 없는 지식을 얻을 수 있는 능력이 자아에게 있다고 더 이상 믿지는 않더라도, 오늘날 해석 이론들은 자아의 창조적 능력을 행사함으로써 만족을 찾을 수 있는 능력이 자아에게 있다는 믿음을 여전히 견지한다.[35]

룬딘은 스탠리 피쉬 같은 포스트모던 철학자의 질문을 부각시킨다. "절대적 가치나 권위에 대해 우리 자신 밖에서 더 이상 이야기할 수 있는가?" 하는 물음이다. 그런데 전통에 대해서는 어떠한가? 과거가 우리에게 다가와 우리를 가르칠 수 있는가? 그렇지 않으면, 뚫을 수 없는 해석의 벽 뒤에 부유한 과거가 영원히 숨어 있기만 한 것일까? 그렇다면, 니콜라스 월터스토프가 "해석 보편주의"라고 부르는 결과가 나올 것이다. C. 스티븐 에번스에 따르면, 해석 보편주의에서 "실재 그 자체는 알 수 없다. 인간이 보는 대로만 알 수 있다. 우리는 인간의 개념 체계에 따라 사물을 안다. 그러한 체계는 여럿이며 우연적이며 서로 환원될 수 없다.……그것은 모두 해석이다."[36]

해석은 개념, 의도, 의사소통을 집어삼킨다. 하지만 실제로 텍스트는 조작하고 수탈하고 억압하는 수단으로 일한다. 텍스트는 저자가 자신의 실재 이해를 우리에게 부과하려는 시도다. 그래서 해석가는 텍스트를 의심하면서 조심스럽게 다루어야 한다. 다른 저자는 우리를 압도하려 할 수밖에 없다. 우리의 해석학적 방패만이 우리를 여기서 지켜줄 수 있다. 이 방패는 의심의 해석학으로 널리 알려졌다. 우리는 숨겨진 구호가 무엇이냐고 묻는다. "푸코, 옆으로 물러나라. 그대가 행간에서 읽어 낸 진리를 발견할 수 있도록." 스티븐 에번스가 그렇게 비꼬면서 경고한다.[37]

어떤 저자의 관점이 옳은가? 수사학 기술이 뛰어나고 정치 권력이 가장 센 저자가 승리한다. 해석은 모든 실재를 삼켜버린다. 그래서 적자생존이 되며, 가장 똑똑한 것만이 살아남는다. 로저 룬딘에 따르면, "우리는 우리 밖에 있는 권위에 호소하지 않는다. 도리어 우리는 정치 투쟁을 할 수 있는 수사학 능력을 배치시키려 할 수 있을 뿐이다. 이 능력은 우리의 선호를 지키고 우리를 위협하거나 괴롭히는 선호의 표현을 막는 데 필요하다."[38]

스탠리 피쉬에 따르면, 사실 포스트모던의 해석학 원리에 근거를 둔 사회는 실용주의자로 이루어진 사회이다. 진리는 잘 먹혀들어가는 것, 개인적으로나 집단적으로 선호하는 것, 개인적 즐거움으로 전환된다. 피쉬에 따르면, "모든 선호가 원리로 바뀐다."[39] 리처드 로티는 정의로운 사회를 "자유 외에는 목적이 없는 사회"로 정의한다. "정의로운 사회는 시인과 혁명가가 좀더 쉽게 살도록 하는 것 외에는 다른 목적이 없다. 그들은 행위가 아닌 말로만 다른 사람의 삶을 어렵게 만들기 때문이다."[40] 자유는 절대적이다. 포스트모던 실용주의자가 유일하게 긍정할 수 있는 것은 자유인 것 같다. 하지만 어떻게 자유에만 근거를 두고 실행할 수 있는 윤리를 만들 수 있는가? 이를 알아내기 어렵다. 공동체적 배경 속에서만 발전하고 길러지는 덕목들은 이제 시들거나 유산되고, 천천히 죽어가는 운명에 있는 것 같다. 그러나 마지막에는 포스트모더니즘의 개인주의적 실용주의 가운데에서 사라져버릴 것이다.

현재 상태

21세기 초반에 있는 우리는 자신을 어디에서 발견하는가? 계몽주의의 자율적 연구자는 자신을 속였고 단순했다고 증명되었다. 해석과 지식을 얻는 일은 진공 상태에서 일어나지 않기 때문이다. 하지만 포스트모던주의자가 주는 통찰은 실용주의와 관점주의의 궁지에 몰려 있는 것 같다. 탈출구는 없는가? 혹시 우리는 전통을 긍정하는 길과 전통을 완전히 거부하는 길이라는 잘못된 이원론을 단정하지는 않았는가? 이 지점에서 매킨타이어는 전통에 대한 우리의 생각이 잘못되었다고 정당하게 꾸짖는다. "반성을 전혀 하지 않는 것이 순전한 전통을 나타내지는 않는 것 같다. 정당한 도전에 반응할 수 있는 능력이 순전한 전통의 특징이다. 그러한 도전을 만날 때 전통은 이전에 도전받지 않았던 방식들로 자신을 확대하거나 고칠 수 있다."[41]

성경에 대한 교부들의 숙고 속에 전통이 구현되었으며, 이 전통에는 유연성과 민감성이 있어서, 당대 세계가 내놓은 해석과 윤리의 도전을 받아들일 수 있었다고 나는 믿는다. 교부 세계와 현대 세계를 잇는 다리를 놓으려는 시도는 지혜로운가? 살아남을 수 있는가? 많은 이들이 이렇게 의심할 것이다. 자율적 이성이 인식론적으로 충분하다고 여전히 옹호하는 계몽주의적 근대주의자는 자신의 이성적 능력을 넘어서 볼 필요가 있을 때에 어려움을 겪을 것이다. 포스트모던주의자는 내가 소박하다고 비웃을 것이다. 다른 세계와 연결하려는 나의 시도를 포스트모던주의자들은 무익한 일이며 위장된 착취로 여길 것이다. 그들은 내가 초기 기독교 사상과 문화를 해석하여 다른 사람에게 해를 주지는 않더라도 결국 나의 유익과 즐거움만 늘릴 것이라고 주장할 것이다. 하지만 두 세계의 해석학적 차이는 이어질 수 없다고 여기면서, 내가 다르게 생각하려면, 나를 속여야 한다고 주장할 것이다.

많은 보수주의 개신교 해석가는 계몽주의와 포스트모던주의자와 동거하는 자신을 발견하고 불편해한다. 하지만 그들은 교부를 연구해야 한다는 사실을 알지 못하며 그 사실을 인정하지도 않는다. 전통을 의심하고 새로워진 이성의 능력만 확신한다. 이러한 태도가 개신교에 뿌리박혀 있다. 그래서 교부 사상을 연구하는 데 시간과 정력을 투자하는 것을 꺼리는 사람이 많다. 그들은 성경 자체의 세계에 초점을 두는 편이 더 낫다고 여긴다. 일부 사람은 다음과 같이 주장할 것이다. 성경과 우리 사이에 끼어 있는 세월은 주로 왜곡과 오류로 얼룩져 있었다. 특히 로마 가톨릭 세계와 동방 정교회 세계에서 그러했다. 해석의 원천인 교부들에게 돌아가려면, 로마나 콘스탄티노플로 돌아갈 수밖에 없는 것 같다. 멘노 시몬스 같은 급진적 종교개혁가는 초기 1세기의 기독교 공동체의 소박한 세계로 돌아가라고 촉구하는데, 어떤 사람들은 그가 진리에 훨씬 더 가깝다고 여길 것이다.

이와 비슷한 문제를 놓고 고심한 초기 기독교 저술가가 일부 있었다. 예를 들어 3세기 교부 테르툴리아누스가 있다. 그는 "기독교 신앙은 문화, 철학, 성경이라는 누에고치 안에 있을 때에만 안전하게 발전한다"고 강력하게 주장했다.

> 예루살렘과 아테네가 무슨 상관이 있는가? 교회와 아카데미아가 무슨 상관이 있는가? 그리스도인과 이단이 무슨 상관이 있는가? 우리의 원리는 솔로몬의 회랑에서 나온다.[42] 솔로몬은 가장 단순한 마음으로 주 하나님을 찾아야 한다고 했다. 나는 스토아적 기독교나 플라톤적 기독교나 변증적 기독교를 사용하지 않는다.[43]

공사 중인 다리들

21세기가 시작하는 시기에 사는 사람들이 교부 세계를 정말 의미 있게 파악할 수 있을까? 많은 사람이 이에 대해 부정적일 것이다. 그러나 우리는 교부 세계를 파악해야 한다. 교부 세계에 이르는 다리를 짓는 데 성공한다고 가정해 보자. 그렇다면, 그들의 계단 앞에 이를 때 우리는 무엇을 발견할 수 있을까? 우리를 환대하는 환경을 발견하고 경험할 것인가? 교부들이 우리에게 주는 음식이 우리를 살찌우고 배부르게 할까? 교부들의 생각은 오늘날의 사람들에게 연결될 수 있는가? 오늘날 사람들이 그 생각을 이해할 수 있는가?

개념적으로나 윤리적으로나 다리 놓는 일은 결코 쉽지 않다. 교부 세계를 이해하려 하거나 성경 자체를 이해하려 하거나 마찬가지다. 예를 들어, 현대인은 섹스에 지나치게 관심이 많은 사회에서 자랐다. 그들이 순결에 대해 잘 이해하고 있다고 어떻게 기대할 수 있을까? 팀 스태포드가 주목하듯이, "마트 계산대 앞에 있는 잡지들을 보라. 그러면, 성경이 하는 말이 현대인에게 얼마나 미친 소리처럼 들릴지 알 것이다. 일상적인 북미인은 사람들이 자신의 소유가 아닌 것을 원하는 것을 당연하게 생각한다.……물론 한 여성은 폴 뉴만을 보며, 그가 침대에서 얼마나 잘할까를 상상한다. 그녀가 이를 위해 죄를 저지르지 않는 한, 그런 생각이 왜 잘못이란 말인가."[44]

오늘 우리는 멀리 보지 못한다. 그래서 21세기의 성적 기호나 노력, 유혹을 가지고, 성적으로 억압된 교부를 이해하거나 확인할 수 없다고 확신한다. 우리가 일단 교부들의 세계에 들어가면, 그 세계도 오늘날처럼 정욕과 사랑을 구분하지 못하는 문화적, 개인적 배경 속에 있었다는 사실을 발견하게 된다. 그들도 성적으로 뜨거운 사회에 살고 있었다. 아우구스티누스는 사랑 자체와 사랑에서 나오는 쾌락에 심취해 있었다. 다음과 같은 그의 말은 너무나 현대적이다.

> 카르타고에 갔을 때, 나는 그곳에서 쉿 하고 소리를 내는 정욕의 가마솥에 빠져 있는 나를 발견했다. 나는 그때까지 사랑에 빠진 적이 없었다. 하지만 사랑이란 개념을 사랑하게 되었다. 무엇인가 놓치고 있다는 이러한 느낌 때문에 나는 나 자신을 멸시했다. 내가 그 필요를 채우는 데 열심이지 않았기 때문이다. 나는 내 사랑을 위해 어떤 대상을 찾으려고 주위를 둘러보았다. 나는 무언가 정말 사랑하고 싶었기 때문이다.…사랑하고 사랑받는 것이 내 마음의 소원이었다. 나를 사랑하는 사람의 육체를 즐길 수만 있다면, 정말 더 달콤할 것이다.[45]

그리스와 로마 세계는 우리가 생각하는 것보다 서로 더 이해할 수 있는 가능성과 일치점을 주는 것 같다. 우리가 살펴보았듯이, 로마 세계와 현대 세계는 성적 열병에 걸려 있으며 혼란스럽다. 서양 사회의 물질주의적이고, 자기중심적이며, 방종적인 성향은 어떠한가? 교부 세계는 그보다 덜했는가? 교회 안이든 교회 밖이든 사치와 방종이 두 시대 모두 존재했다. 로마 황제 비텔리우스는 티베리우스의 남창이었으며, 탐욕스러운 도박가였다. 그는 네로가 로마 무대에 데뷔하는 의식을 주관한 자였으며, 악명 높은 먹보였다.[46] 수에토니우스는 호사스러운 밤을 이렇게 묘사한다.

> 일련의 잔치 가운데 가장 악명 높은 잔치는 그가 로마에 입성할 때 그의 형제가 그에게 베푼 잔치였다. 이천 마리의 큰 물고기와 칠천 마리의 엽조를 준비했다고 한다. 하지만 이 잔치마저도 호사스러움에 있어서는 정말로 큰 한 번의 식사에 비교할 수 없다. 비텔리우스가 "여왕 미네르바의 방패"라는 이름으로 미네르바 여신에게 바친 식사이다. 꼬치고기의 간, 꿩의 뇌, 공작새의 뇌, 홍학의 혀, 칠성장어의 어백이 있어야 요리할 수 있는 식사이다. 파르티아 전선에서 스페인 해협(지브롤터 해협)에 이르기까지 제국의 곳곳에서 모은 음식 재료를 전함에 실어 로마로 가져 왔다.[47]

비텔리우스는 토하는 약을 사용함으로써, 흥청거리는 잔치에서도 살아남았다. 그의 친구, 퀸투스 비비우스 크리스푸스가 안쓰러울 정도다. 그는 비텔리우스의 길게 늘어지는 만찬을 자주 주최하는 사람이다. "하루는 병 때문에 그가 며칠 동안 연회 식탁에 나올 수 없게 되었다." 하지만 그가 측근에게 "병들지 않았다면, 나는 죽었을 것이다"라고 말했다.[48] 병에 걸린 것이 그의 생명을 구한 것이다.

알렉산드리아의 클레멘스 같은 교부들은 그들의 회중 가운데도 이와 같이 사치하고 방종하는 모습이 있음을 알고 있었다. 다음은 클레멘스가 말한 슬픈 현실이다.

> 창고에 쌓아둔 것을 기뻐하는 사람은 탐욕 때문에 어리석어진 사람이

> 다.……사람들이 은으로 된 변기와 투명한 눈꽃 석고로 된 침실용 변기를 조언자를 안내하듯이 들고 가는 것을 본다. 어처구니없고 정말 웃긴다. 부유하지만 어리석은 여인들에게는 배설물을 받기 위해 만들어진 금항아리가 있다. 그들이 부유하기 때문에 대변을 볼 때도 웅장한 스타일로만 볼 수 있는 것처럼 금항아리를 소유한다. 그러한 모습을 볼 때, 정말 비웃고 싶어진다.[49]

현세의 왕국과 하나님의 왕국이라는 두 세계에서 살려는 유혹이 오늘날 그리스도인을 유혹하고 있다. 그 유혹은 교부와 그들의 회중에게도 있었다. 따라서 초기 기독교 저술가의 세계를 연구하려 할 때, 두 세계의 유사점을 사용한다면 이점을 얻을 수 있는 것 같다.

다른 안경을 통해

잠시 미국 문화에 대해 이야기해 보자. 미국인 대부분은 한 가지 언어로만 말하고 읽으면서 성장했다. 철학, 정치, 사회, 종교에서 계몽주의라는 이상이 미국 문화를 깊게 형성했다. 대부분의 미국인은 핵가족에서 양육받았다. 조부모와 삼촌과 고모, 이모 등과 의미 있는 관계를 맺는 이들도 일부 있지만, 대개는 그렇지 않다. 홀부모 아래에서 성장하는 어려움을 겪은 이들도 많다. 경제적 기회가 넘쳐나는 이들도 많고, 높은 수준의 삶에 익숙한 사람도 많다. 우리는 돈과 소유를 사적인 것으로 여기는 경향이 있다. 사적 영역을 엿보는 것은 환영받지 못한다. 성 문제에 지나칠 정도로 관심을 가지고 있다. 여가시간은 점점 더 많아지고 있다. 우리는 연예계에 따라 움직이며, 미디어에 끌려다닌다. 폭력이 우리를 쫓아내는 동시에 유혹한다. 우리는 원하는 것이 무엇인지 알고, 그리고 당장 원한다. 즉각적인 자기만족이 우선순위를 차지한다. 마트 계산대 앞에서든, 버스 정류장에서든, 공항 터미널이든, 교회든 기다리는 게 매우 힘든 시대다. 그 밖에도 여러 특성이 있지만, 이상의 예들은 주변 세계를 어떻게 보고 사는지를 잘 보여 주는 사례다.

우리는 오늘날 지구촌에서 살고 있다. 이 사실이 내가 복음을 이해하는 것을 촉진하는 동시에 방해하는 일이 어떻게 함께 일어날 수 있는가? 성경과 성경의 중심 메시지를 이해하려는 나의 노력에, 내 가족의 배경, 언어, 정치 철학, 미디어 노출, 성, 교회의 유산, 국가의 역사, 심리학적 구성, 그 밖의 문화적 개인적 특성의 어떤 측면이 도움을 주며 어떤 측면이 방해하는가? 내가 성경을 읽을 때 개인적으로 문화적으로 쓰는 안경은 무엇인가? 그 안경은 성경의 어떤 측면에 또렷한 초점을 맞추는가? 그 안경은 성경의 어떤 측면을 흐리거나 왜곡시키는가?

그리스도인은 문화와 역사, 언어, 철학, 심지어 신학이라는 안경을 끼고 있다. 우리 자신의 안경이 왜곡시킨 결과가 잘 드러나려면, 서로 다른 시기와 장소에 있는 그리스도인의 눈을 통해 성경을 읽어야 한다. 그렇다고 해서 교부들에게 왜곡된 관점과 맹점이 없다는 말은 아니다. 하지만 우리가 우리의 신학적, 해석학적 직감력을 넘어서 보지 않으려 한다고 해 보자. 그렇다면 우리가 강점들과 약점들을 분명하게 보지 못할 것이라고 주장하는 셈이다. 하나님은 교회사를 통해서 계속 활동하고 계신다. 우리가 우리 생각의 안전지대를 넘어서 움직이려 하지 않는다면, 우리는 성령이 주신 재능을 빼앗긴다.

마이클 케이시는 "성령이 신약성경 마지막 페이지와 더불어 교회에서 활동을 중단하신 것이 아니다"라는 사실을 우리에게 지혜롭게 조언한다. 도리어, 오랜 세월을 통해 성경과 하나님의 영이 "무수히 많은 남녀노소의 삶에 들어오셔서 그들 스스로가 살아 있는 복음이 되게 하셨다." 이러한 그리스도인은 성경의 의미에 따라 살고 생각했다. 교부들이

바로 그러한 그리스도인이다. 성경에 숨어 있던 지혜가 그들의 설교, 주석, 글과 기도문을 통해 수면 위로 떠올랐다. 물론 아무런 오류나 잘못 없이 이런 일이 일어난 것은 아니다. 하지만 이후 세대에 사는 그리스도인이 교부의 주석이라는 샘에서 물을 마실 때 많은 유익을 얻을 수 있는 정도는 되었다.

> 그러한 통찰은 저절로 보장되지 않았다. 여러 세대의 신자들이 그들 가운데 그들 자신의 영적 체험에 대한 정확한 반성을 발견할 때 비로소 이러한 이차 문헌이 어느 정도 권위를 갖게 되었다.……좋은 설교자라면, 영감 어린 말씀을 듣는 사람이 그 말씀을 살아 있는 말씀으로 받아들이도록 할 수 있다. 이와 마찬가지로, 이러한 기독교 고전 문헌을 읽는 일은 성경을 과거 역사에서 오늘날 우리의 삶으로 번역하는 일을 도울 수 있다.[50]

이미 살펴보았듯이, 많은 포스트모던 해석가는 다른 사람의 세계에 실제로 들어갈 수 없다고 여긴다. 이러한 생각에 동의하지 않지만, 과제가 만만치 않다. 우리는 모험하는 항해자 입장에서 준비해야 한다. 무엇보다 먼저, 우리의 자기 평가가 과장되고 부풀려 있는 경우가 많다고 기꺼이 인정하는 겸손을 준비해야 한다. 비록 처음 볼 때에는 우리와 다르게 말하고 있으며, 많은 경우 이상하게 살았던 사람들이었던 교부들이, 우리에게 가르칠 것이 있다고 우리는 확신해야 한다. 우리는 그들에게서 배울 수 있는가? 우리가 얼마나 조용하게 귀 기울이느냐에 따라, 여태껏 귀 기울였던 것보다 더 열정적으로 귀 기울일 수 있느냐에 따라 정해질 것이다. 이제 우리의 기대, 희망, 편견과 전제가 기꺼이 귀 기울이려는 우리 마음에 영향을 줄 것이다. 교부의 사상 세계에 낯선 사람들일수록 많은 사람의 증언을 신뢰해야 할 것이다. 이들은 풍부한 교부들의 성경 해석을 우리보다 앞서 발견해 낸 사람들이다. 암브로시우스의 조언이 마음에 다가온다.

참된 선생은 한 분만 계시기 때문이다. 그분은 모든 사람을 가르쳤지만 누구에게도 배우지 않으셨다. 하지만 사람들은 가르쳐야 하는 것을 그분에게서 먼저 배워야 한다. 다른 사람에게 주어야 하는 것을 먼저 그분에게서 받아야 한다. 이제 우리는 무엇을 가장 먼저 배워야 하는가? 말할 수 있으려면, 먼저 침묵해야 한다.……말하는 것이 유익을 주지 않는 경우에도 침묵하는 사람은 거의 없다.[51]

쉽게 귀 기울일 수 없을 것이다. 우리는 깊이 뿌리내린 의심을 극복하려고 싸워야 할 것이다. 과거의 편견은 침묵해야 할 것이다. 우리 중 어떤 이들은 오류로 파악되는 것에 너무 빨리 반응하려는 유혹을 느낄 수도 있다. 우리는 새로운 단어와 주제, 개념에 익숙해져야 할 것이다. 하지만 우리가 견디어낸다면, 노력한 것에 대한 보상을 받을 것이다. 교부가 성경을 읽으면서 한 생각을 이해하기 위해 폭넓은 정보와 개념들이 있어야 한다.

이것은 이 책의 목표 중 하나이기도 하다. 겸손해야 한다. 자기 자신을 의식해야 한다. 귀 기울여야 한다. 기도해야 한다. 유머 감각을 지녀야 한다. 여러분은 교부 세계에 그렇게 들어가야 한다. 이것이 내 권고이다. 우리의 독선적 분노가 교부의 통찰을 가로막도록 내버려 두어서는 안 된다. 그럴 바에는 교부의 간헐적인 변덕 앞에서 만족하는 편이 더 낫다. 우리는 모두 잘못을 저지르기 쉽다. 우리는 형제나 자매의 눈에 있는 해석의 티를 재빨리 흠잡는다. 성경을 읽을 때 우리 자신의 연약함에 대해 눈을 감는 경향이 우리에게 있다. 우리 모두는 어떤 영역에서는 해석학적으로 무능하다. 우리 자신을 우리 공동체의 반성과 역사에서 쓸데없이 떼어놓는다고 해 보자. 그렇다면, 어떻게 우리가 성경을 이해할 수 있을 것이라 바랄 수 있겠는가? 우리가 성경을 이해해야 한다면, 서로의 통찰이 우리에게 있어야 한다. 우리가 성경을 이해하려면, 겸손과 공동체가 있어야 한다. 특히 사막 교부들은 이를 예민하게 파악했었다.

> 그들은 70주 동안 한 주에 한 번만 식사하면서 기도한 노인에 대한 얘기를 들려주었다. 그 노인은 성경에 나오는 구절(의 의미)에 관해 하나님께 물었다. 하지만 하나님께서 그 의미를 말씀하시지 않았다. 그는 스스로에게 물었다. "아 나는 얼마나 많은 수고를 했던가! 그런데 아무런 유익이 없구나, 그러니 이제 나는 내 형제에게 가서 그 의미에 관해 물어봐야겠다." 그는 밖으로 나가서, 외출하려고 문을 닫았다. 주 하나님의 천사가 그에게 나타나 말했다. "네가 70주를 금식했지만, 하나님께 가까이 가지 못했다. 하지만 이제는 그렇지 않다. 네가 겸손해졌으며 네 형제에게 가는 중이기 때문이다. 나는 너에게 그 구절을 설명하기 위해 왔다." 천사는 그 노인이 찾던 것을 그에게 주고 떠났다.[52]

교부가 화를 내고 당황해하는 것과 그의 우둔한 모습을 종종 볼 것이다. 하지만 우리가 놀랄 경우도 있다. 왜 이전에 성경에서 이 사실을 보지 못했던가? 왜 이 사실을 배우지 못했나? 어떻게 그렇게 눈이 멀 수 있었던가? 교부는 하나님과 복음에 대한 놀라움과 경외, 감탄의 감각을 가장 좋은 순간에 우리에게 되살릴 것이다. 교부의 영향을 통해서 주석을 연구해야 한다. 이때 주석 연구와 함께 예배와 기도를 훨씬 많이 하는 것이 마땅하다. 교부를 알게 될수록, 그들의 약점을 더 많이 볼 수도 있다. 하지만 우리가 아우구스티누스, 크리소스토무스, 아타나시우스, 히에로니무스, 나지안주스의 그레고리우스, 바실리우스, 암브로시우스, 대 그레고리우스의 같은 인물과 시간을 보낸다면, 우리가 보지 못하는 점들이 분명하게 드러날 것이다.

우리 문화나 삶에서 보지 못하는 어떤 점들이 고대 지혜의 빛에서 드러나야 하는가? 프랜시스 영에 따르면, 교부는 중요한 지적 전통에 속했으며, 오늘날의 신학자와 철학자, 목사와 일반인이 직면하는 것과 같은 문제로 많이 씨름했다. 영에 따르면, "이러한 물음이 지적으로나 역사적으로 매우 다른 배경에서 논란을 빚었다. 이를 보는 것이" 교훈적이다. "그 덕분에 우리는 문화적 제약을 받는 우리의 전제에서 벗어날 수 있다." 문제를 보다 분명한 빛 아래에서 "볼 수 있기 때문이다."[53] 오늘날의 독자와 교부 사이에는 거리가 있지만, 이것은 오히려 좋게 평가해야 할 장점이 될 수도 있다. 마이클 케이시에 따르면, 이러한 거리 때문에 해방을 맛볼 수 있기 때문이다.

> 그들은 먼 문화 출신이다. 나는 고대 저술가의 글을 읽을 때 이러한 요소를 높게 평가한다. 그들은 우리와 구분되는 믿음과 가치의 하부구조에 토대를 두고 건물을 세운다는 뜻이다. 고대 저술가가 어떤 텍스트에 대해 말하거나 어떤 가치에 대해 논의할 때, 그는 우리와는 다른 각도에서 사안에 접근하며, 많은 경우 독창적인 이야기를 한다. 그렇다고 해서 그들의 문화적 가치가 우리의 문화적 가치보다 반드시 더 좋다고 주장하는 것은 아니다. 그들이 우리보다 진리의 어떤 측면을 더 알고 있다는 뜻일 뿐이다. 이는 우리가 어떤 사안에서는 그들보다 더 아는 것과 마찬가지다. 고대 저술가를 통해 우리는 우리의 특정 문화에서 보지 못하는 점을 보완할 수 있게 된다. 그들 덕분에 우리는 많은 전제에 도전할 수 있고, 보다 통합적인 지혜로 나아갈 수 있다. 우리 문화의 특정 편견이 그들에게 영향을 주지 않기 때문에 그들 덕분에 우리는, 실재의 본성에 관해 우리들이 비판 없이 전제하고 있으며 보이지 않게 들어와 있는 이데올로기에서 벗어날 수 있다.[54]

단순하게 표현하자면, 교부를 읽는 일은 놀랄 정도로 오늘날의 그리스도인과 밀접하게 연결될 수 있다. 오늘날 감각으로는 보지 못하는 복음의 요소를 파악하는 경향이 교부에게 있기 때문이다. 오늘날 우리가 성경에서 듣지 못하는 음악을 교부는 듣는다. 오늘날 그리스도인이 정말 기억해야 하는 진리를 교부가 강조하는 경우도 많다.

이 장이 끝나가고 있다. 그래서 우선 이 원리를 잘 보여 주는 현대 주석가의 이야기를 나누고 싶다. 그러고 나서 교부의 통찰 가운데 오늘날 널리 보지 못하는 예를 구체적으로 말하려 한다.

해석학적 근접성

신약학자 데일 앨리슨은 마태복음 연구로 권위를 얻은 대표적 인물이다. 그에 따르면, 마태는 "자신의 의도를 모두 불어대지 않았다."[55] 앨리슨이 주목하듯이, 많은 경우 마태의 구호는 분명하지만, 마태는 많은 것을, 심지어 중요한 것을 말하지 않은 채 두었다. 예를 들어, 마태는 첫머리에서 예수의 족보를 밝힌다. 이 족보에는 네 명의 여자가 나온다. 그러나 왜 이들의 이름을 넣었는지에 대해서는 마태는 말하지 않았다. 그는 무엇을 하려 하는가? 앨리슨의 추정에 따르면, "마태는 독자에게 너무 많은 것을 기대했던 것 같다. 그렇지 않다면, 그의 처음 독자들은 우리보다 훨씬 더 준비가 되어 있었던 것 같다." 마태복음의 최초 독자에게는 "우리에게 없는 지식이 있었다. 복음서 뒤에 있는 전통에 대한……지식이다. 그런데 지금은 그 전통이 없다."

마태는 독자에게 그의 의도를 모두 알리지 않는다. 그뿐 아니라, 그는 "그의 문학적 방법에 관해 우리에게 가르쳐"주지 않는다. 마태는 그가 이미 당연하게 여기는 공통된 문화와 문학 관행이라는 맥락에서 글을 쓰고 있다. 그의 처음 독자들도 그러했다. 모든 사람이 이해하고 있는 것은 설명할 필요가 없다. 그런데 이것은 오늘날의 독자에게는 문제가 된다. 오늘날의 독자는 이전의 사람들이 이미 알고 있었던 것들이 무엇인지 찾아 나서야 하기 때문이다.

앨리슨은 마태복음을 "책 속에 있는 한 장"으로 여긴다. 이러한 표현을 통해 그는 다음과 같이 말한다. "곳곳에 나오는 성경 인용과 암시는 쉽사리 떼버릴 수 있는 장식물들이 아니며, 독자에게 다른 책들을 지시하고 있다. 그래서 마태복음이 그 자체로 완전한 실재가 아님을 가르쳐 준다. 많은 부분이 빠져 있다." 앨리슨의 이해에 따르면 마태복음은 "다른 텍스트들을 전제하는 맥락에서 해석되어야 할 것을 요구하고 있다...... 근본적인 의미에서 그것은 불완전한 진술이며, 구멍으로 가득 찬 책이다." 빠진 부분을 채워야 하는 사람들은 독자들, 마태가 전제하는 지식을 갖고 있는 독자들이다. 그 지식은 "유대인 성경"(구약성경)에서 나온다. 유대인 성경은 "서로 작용하는 텍스트들을 모아놓은 이전의 문서"이다.

오늘날의 독자가 부딪치는 중심 문제는 이러한 텍스트 사이에 있는 배경이 우리에게는 없다는 것이다. 그러한 배경이 없다면, 성경 저자가 다른 텍스트를 암시할 때 오늘날 독자는 어떻게 그것을 알 수 있는가? 앨리슨에 따르면, 성경학자는 주석의 독자에게 텍스트의 문학적 기제와 상호 연관을 밝혀 줄 필요를 채워주지 못한다. "시간은 우리를 모든 텍스트와 하위 텍스트(숨은 의미)에서 떼어놓으며, 암묵적 언급을 찾아낼 수 있는 우리 능력을 무력화한다. 그래서 역사가 진행됨에 따라 성경을 포함하여 고전에 대한 주석들이 점점 더 길어지게 된다."

오늘날의 독자는 "역사적 조건 때문에 성경에 간접적으로 나타난 언급은 알지 못한다." 이것이 가장 어려운 점이다. 사실 우리는 듣지 못하기 때문에, 정말 암시가 있는지 없는지조차 의심하기 시작할 수 있다. 음표들이 정말 악보에 있는가, 없는가? 우리가 잘못된 멜로디를 상상하고 있을 뿐이라는 결론을 내리기 전에, 앨리슨은 유익한 비유를 제공해 준다.

라디오를 통해 습관적으로 음악을 듣는 사람들은 대중가요의 한 부분만 듣고서도 그 노래를 맞출 수 있는 경우가 많다. 사실 어떤 곡에서 한 소절만 들은 후에 곡명을 맞추는 게임도 있다. 나도 라디오에서 들은 적이 있는데, 그 게임에서는 1, 2초밖에 안 되는 소절, 두세 마디 정도밖에 안 되는 곡조만 들려주었다. 경험이 없는 사람에게는 단지 소음처럼 들릴 것이다. 하지만 충분한 음악적 지식을 갖춘 사람은 가장 짧게 발췌해도 그 세계를 추정해 낼 수 있다. 이미 말했듯이, 이것은 진지하게 연구해서 얻은 지식이 아니며, 별다른 노력 없이 노래, 앨범, 음악 그룹을 그저 듣기만 해서 얻은 지식이다. 마태복음을 처음 들은 유대인도 마찬가지 상황에 있었을 것이다. 때로 우리는 연관성을 알기 위해 색인을 집어내어야만 하는 것은 아니다. 무의식적으로 피신하면서 훈련된 귀로 즉각 파악해 내는 연관성도 있다.

이렇게 중요한 지점에서, 해석학적으로 볼 때 교부들이 성경 텍스트에 가까이 있다는 점은 매우 유익하다. "우리보다 교부가 1세기 그리스도인에게 여러모로 더 가깝다. 우리 대부분과는 달리 교부는 성경 속에서 살고 움직였고, 그 안에 자신의 존재를 두었다." 여러 가지로 성경은 교부들이 오랜 세월 귀 기울인 대중음악이었다.

교부는 크게 소리 내어 읽었다. 교부에게는 문학적인 작은 규범이 있었다. 그들의 교육 방법 때문에 뛰어난 기억 기술이 있었다. 그들은 성경이 여전히 노래로 불리는 것을 듣고 있었다. 그래서 그들의 귀는 성경에 맞게 조율되어 있었다. 우리가 더 이상 듣지 못하고 색인을 골라낸 후에 컴퓨터에서 단어 찾기를 해야만 볼 수 있는 것을 들을 수 있었다. 마태복음에서나 다른 신약성경에서 교부가 발견하지 못한 구약에 대한 언급을 우리가 찾아내었다고 해보자. 그렇다면, 증명의 부담은

> 우리에게 있는 것이다. 우리[현대 주석가]가 찾아내지 못한 암시를 교부가 찾아내었다면, 그것은 제대로 된 탐구일 것이다.

앨리슨이 교부를 보는 관점을 따를 때, 어떻게 성경학자와 독자는 성경을 보다 효과적으로 이해하고 성경과 상호작용 하라는 격려를 받을 수 있는가? 산상수훈에는 "온유한 자는 복이 있나니, 저희가 땅을 유업으로 받을 것이요"라는 예수의 말씀이 있다. 이때 앨리슨이 인정하듯이, "내 주석까지 포함해서 내가 알고 있는 어떤 주석도 마태복음 5장 5절과 관련해서 모세를 언급하지 않는다." 하지만 앨리슨이 주목하듯이, 크리소스토무스, 퀴루스의 테오도레투스, 에우세비우스는 모세를 예수의 가르침과 연결한다. 테오도레투스는 민수기 12장 3절을 인용한다. 이 본문은 모세를 "매우 온유하며, 지상에 있었던 모든 사람보다 더 온유하다"라고 말한다. 에우세비우스의 주석에 따르면, "예수께서 온유한 자에게 지구의 유업을 약속하셨고, 모세는 이스라엘에게 땅의 유업을 약속했다." 앨리슨은 다음과 같이 주장한다.

> 우리는 테오도레투스와 에우세비우스의 해석이 인도하는 대로 따라야 한다. 그래서 마태복음 5장 5절을 모세 전통과 대조시켜야 할 것 같다. 모세는 온유함에 있어서 예표이다. 모세는 이스라엘 백성에게 땅의 유업을 약속했다. 모세 자신은 그 땅에 들어가지 않았다. 이러한 사실에서 정말 기대하지 않은, 보다 랍비적인 반성을 낳게 된다. 모세가 얻지 못한 것을 팔복의 세 번째 복이 보증해 준다는 결론을 끌어낼 수 있다. 그러한 해석에 따르면, 새 언약 백성은 옛 언약의 주요 인물보다 더 많은 복을 누릴 것이다. 과거에 온유한 자는 땅에 들어가지 못했다. 하지만 이제 하나님의 나라가 왔다. 그래서 "온유한 자가 땅을 유업으로 받을 것이다."우리는 마태복음 11장 11절을 생각하게 된다.

하늘나라에서는 가장 작은 자가 이전에 온 모든 사람보다 크다.

마태복음 5장 5절은 모세를 말하는가? 앨리슨은 이 물음에 대해 결론을 내리지 않는다. 하지만 앨리슨이 생각하듯이, 우리는 그러한 말을 진지하게 살펴보아야 한다. 풍성한 교훈이 있을 가능성이 있기 때문이다. 이는 교부가 그 구절을 들었을 때 들었던 내용을 우리에게 분명하게 말해 준다. 다시 말하자면, 해석학적으로 볼 때 교부는 성경에 더 가깝다. 그래서 학자나 목사나 일반인이 최근의 주석에만 기대는 경우 들을 수 없는 음성을 텍스트에서 잡아내었다. 우리가 듣지 못하고 보지 못하는 경향이 있는 곳에서 교부는 듣고 있고, 보고 있다.

주석과 영적 형성

교부들이 인정하듯이, 성경 해석자의 영적 건강은 성경을 잘 읽을 수 있는 능력과 깊이 연결된다. 교부들에 따르면, 예배와 경외, 거룩함이라는 맥락에서 성경을 연구하고 살펴보고 주석해야 했다. 교부는 성경을 거룩한 책으로 여겼다. 성경은 성령의 은혜와 능력을 통해 거룩해지는 사람에게 열리는 책이다. 텍스트에서 듣거나 본 것을 주석자의 성품이 여러 가지로 규정할 것이다. 성품과 주석은 밀접하게 연결된다.

예를 들어, 아타나시우스는 유명한 책 『성육신론』에서 다음과 같이 주장한다.

> 성경을 찾고 올바로 이해하려면, 선한 삶과 순수한 영혼이 있어야 한다.……우리에게 순수한 마음이 없다고 해 보자. 우리가 성인의 삶을 닮으려 하지 않는다면, 성인의 가르침을 제대로 이해할 수 없다.……햇빛

을 보려는 사람은 당연히 먼저 그의 눈을 깨끗하게 닦아야 한다. 그가 보는 것의 순수성에 가까이 가기 위해서이다. 어떤 도시나 나라를 보고 싶다면, 그 장소에 가야 한다. 이와 마찬가지로 거룩한 저자의 마음을 이해하려면, 먼저 자신의 삶을 깨끗이 닦고 성인의 행위를 따라야 한다. 그렇게 성인에게 접근해야 한다. 삶의 교제 속에서 성인들과 하나가 될 때, 그는 하나님께서 성인에게 드러내신 것을 이해할 것이다. 심판 때 죄인을 위협하는 처벌에서 벗어날 것이다. 하늘나라에서 성인을 위해 준비된 것을 받을 것이다.[56]

나지안주스의 그레고리우스도 신학적 연설에서 똑같은 말로 충고한다. 모든 사람이 하나님에 관해 잘 연구하고 말하는 것이 아니다. "모든 청중 앞에서도 아니며, 언제나도 아니며, 모든 점에서도 그렇지 않다. 도리어 어떤 경우에 특정 사람 앞에서 어떤 한계 안에서" 그러하다. 그레고리우스에 따르면, 신학 연구는 "검토를 통해 인정된 사람에게만 명상의 대가로 허용된다. 영혼과 신체가 순결한 사람이 신학 연구를 할 수 있다. 적어도 지금 순결하게 된 사람에게만 허용된다."[57]

아타나시우스나 그레고리우스에 따르면, 주석이나 신학은 교회의 삶이나 개인의 영적 성장과 동떨어진 성경학자나 신학자의 학문 활동이 아니다. 오히려 교부들은 교회 내에서 가장 좋은 주석이 생긴다고 보았다. 주석은 교회 공동체에서 읽히고 설교되고 들리고 이해된다. 또한 기도와 예배, 명상과 자기 점검, 고백을 통해 선한 품성을 계속 형성해야 한다. 그리스도의 은혜가 그의 몸인 교회에 전달되는 수단을 통해서 품성을 계속 형성해야 한다. 그러한 사람이라야 성경을 안전하게 해석한다. 교부들에 따르면, 성경 연구가 개인적 품성이나 기독교 공동체와 동떨어지면 성경을 이해하려는 시도에 치명상을 줄 것이다. 그만큼 성경 연구는 전체적이고 공동체적으로 접근해야 한다. 전체적이고 공동체적인 접근은, 매우 개인주의적이고 전문화되고 파편화된 우리의 세계에서, 성경을 근접해서 탐구할 수 있도록 보장해 주는 방법이 분명하다.

교부들은 성경에 접근할 때, 영적 건강과 정직성이 있어야 한다고 보았다. 이는 우리가 주의 깊게 들어야 할 충고이다. 슬프게도 우리는 말과 삶이 일치하지 않을 때가 너무 많다. 우리는 파편이 아니다. 교부는 전체성과 정직성을 요구한다. 교회 공동체에서 성경 이야기에 따라 우리 삶을 만들어가라고 요구한다. 이는 교부가 주석 작업을 어떻게, 왜 하는지를 이해하기 위한 필수 조건이다. 그래야 우리는 성경의 이야기를 훨씬 더 충실하게 이해하고 전달할 수 있다. 영적 성장이나 성품 형성과 성경 이해 사이의 변증법은 교부의 핵심적인 통찰이다. 다음 장들에서 이 관계를 보다 자세하게 살펴보려 한다.

주

1 William J. Abraham, "Oh God, Poor God, The State of Contemporary Theology",*The Reformed Journal* 40, No. 2 (February 1990): 19쪽.

2 같은 곳.

3 같은 책, 20쪽.

4 같은 책.

5 같은 책, 23쪽.

6 같은 책.

7 Guenter Lewy, *Why America Needs Religion: Secular Modernity and Its Discontents* (Grand Rapids, Mich: Eerdmans, 1996), 282쪽

8 같은 책, 25쪽에서 재인용.

9 Voltaire, "The Questions of Zapata", in Norman L. Torrey (ed.), *Les Philosophes* (New York: Capricom Books, 1960), 282쪽.

10 Voltaire, "On Absurdities and Atrocities", in *Les Philosophes*, 277쪽.

11 나는 계몽주의의 발전과 결과를 논할 때 스탠리 그렌츠, 로저 올슨, 그리고 리처드 타르나스의 유익한 통찰과 분석에 도움을 받았다. Stanley J. Grenz, Roger E. Olson, *20th Century Theology: God & the World in a Transitional Age* (Downers Grove, III : InterVarsity Press, 1992),15-23쪽; Richard Tarnas, *The Passion of the Western Mind: Understanding the Ideas That Have Shaped Our World View* (New York: Ballantine, 1991), 248-323쪽 참조.

12 Richard Tarnas, *The Passion of the Western Mind: Understanding the Ideas That Have Shaped Our World View* (New York: Ballantine Books, 1991), 301쪽

13 같은 책에서 인용.

14 Grenz, Olson, *20th Century Theology*, 23쪽.

15 Clark Pinnock, *Tracking the Maze: Finding Our Way Through Modem Theology from an Evangelical Perspective* (San Francisco: Harper & Row, 1990), 83쪽.

16 같은 책, 84쪽

17 Mark A. Noll, *The Scandal of the Evangelical Mind* (Grand Rapids, Mich.: Eerdmans, 1994).

18 같은 책 97쪽.

19 Nathan O. Hatch, *The Democratization of American Christianity* (New Haven, Conn.: Yale University Press, 1989), 182쪽. Noll, *Scandal of the Evangelical Mind*, 97쪽에서 인용.

20 Noll, *Scandal of the Evangelical Mind*, 98쪽에서 재인용.

21 James S. Lamar의 말. 앞의 책에서 재인용.

22 Lewis Sperry Chafer, *Systematic Theology*, 1:x, xiii (두 번째 인용과 32 번째 인용),xix, xx, 115, 119쪽. Noll, *Scandal of the Evangelical Mind*, 98쪽.

23 Noll, *Scandal of the Evangelical Mind*, 127쪽.

24 C. F. Lincoln, Biographical Sketch of the Authority, in *Chafer, Systematic Theology*, 8:5-6에서 인용. Noll, *Scandal of the Evangelical Mind*, 128쪽에서 재인용.

25 Craig A. Blaising, "Dispensationalism: The Search for Definition", in Craig A. Blaising, Darrell L. Bock (eds.), *Dispensationalism, Israel and the Church: The Search for Definition* (Grand Rapids, Mich : Zondervan, 1992), 29-30쪽, 22쪽 각주 28, Noll, *Scandal of the Evangelical Mind*, 129쪽에서 인용.

26 Noll, *Scandal of the Evangelical Mind*, 129쪽에서 인용.

27 Roger Lundin, *The Culture of Interpretation* (Grand Rapids, Mich.: Eerdmans, 1993), 88쪽.

28 같은 책, 89쪽. Roger Lundin, *The Culture of Interpretation*에서 룬딘은 포스트모던 사상을 분석하는 데 매우 유익하다. 나는 포스트모던주의와 그 영향을 해석할 때 그의 덕을 보았다.

29 Robert L. Wilken, *Remembering the Christian Past* (Grand Rapids, Mich. : Eerdmans, 1995), 171쪽.

30 같은 책, 170-171쪽.

31 Thomas C. Oden, *The Living God* (San Francisco: Harper & Row, 1987), 1쪽.

32 Wilken, *Remembering the Christian Past*, 174쪽.

33 Lundin, *Culture of Interpretation*, 35쪽.

34 Alasdair MacIntyre, *Whose Justice? Which Rationality?* (Notre Dame, Ind. : University of Notre Dame Press, 1989), 353쪽. Lundin, *Culture of Interpretation*, 89쪽에서 인용.

35 Lundin, *Culture of Interpretation*, 33쪽.

36 C. Stephen Evans, "Postmodernism with a Twang", *Books and Culture*, May-June 1997, 6쪽

37 같은 책.

38 Lundin, *Culture of Interpretation*, 25쪽.

39 Stanley Fish, *Doing What Comes Naturally: Change, Rhetoric and the Practice of Theory in Literary and Legal Studies* (Durham, N.C.: Duke University Press, 1989), 11쪽.Lundin, *Culture of Interpretation*, 15쪽에서 인용.

40 Richard Rorty, *Contingency, Irony and Solidarity* (Cambridge: Cambridge University Press, 1989), 60-61쪽. Lundin, *Culture of Interpretation*, 15쪽에서 인용.

41 Lundin, *Culture of Interpretation*, 98쪽에서 매킨타이어의 주장을 요약한 것이다.

42 스토아 학파의 교육 장소인 회랑(Stoa)과 대조하는 표현이다-옮긴이.

43 Tertullian, "The Prescriptions Against the Heretics", 7장, in S. L. Greenslade (ed.), *Early Latin Theology* (London: SCM Press, 1956), 36쪽. Anthony N. S. Lane, "*Sola Scriptura*? Making Sense of a Post-Reformation Slogan", in: Philip E. Satterthwaite, David F. Wright (eds.), *A Pathway into the Holy Scripture* (Grand Rapids, Mich.: Eerdmans, 1994), 301쪽에서 인용.

44 Tim Stafford, "Getting Serious About Lust in an Age of Smirks", *Christianity Today*, January 10, 1994, 298쪽.

45 Augustine, *Confessions*, trans. R. S. Pine-Coffin (New York: Penguin, 1961), 55쪽 (3.1).

46 Michael Grant, *The Twelve Caesars* (New York: Scribner's, 1975),198쪽.

47 Suetonius Vitellius 13.2, trans R. Graves, Grant, *Twelve Caesars*, 199쪽에서 인용.

48 Grant, *Twelve Caesars*, 199쪽.

49 Clement of Alexandria, *The Tutor* 2.3.38 (SC 108.82). *Social Thought*, trans. Peter Phan, Message of the Fathers of the Church 20 (Wilmington, Del.: Michael Glazier, 1984), 66쪽에서 인용.

50 Michael Casey, *Sacred Reading: The Ancient Art of Lectio Divina* (Ligouri, Mo.: Triumph Books, 1995), 104-105쪽.

51 Ambrose, PL 16, cols. 28.2.5-29.7. Aelred Squire, *Asking the Fathers* (New York: Morehouse-Barlow, 193), 130쪽에서 인용.

52 *De Vitis Patrum, Liber V: Verba Seniorum*, 72, PL 73, 966ab. *Casey, Sacred Reading*, 44쪽에서 인용.

53 Francis Young, "Patristics", in Alan Richardson, John Bowden (eds.), *A New Dictionary of Christian Thought* (London: SCM Press, 1983), 431-435쪽 참조.

54 Casey, *Sacred Reading*, 109쪽.

55 이 인용과 이어지는 인용은 1991년 9월 28일 데일 앨리슨(Dale C. Allison Jr.)이 휘튼 대학 빌리 그래함 센터에서 동방 정교회와 복음주의 연구회(Society for the Study of Eastern Orthodoxy and Evangelicalism) 1차 연회 강연에서 나온 것이다.

56 Athanasius, *On the Incarnation* (Crestwood, N. Y.: St. Vladimir's Seminary Press, 1982), 96쪽.

57 Gregory of Nazianzus, "The First Theological Oration", in Edward R. Hardy (ed.), *Christology of the Later Fathers*, Library of Christian Classics (Philadelphia: Westminster Press, 1954), 129쪽.

3장
교부들은 누구인가?

“고부”라는 호칭 때문에 오늘날 사람들에게 많은 문제가 생긴다. 교부는 어떤 사람인가? 교부의 자격이 있는 사람은 누구인가? 그 사람은 어떻게 교부라는 이름을 얻었는가? 어떤 자격 조건이 있어야 그러한 이름을 받기에 마땅한가? 강의실에서 특히 중요하게 다루어야 할 교부는 어떤 사람들인가?

교모는 안 되나?

“고모”라는 말은 어떤가? 초기 교회의 삶과 사상에 이바지한 중요한 여성들은 없었는가? “교부”라는 호칭은 여성들을 차별하지 않는가? 오늘날의 독자에게 초기 기독교에서 중요한 인물이 남자뿐이었다는 인상을 남기지 않는가? “초기 기독교 저술가”라는 호칭이 더 적합하지 않는가? 그래야 오해와 편견, 차별의 위험을 극복하지 않겠는가? 오늘날의 맥락에서 “교부”와 같이 부담스럽고 해로울 수 있는 이름을 유지하는 것이

과연 공정하고 지혜로운 일인가?

분명히 초기 기독교의 삶에서 중요한 여성이 여럿 있었다. 핵심적인 교부의 모델과 스승 역할을 한 여성도 있었다.[1] 로마의 과부 마르켈라가 그런 여성이었다. 그녀는 로마 최초의 여성 금욕주의자 중 한 사람이었다. 그녀는 그리스도에 대해 헌신했으며, 매우 활동적이었으며 연구에 열심을 내었다. 히에로니무스는 마르켈라의 태도를 칭찬했다.

> 나[=히에로니무스]는 당시에 성경 연구에서 특히 높은 평가를 받았다. 그래서 마르켈라는 언제나 내게 와서 성경에 대해 물었다. 그녀는 내 설명을 곧바로 만족스럽게 받아들이지 않았다. 그녀는 반대 관점에서 질문을 내놓았다. 단지 논쟁을 좋아해서가 아니라, 반박하는 견해가 지닌 논점에 대한 해답을 질문을 통해서 얻기 위해서였다. 그녀는 정말로 뛰어난 미덕과 총명함, 거룩함과 순수함을 지녔다.……나는 이것만은 꼭 말하고 싶다. 오랜 연구와 명상을 통해 우리 안에 모인 것이 거의 본성으로 변했다. 그런데 바로 이것을 그녀가 맛보았으며 배웠으며 소유했다. 그래서 내가 성경에 나오는 증거에 관해 논증이 생겼다면, 나는 그 문제를 마르켈라와 함께 고민했다.[2]

히에로니무스에게 개인적으로 가장 가까운 여자 친구는 파울라였다. 그녀는 부유해서 베들레헴에 수많은 수도원을 세웠다.[3] 파울라가 404년에 죽었을 때, 히에로니무스는 파울라의 딸 에우스토키움에게 파울라를 기리는 편지를 보냈다. 그 편지에 따르면, 파울라는 복음을 위해서 자녀와 떨어져 있는 것도 견뎌냈다. 바로 그런 마음이 히에로니무스에게 감동을 주었다.

> 거친 운명의 포로생활 가운데, 적들의 손에 사로잡혀 있는 경험 중에

> 서, 부모가 자녀와 떨어져 있는 것보다 더 잔인한 것은 없다. 그녀는 확신에 가득 차서 이러한 일을 견디어냈다. 물론 그러한 일은 자연의 법칙에 어긋나는 일이다. 그렇다. 그녀는 기뻐하는 영으로 그 일을 추구했다. 하나님을 더 사랑하기 때문에 자녀에 대한 사랑을 가볍게 여겼다. 나는 고백한다. 이 여성처럼 자녀를 사랑한 여성은 없었다. 그녀는 떠나기 전에, 지상의 것에 대한 상속권을 다 버렸으며, 자녀에게 모든 것을 주었다. 그래서 그녀는 하늘에서 상속을 찾으려 했다.[4]

히에로니무스의 눈에 잡힌 것은 파울라의 헌신에 그치지 않는다. 파울라가 죽은 직후 쓴 편지에서 히에로니무스는 파울라의 날카로운 지성에 대해 말한다.

> 그녀는 성경을 외웠다……그녀는 자기 딸과 더불어 신약성경과 구약성경을 통독할 수 있게 해 달라고 나를 재촉했다……내가 어떤 구절에서 어찌할 바를 모르고, 내가 모른다고 솔직히 고백하면, 그녀는 내 대답에 만족한 상태로 있기를 원하지 않았다. 신선한 질문을 통해 많은 가능한 의미 가운데 어떤 의미가 가장 개연성 있어 보이는지 말하라고 나에게 강요했을 것이다. 악의를 품는 사람들에게는 안 믿기겠지만, 다른 이야기를 여기서 하려 한다. 나는 젊은 시절부터 많은 수고와 땀을 통해서 히브리어를 어느 정도 배웠으며, 지치지 않고 연구했다. 내가 히브리어를 포기하지 않았기에, 히브리서도 나를 포기하지 않을 것이다. 그런데 파울라가 히브리어를 배우기를 원했을 때, 그녀는 시편을 히브리어로 노래하는 정도까지 되려고 노력했다. 그녀의 노래는 라틴어에 독특하게 있는 억양을 조금도 나타내지 않았다.[5]

팔라디우스에 따르면, 대 멜라니아도 학식과 지성 때문에 명성을 얻었다. 그녀는 "많이 배웠으며 책을 사랑하는 사람이었다. 그녀는 고대 주석가의 글을 밤낮으로 읽었다. 오리게네스의 책을 3백만 행, 그레고리우스, 스테판, 피에리우스, 바실리우스, 그 밖의 훌륭한 사람들의 책 25만 행을 읽었다." 사실 팔라디우스에 따르면, 멜라니아는 모든 책을 "7번 내지 8번씩" 읽었다.[6]

올림피아스는 콘스탄티노플 교회의 부제였다. 그녀는 대 멜라니아에게서 영감을 받았다. 멜라니아처럼 그녀도 상당한 재산이 있었다. 그녀는 기독교 공동체를 위해 그 재산을 기꺼이 나누어주었다. 팔라디우스에 따르면, 올림피아스는 그녀의 재산을 "가난한 사람들에게 기꺼이 나누어 주었다. 그녀는 작지 않은 논쟁들에서 진리를 위해 열렬히 주장하였다. 그녀는 많은 여성을 가르쳤으며, 사제들과 고상한 대화를 나누었으며, 주교들을 공경했다. 그녀는 진리를 위한 고백자가 되기에 합당했다."[7]

탁월한 남성 지도자와 여성 지도자 서로 간에 사랑과 지원이 교회 안에서 자주 나타난다. 올림피아스와 콘스탄티노플 주교 요하네스 크리소스토무스의 관계가 이를 보여 준다. 404년 6월 20일에 요하네스 주교가 군대의 감시 아래 콘스탄티노플을 떠나서 다시 돌아오지 않았다. 그는 아르메니아 산맥에 있는 쿠쿠수스의 가난한 마을에 유배되었지만, 그곳에서도 올림피아스와 적극적으로 계속 연락을 주고받았다. 결국 올림피아스도 요하네스를 지지했다는 이유로 유배되었다.

크리소스토무스와 올림피아스가 서로를 돌보는 친밀한 관계였음이 유배 기간에 서로가 주고받은 편지에 많이 나타나 있다. 크리소스토무스는 그의 최근 건강 문제를 올림피아스와 솔직하게 나눈다. 그는 메스꺼움을 가라앉히는 데 효과가 있는 약을 발견하고 그녀에게 그것을 시험해 보라고 격려한다. 크리소스토무스는 올림피아스에게 권고한다. "건강이 회복되도록 많이 신경 쓰세요. 며칠 전에 기후 때문에 나는 토하려고 해서 괴로워했습니다. 이때 나는 그 약에 의지했습니다……그 약을 써서 허약한 상태를 치료하는 데 3일밖에 걸리지 않았습니다." 크리소스토무스는 "존경하는 부제이며, 하나님의 은총을 받는 부제 올림피아스"를 점잖게 꾸짖는다. "내가 부탁했듯이 그대가 자신을 돌보았다면, 훨씬 건강했을 것입니다."[8]

올림피아스는 물질적으로, 영적으로 요하네스를 계속 뒷받침했다. 그녀는 콘스탄티노플에서 요하네스의 물질적 필요를 계속 채워주었다. 요하네스가 유배 생활을 하면서 보냈던 마지막 기간에도 계속 그를 도왔다. 『부제 올림피아스의 삶』이 묘사하듯이, "가식이 없는 모습, 허식이 없는 성품……허영이 없는 마음, 자만하지 않는 지성……드넓은 성품, 측량할 수 없는 절제……모든 겸손한 자의 장식"이 올림피아스에게 있다.[9]

교부들은 여성들을 크게 아낌없이 칭찬하는 경우가 많았다. 하지만 독특하게도 교부들은 여성을 모호하게 대했다. 엘리자베스 클락이 주장하듯이, "여성에 대한 교부의 태도를 묘사하는 데 가장 적합한 단어는 모호성이다." 교부는 여성을

> 남성에게 주신 좋은 선물인 동시에 세상에 대한 저주로 묘사했다…… 여성은 마음과 성품에 있어서 약하지만, 굽히지 않는 용기를 보여 주며, 학문적으로 뛰어난 공적을 이루어냈다. 여성은 헛되고 속기 쉽고 쾌락으로 넘쳐 있지만, 남성을 그리스도에게 인도했다. 여성은 성적 접촉을 피했으며, 박해자의 위협에도 흔들리지 않았으며, 자신을 마대옷과 재로 장식했다.[10]

교부들이 해석할 때 쓰는 안경은 그들이 살았던 강력한 가부장적 문화에 물들어 있었다. 그래서 그들은 여성에 관한 성경의 진술을 선별적

으로 읽었다. 그들은 주석을 할 때, 여성의 낮은 지위를 가리키는 것처럼 보이는 구절에 기울었다. 그들은 갈라디아서 5장 1절과 3장 28절과 같은 본문이 여성과 남성 관계에 대해 갖는 함축적 의미를 간과했다.[11]

여성과 교회 안의 남녀 관계에 대한 교부들의 관점을 물들인 요소는 그들이 속한 가부장적 문화만이 아니었다. 여성은 이단적 영지주의 집단과 같이 "주류 기독교의 변두리에 있는 종파들" 안에서 지도자의 자리를 차지했다.

> 영지주의의 여러 종파는 여성이 세례를 베풀도록 했던 것 같다. 은사 운동은 성령의 영감에 호소했다. 그래서 자연스럽게 여성에게 더 많은 역할을 허용했다. 하나님께서 은사들, 즉 영적 은사들을 나누어 주실 때 성적 차별을 하지 않으신다고 주장할 수 있었기 때문이다. 그러한 종파는 정통 기독교가 살아남고 힘을 발휘하는 데 위협이 되었다. 가톨릭 교회는 그러한 종파에서 여성에게 허용된 교회 직분의 유형과 가톨릭 교회에서 여성에게 허용된 교회 직분의 유형이 다르다는 점을 확고하게 구분함으로써 그러한 종파에 대해 반응했던 것 같다.[12]

따라서 초기 기독교에서 여성의 역할은 특정 범위에 제한되어 있었다. 하지만 이미 살펴보았듯이, 여성은 기독교의 금욕주의적 삶을 위해 전통적인 성적 역할과 가정에서의 역할을 부정함으로써 이러한 한계를 많이 극복했다. 금욕주의적 삶은 히에로니무스 같은 교부가 권장한 행동이었다.[13] 사실 지금 남아 있는 히에로니무스의 편지 가운데 거의 3분의 1은 여성에게 보낸 것이다. 이 편지는 주로 신학적 성찰과 성경 주석에 초점을 두었다.[14]

파울라는 로마의 과부였다. 히에로니무스는 파울라가 행동을 크게 바꾸기로 결정한 것을 칭찬한다. 물론 많은 그리스도인을 포함하여 그녀를 둘러싼 사회는 그녀가 생활 방식을 바꾸는 것에 대해 매우 의심했으며, 그것을 중상하면서 이야깃거리로 삼았다. 히에로니무스는 『서한』 45에서 이를 풍자하면서 분노하고 불평한다.

> 오, 영원히 거룩한 것을 궁지에 모는 사단의 솜씨여! 로마에 있는 여성 가운데 파울라와 멜라니아만큼 이야깃거리가 된 사람은 없었다. 그들은 자신들의 재산을 가볍게 여겼으며, 사랑의 증거품들(즉, 그들의 자녀들)을 버렸다. 주님의 십자가를 신앙의 표준으로 일으켜 세웠다. 우리는 그렇게 말할 수 있다. 그들이 향수를 선택했다면……그들이 그들의 부와 과부 지위를 사치스러운 삶과 자유를 선동하는 데 썼다면, 그들은 올바른 숙녀, 거룩한 여성으로 불렸을 것이다. 그러나 이제 그들은 마대 옷과 재로써 아름답게 보이려 한다. 금식 그리고 해충과 함께 지옥의 불까지 기꺼이 가라앉으려 한다.[15]

대가를 지불하려는 여성은 자유를 얻는다. 교부 문화에서 일상적으로 반복되는 가정생활을 떠나 엄격한 금욕적 삶을 택하는 것이 자유를 얻는 지름길이었다. 그런 삶은 기도와 금식, 구제 같은 영적 훈련에 헌신하는 삶이었다. 하지만 이러한 상황 속에서도 그들의 성별이 야기하는 보다 위협적이고 쇠약하게 하는 측면들을 피할 수만 있다면, 배우고 가르칠 수 있는 기회가 있었다. 물론 교회에서 공식적으로 남성을 가르치는 일과 사제직을 맡을 수는 없었다.

『사도적 규정집』은 교회 직분에 관해 4세기 후반에 기록된 문서로 동방 교회의 전통을 보여 준다. 이 문서를 보면 당시 교회는 여성이 부제로 활동을 하는 것을 허용했다. 그러나 공식적인 교사나 사제는 아니었다. 클락은 『사도적 규정집』에 나타나는 동방 전통에 따르는 경우 여성 부제가 임명되었다는 사실을 중요하게 보았다. 그러나 서방 교회는 그렇지 않았다. 클락이 주목하듯이, 서방에서는 짧은 기간만 여성 부제를 임명했다. 그러다가 중세 초기부터, "그들의 역할을 수녀의 역할로 흡수했던 것 같다."[16]

마크리나는 닛사의 그레고리우스와 대 바실리우스의 누나였다. 그녀는 신학적으로 총명했고, 실천에서 영성적인 삶을 잘 보여 주었다. 사실 많은 경우 마크리나는 나지안주스의 그레고리우스와 그녀의 남동생 닛사의 그레고리우스와 바실리우스에 덧붙여 "네 번째 카파도키아 신학자" 로 알려져 있다.[17] 야로슬라프 펠리칸은 이를 다음과 같이 묘사한다.

> 그레고리우스의 설명에 따르면, 그녀는 심오하고 금욕적인 영성 덕분에 많은 이들의 모범이 되었다. 그뿐 아니라, 부모가 죽었을 때 그녀는 모든 가족을 교육했다. 그녀는 기독교와 고전 문화를 모두 가르쳤다. 마크리나는 자신의 철학과 신학을 통해서 장차 주교와 신학자가 될 모든 남동생의 선생이 되었다. 그레고리우스는 『영혼과 부활에 관하여』라는 대화편의 첫 문장에서 마크리나를 "동시대에 살았던 누님이자 선생님"이라고 불렀다.[18]

그레고리우스가 우리에게 전해주는 말에 따르면, 마크리나는 소녀일 때 이미 성경을 연구했다. 특히 아가와 시편을 연구했다.

그녀는 정해 놓은 시간에 시편을 모두 읽어나갔다. 일어났을 때, 일할 때, 휴식할 때, 식사할 때, 식사를 마치고 일어섰을 때, 잠자러 갈 때, 기도하려고 일어났을 때, 시편을 읽었다. 언제나 그녀는 여행의 좋은 길동무처럼 시편을 가지고 다녔다. 한순간도 그 책을 손에서 놓지 않았다.[19]

마크리나의 수준 높은 삶과 그녀의 빛나는 지성은 남동생들에게 깊은 인상을 주었다. 바실리우스도 처음에는 지적이고, 수사학적인 능력을 뽐내고 있었다. 사실상 바실리우스가 자신의 교만을 깨닫고 회개하게 된 것은 마크리나의 영향 때문이었다. 그레고리우스가 지적하듯이, 바실리우스는 "가치 있는 사람을 모두 멸시했으며, 자신을 높여서 저명한 지역 인사들 앞에서 뽐냈다." "그가 세상의 명성을 얻은 철학의 마지막 지점까지 빨리 달려가서 결국 철학을 버리게 한 사람은" 바로 마크리나였다.[20]

마크리나는 죽어가는 침상에서조차 남동생 그레고리우스를 가르쳤다.

> 누이는 내가 문 가까이 오는 것을 보자 팔꿈치로 딛고 몸을 일으켰다. 하지만 열로 기진맥진했기 때문에 나에게 다가오지는 못했다.……누이는 마음속에 떠오르는 화제를 꺼냈다. 그리고 질문을 통해서 나에게 말할 기회를 주었다.……누이는 매우 자세하게 논증을 했다. 자연 현상에 관해 말했다. 슬픈 사건에 숨겨진 하나님의 계획도 자세하게 이야기했다. 미래의 삶에 관한 것도 이야기했다. 누이는 성령에 사로잡혀 있는 것 같았다. 내 영혼은 누이의 인도를 따라 인간 본성 밖으로 올려졌다. 누이는 하늘 성소에 서 있기에 부족함이 없어 보였다.[21]

바실리우스가 회상하듯이, 어머니 엠멜리아와 할머니 대 마크리나의 가르침은 바실리우스에게 계속 영향을 주었다.[22]

> 나는 소년 시절에 경건한 어머니와 할머니 마크리나에게서 하나님에 관한 가르침을 받았다. 나는 그 가르침을 점차 확신하면서 유지해 왔다. 나는 이성을 사용할 수 있는 성년에 이르게 되었을 때, 내 의견을 다른 곳으로 옮기지 않고 부모님께서 나에게 전해 주신 원리를 실천했다. 씨앗은 자랄 때 처음에는 작지만 크게 자라고 언제나 정체성을

유지한다. 크기는 점차 완전해지지만 종에 있어서 변하지 않는다. 이와 마찬가지로 나도 같은 교리가 발전을 통해 성장했다고 여긴다. 지금 내 주장은 처음의 내 주장을 대신하지 않았다.[23]

문화적이고 역사적이고 잘못 이해된 신학적 고려와 발전 때문에 초기 교회에 살았던 재능 있는 여성들의 중요한 글들이 지금 남아 있지 않다는 것은 불행한 일이다.[24] 쉰크레티스와 사라 같은 암마스(어머니들)[25]에 대한 언급이 사막 교부들의 이야기에 나타난다.[26] 로마의 과부였던 프로바 같은 그리스도인의 시는 영어로 번역되었다.[27] 야로슬라프 펠리칸은 기포드 강좌에서 기독교와 고전 문화를 다루었는데 소 마크리나의 신학적이고 주석적 통찰을 많이 집어넣었다.

대부분의 경우 초기 기독교 여성들이 한 주석 작업의 상당한 부분을 우리는 보유하고 있지 않다. 사실 이 책의 제목을 『교부 및 교모들과 성경 읽기』라고 할까 하는 마음도 있었다. 그러나 이런 제목은 초기 기독교 여성들에게 존경을 돌리는 동시에 현대의 따가운 시선들을 많이 가라앉힐 수 있겠지만, 또한 과거의 실제 상황을 잘 반영하지는 못한다는 단점을 가지고 있다. 우리는 초기 기독교 여성 신학자나 주석가들에게서 나온 주석적 자료들을 충분히 가지고 있지 않다는 점도 부인할 수 없다. 그러나 사실 우리가 이미 살펴본 대로, 이러한 문헌의 부족은 교회 한가운데에 있는 여성들에 대한 교회의 모호한 반응에 관해 여러 이야기를 해 주고 있다. 여성들이 내놓은 문헌이 부족하다는 점은 결코 교회의 여성 구성원들의 능력, 지성, 바람, 은사, 통찰 같은 것들이 부족했다는 것을 보여 주는 근거가 될 수 없다.

교부는 어떤 사람인가?

이제 "교부"라는 명칭 자체를 다뤄보자. "신앙의 아버지"라는 생각에는 긴 역사가 있다. 성경적 용법도 있고, 교회의 용법도 있다. 사도 바울은 자신을 고린도 교회의 아버지라고 했다. "그리스도 안에서 만 명의 보호자들이 여러분에게 있지만, 아버지는 별로 없습니다. 그리스도 예수 안에서 내가 복음을 통해 여러분들의 아버지가 되었기 때문입니다" (고전 4:15. NIV). 때로 랍비를 아버지라고 불렀다. 그 용어는 피타고라스주의자의 견유학파(키니코스)에서도 나타난다. 일반적으로 그 용어는 제자들을 가르쳐서 종교의 진리와 철학의 진리로 인도하는 선생을 가리킨다.[28] 로마의 클레멘스는 고린도 사람들에게 "우리가 앞서 말한 우리의 아버지들이 그를 기쁘시게 한 것처럼, 분을 품지 말고 조화하면서 항상 점잖게 사랑하고 평화하면서" 살라고 권한다. 이때 그는 사도를 아버지라고 부른다.[29] 2세기 후반에 이레나이우스가 짧게 하는 말에 따르면, "다른 사람의 입을 통해 가르침을 받은 자는 가르친 자의 아들이고, 가르친 자는 그의 아버지다."[30] 알렉산드리아의 클레멘스는 "말은 영혼의 자손이기 때문에, 우리는 우리를 가르치는 자를 아버지라고 부른다. 종속이라는 측면에서 볼 때, 가르침을 받는 사람은 모두 가르치는 사람의 아들이다" 라고 세련되게 표현했다.[31]

4세기부터는 보다 전문적인 의미에서 이 용어가 사용되었다. 특히 4세기와 5세기의 수많은 신학적 논쟁이라는 맥락에서 그러했다. 2세기부터 교회의 스승인 주교를 아버지라고 불렀다. 하지만 니케아 공의회(325년), 콘스탄티노플 공의회(381년), 칼케돈 공의회(451년)의 결정을 충실히 보존하고 지키는 주교가 특별히 존경받을 만한 사람으로서 이 호칭을 받았다. 큰 시험 기간 동안 정통 가르침을 보존했기 때문이다.

"교회의 전통을 대변하는 사람으로 받아들여지는 한" 이렇게 포괄적인 의미의 "아버지"는 "교회 저술가에게까지 확대"되었다.[32] 예를 들어, 히에로니무스는 주교가 아니었지만, 아우구스티누스는 그를 아버지라고 불렀다. 히에로니무스가 전통적인 원죄 교리를 충실하게 수호했기 때문이다.[33] 러렝의 빈켄티우스는 펠라기우스주의자를 반박하는 아우구스티누스의 글을 비판했다. "아버지들"이 그 글을 충분히 뒷받침하지 못했기 때문이다.[34] 분명히 빈켄티우스는 교부들의 생각을 특별하게 여길 가치가 있다고 믿었다.

> 새로운 문제가 생겼을 때 아직 결정을 내리지 못했다면, 거룩한 교부의 의견에 의지해서 그 문제에 대답해야 한다. 적어도 그의 시대와 장소에서 단일한 공동체와 신앙에 머물면서 선생으로 공인되었던 사람들을 의지해야 한다. 한마음과 동의로 그들이 어떤 주장을 했는지 발견할 수 있다면, 그 주장을 의심이나 망설임 없이 교회의 참되고 보편적 교리로 여겨야 한다.[35]

핵심을 이루는 특징

교회에서 어떤 인물이 "교부"라는 이름을 얻을 수 있는가? 보니페이스 램지는 이를 결정하는 중요한 기준을 네 가지로 확인했다.

1. 오래됨: 램지에 따르면, "교부"와 "교부적", "교부학", "교부학자" 같은 관련 용어는 "그 시대와 관련하여 존경할 만한 자질"을 나타낸다.[36] 램지는 교부 시대를 열거한다. 『클레멘스의 첫째 편지』가 기록된 96년경에서 시작해서 동방에서는 750년에 다마스쿠스의 요하네스가 죽을 때 끝나는 시대이다. 때로 서방 전통은 교부 시대의 끝을 다른 시기로 잡

는다. 604년 대 그레고리우스의 죽음이나, 636년 세빌라의 이시도루스의 죽음이나, 735년 베데 성인의 죽음으로 잡는다.[37] 교부 시대를 "에베소 공의회(431년)와 칼케돈 공의회(451년)"로 끝맺는 학자도 있다.[38]

2. 거룩한 삶: 램지와 요하네스 콰스텐은 교부의 두 번째 특징으로 거룩한 삶을 꼽는다. 램지가 인정하듯이, 얼핏 보면 일부 교부가 어떻게 그 자격에 들 수 있는지 의심이 생긴다. "테르툴리아누스는 열광적이고 잔인하기까지 하며 매우 불쾌하게 하는 기질을 드러낸다. 히에로니무스는 험악하기로 악명 높았으며 용서하지 않는 품성을 지녔다. 알렉산드리아의 테오필루스는 가장 나쁜 종류의 기회주의자였다. 알렉산드리아의 키릴루스는 그의 적을 잔인하게 괴롭혔다." [39] 램지에 따르면, 우 리가 이해하는 거룩함과는 조금 다른, 시편 149장 6절과 더 일치하는 거룩함이 교부의 영을 사로잡은 것 같다. "그들의 입에 하나님에 대한 찬미가 있게 하고, 그들의 손에 양날 선 칼이 있게 하라"(NIV).

교부는 하나님과 성경에 대해 엄청난 열정을 보여 주었다. 또한 많은 경우, 우리와 같이 그들의 열정은 그들의 강점과 약점 가운데 드러났다. 그들은 경외와 두려움, 자기희생과 자기 인식, 자기기만과 경배, 존경과 기도, 연구와 명상에 관해 우리에게 많은 것을 가르친다. 그들의 신학적 기여들은 로마 가톨릭과 정교회, 영국 개신교 공동체와 많은 개신교 공동체에 있는 그리스도인에게 기초적 토대로 남아 있다. 하지만 때로 이러한 영역에서 그들의 열정이 엎질러져 그들 인격의 틈으로 흘러들어갔다. 램지에 따르면, "그러한 열정은 칭찬할 수 없는 측면과 연결되는 경우가 많다. 타협하지 않으려 하고, 자기 의를 내세우며, 엄격하고, 교활하고, 화를 잘 내는 성격 등등 말이다."[40]

교부가 정말 인간이라는 사실을 처음부터 깨닫는 것이 현명할 것이다. 그들은 자신의 가슴과 생각을 숨김없이 드러내는 경우가 매우 많다.

참을성 없는 경우도 있었으며, 금세 화를 냈고, 편협했다. 자신이 내놓은 관점과 다른 관점을 듣지 않으려 한 교부도 있었다. 하지만 그들의 가슴은 복음으로 불타고 있었다. 그들은 성경대로 살면서 성경을 호흡했다. 그리스도를 위해 기꺼이 자신의 생명을 내놓은 교부도 많았다. 교부는 연구할 가치가 있는 인물이다. 그들의 생각과 삶은 오늘날의 교회에 중요한 기여를 할 수 있다. 그들의 약점이 이를 가리거나 흐리게 한다면 잘못일 것이다.

3. 정통 교리: 램지는 이 세 번째 특성의 두 가지 측면에 초점을 둔다. 교의 자격을 갖추려면, 어떤 종류의 가르침을 남겨야 한다. 아무리 작은 가르침이라도 남겨야 한다. 또한 적어도 명성을 얻어야 한다. 이 두 번째 측면은 매우 중요하다. 교부의 가르침이 성경과 전통의 범위에 머문다고 교회가 인정해야 했다.

램지도 인정하듯이, 이것은 매우 임의적인 기준일 수 있다. 교회가 나중에 이단으로 확인한 의견에 빠진 교부도 있었다. 아들과 영이 어떤 식으로든 성부보다 열등하다는 생각인 종속설이 일부 교부의 가르침에 기어들어 왔다. 오리게네스는 교회사에서 위대한 성경학자 가운데 한 사람이지만, 하나님이 결국 모든 창조물과 피조된 존재를 자신과 화해하도록 하실것이며, 여기에는 사탄도 들어간다고 가르치는 만유회복설(*apokatastasis*)을 생각했기 때문에, 일반적으로 교부로 인정되지 않는다. 오리게네스는 만유회복 사상이 시편 110장 1절(70인역) 같은 성경 본문에서 자연스럽게 나오는 의미라고 굳게 믿었다. "주 하나님께서 내 주인에게 말씀하신다. '내가 너희 원수를 너의 발등상으로 만들 때까지 내 오른편에 앉아라.'" 이 구절에 대해 오리게네스는 다음과 같은 주석을 붙인다. "정말이지 우리는, 하나님의 선하심이 당신의 그리스도를 통해 그분의 창조물 모두를 하나의 목적으로 다시 부르실 수 있으며, 그분의 원수마저 정복하시고 굴복시키신다고 생각한다."[41] 오리게네스의 주장에 따르면, 하나님의 말씀은 "영혼에 있는 모든 악보다 더 강하다." 말씀이 가져오는 치유, 화해, 새롭게 함은 "모든 사람에게" 적용되었다. 하나님의 선하심과 말씀의 능력은 마지막 성취에서 "모든 악의 파멸"을 요구했다. 그래서 하나님의 창조물을 이루는 모든 구성원은 궁극적으로 화해한다. 하늘에서든 땅에서든 마찬가지다.

오리게네스는 잘못을 저지르는 것 같다. 성경 계시의 어떤 측면에 대한 이성적인 추론 때문에, 성경 이야기에서 똑같이 강조되는 다른 측면을 보지 못한 것이다. 오리게네스는 다음과 같이 묻는다. 죄와 악, 죽음이 마지막에 완전히 파괴될 운명이라면, 종말에 어떻게 하나님의 적으로 남아 있을 수 있는가? 종말은 모든 창조물이 하나님과 화해하는 때이다. 알아채지 못할 정도로 느린 과정을 통해서 "셀 수도 잴 수도 없는 시대가" 흐른 후에 마지막 적인 죽음도 하나님과 화해할 것이다.

> 그래서 하나님은 "만물"이실 것이다. 선과 악이라는 구분이 더 이상 없을 것이며, 악이 어디에도 없다는 사실을 볼 것이기 때문이다.……이와 같은 사물의 상태가 다시 세워질 것이다. 이성적 본성도 그 가운데 놓여졌다. 이때에는 선과 악을 알게 하는 나무 열매를 먹을 필요도 없다.……사악함이라는 느낌이 모두 없어진다. 개인이 정화되고 깨끗이 된다. 이때 홀로 계시며 한 분이신 선한 하나님이 그 개인에게는 "만물"이 된다. 또한 소수의 개인이나 많은 수의 개인의 경우에가 아니라 그분 자신이 "만물 안의 만물"이시다(저자 강조). 죽음과 죽음의 독침과 그 어떤 악도 더 이상 있지 않을 것이다. 이때 하나님께서 정말로 "만물 안의 만물" 이실 것이다.[42]

악과 악마, 사탄과 지옥이 남아 있으면, 하나님은 "만물 안의 만물"이 되실 수 없을 것이기 때문이다. 적어도 오리게네스는 사태를 그렇게 파악한다. 그 사상에 대하여 교회는 "아니오"라고 말했다. 교회는 오리게네스의 연역이 정통 사상의 한계를 넘어섰다고 판단했다. 오리게네스는 엄밀한 의미에서 교부로 여겨질 수 있는 가능성을 잃었다. 물론 많은 사람이 그의 생각을 계속 연구하고 높이 평가한다. 또한 그의 생각을 이 책에서 어느 정도 자세하게 다룰 것이다.

램지에 따르면, 교회의 교리에서, 특히 로마 가톨릭에서 이루어진 많은 발전을 교부에서 발견하지 못한다. 그래서 정통 가르침의 기준을 공교회적으로 공정하게 적용하기 어렵게 되었다. 예를 들어, 로마 가톨릭은 교황권과 마리아 숭배를 강조한다. 이는 중세와 근세에 보다 자세하게 발전되었다. 하지만 모든 기독교 공동체가 이를 인정하지는 않았다. "로마 가톨릭 신자는 그러한 가르침이 자연스러운 발전을 나타낸다고 말할 것이다. 적어도 교부의 생각에 반대되지 않는다고 말할 것이다. 하지만 종교개혁 전통에 있는 사람은 대부분 그러한 가르침이 일종의 일탈이라고 말할 것이다."[43] 나도 이에 동의한다. 따라서 교부의 정통 신학을 결정할 때, 신학적 한계를 다소 넓고도 좀더 유연하게 적용해야 한다. 분명히 우리는 로마 전통의 통찰을 집어넣어야 한다. 하지만 동방 정교회와 영국 성공회와 개신교가 교부의 주석을 보는 관점과 통찰을 연결시키는 한에서 그러하다.

교부는 광범위한 일련의 신학 명제를 긍정한다. 그러한 명제는 거의 모든 교파에 걸쳐서 기독교 정통의 핵심으로 남아 있다. 특히 삼위일체 하나님, 그리스도의 완전한 신성과 완전한 인성, 그리스도가 십자가에서 죽으심으로 생기는 구속의 효과, 성경의 절대적 권위와 무오류성, 인류의 타락한 상태, 세례와 성찬의 중요성, 기도와 훈련받은 영적 삶이 매우 중요하다는 믿음 등이 그러한 명제이다. 램지에 따르면, "교부들은 이러한 것을 믿는다고 이구동성으로 외쳤다. 물론 그들은 그러한 믿음을 서로 다른 식으로 외쳤다. 이러한 믿음은 오늘날까지 기독교의 독특한 특성으로 남아 있다."[44]

교부는 진지한 신학자였지만, 그들의 일차적 소명은 교회에서 목회하는 데 있었다. 교부 가운데 교회를 지도하는 주교가 많았다. 교부의 신학과 주석은 특히 목회를 강조하고 목회에 관심을 두었기 때문에 매우 실천적이다. 삼위일체와 성육신에 대한 반성은 기도와 예배에 대한 심오한 생각과 섞여 있다. 교부는 신학적 깊이와 실천성을 떨어질 수 없을 정도로 섞어 놓는다. 교부는 교회의 목자였다. 교부는 교회의 필요와 관심을 가슴에 담고 신학하고 기도하고 설교했다. 교부의 정체성과 과제는 교회 자체와 떨어질 수 없었다. 피에르 프랑코 베아트리체는 교부의 역할을 다음과 같이 묘사한다.

> 자신들이 가진 권위 때문에, 오늘날에도 교회의 자각을 위한 참조점으로 여전히 남아 있는 반응을 자세하게 발전시키는 것이 교부들의 과제였다. 교부는 거의 언제나 주교였다. 따라서 구체적인 목회라는 책임을 부여받은 주요 인물이었다. 그들은 설교와 저술을 통해 기독교 교리의 발전과 기독교 관습의 형성에 결정적인 영향을 미쳤다.[45]

그리스도인인 우리는 누구인가? 왜 우리는 그리스도의 몸 안에서 활동하고 믿는가? 교부의 저술과 삶이 이를 이해할 수 있도록 도와준다. 교부는 교리와 실천을 형성할 때 중심적 역할을 했기 때문이다. 그래서 교부의 신학과 주석에 기꺼이 동조할 독자가 있을 것이다. 그들은 교부의 토대와 밀접한 관계에 있는 기독교 공동체의 구성원이기 때문이다. 교부와 함께 성경을 읽을 때 적어도 부분적으로는 낯선 나라를 방문하고 있다고 느낄 독자가 있을 것이다. 그들의 기독교 공동체가 초기 교회의 세계와 밀접하게 연결되어 있지 않기 때문이다. 교부가 부르는 음악을 들으려는 사람이라면 열린 마음으로 기꺼이 들어야 한다. 마이클 케이시는 교부를 연구해야 하는 이유 세 가지를 든다. 이후에 이 책에서 전개될 내용들을 위해서 기억해야 할 조언이다.

첫째, 교부는 "사도 전통에 가까이 있는 유익을 얻은 사람"이다. 내 방식으로 표현하자면, 교부는 성경 기록자들, 특히 신약성경 기록자들에게 "해석학적으로 가까운" 상태에서 살았고 일했다.

둘째, 교부는 신앙에 있어 "우리의 뿌리를 이해하도록 돕는다."

셋째, 교부는 대부분 목회자로서 글을 쓰고 생활을 했다. "교부는 사람들이 그리스도의 가르침을 아는 데 도움을 주기 위해 글을 썼다. 내가 알고 있는 한, 처음 천 년 동안은 신학을 전문직이나 직업으로 여기지 않았다. 도리어 목회 사역에 동반되는 일로 여겼다.……그러한 관점에서 기록된 본문들은 실존적이고 경험적이고 실천적인 경향이 있다. 이론이 제멋대로 가도록 허용하지 않았다."[46]

4. 교회의 동의: 이러한 마지막 특성에 따르면, 교부를 교부로 인정한 것은 교회 자체였다. 오리게네스와 같이 중요한 일부 초기 기독교 저술가는 이러한 이름을 얻지 못했다. 이미 살펴보았듯이, 교회의 공통 의견이 그들의 생각을 정통의 범위를 벗어난 것으로 판정했기 때문이다.

그럼에도 불구하고, 오리게네스 같은 주석가를 우리들이 평가할 때는 겸손에 대한 교부적인 호소가 뒤따른다. 헨리 채드윅이 오리게네스 자신도 동의했다는 주장에 따르면, 정통 신조는 "분명하고도 절대적으로 구분되는 선을 내놓는다.……신조로 바뀐 공식 명제는 무제한적이고 독단적 형태로 말해야 한다." 하지만 채드윅은 다음과 같이 날카롭게 묻는다. "이해의 정도에 차이가 있지 않을까? 우리 모두 안경을 통해서 흐릿하게 본다면, 다른 사람보다 더 분명하게 볼 수 있는 사람이 있지 않겠는가?"[47]

오리게네스의 경우, 그의 사변적 편향성은 중심적이고 일치된 신조들의 아래에 놓인 "근거와 유형"을 찾도록 만들었고, 이 때문에 그는 잘못에 빠지기도 했다. 그러나 채드윅은 신학적 과신이라는 위험을 매우 경계한다. 오리게네스의 경고에 따르면, "고차원적 신학 문제에서 성인과 바보라는 두 부류의 사람만 절대적으로 확신할 수 있다."[48] 성경 본문뿐 아니라, 다른 사람이 성경 본문을 어떻게 읽고 해석하고 이해하는지도 되풀이해서 들어야 한다. 이러한 겸손은 교부와 교부의 강점 및 약점과 우리 자신을 이해하는 데 꼭 있어야 하는 선결 조건이다. 하지만 우리에게 진리를 피하려 하는 타락한 욕구가 있음을 기억해야 한다.

"교부"라는 보다 넓은 분류 안에서 여덟 명의 교회 박사를 만난다. 서방에는 암브로시우스, 히에로니무스, 아우구스티누스, 대 그레고리우스가 있다. 동방에는 대 바실리우스, 나지안주스의 그레고리우스, 아타나시우스, 요하네스 크리소스토무스가 있다. 대 그레고리우스를 포함시키려면 오래됨이라는 기준의 경계선을 좀더 넓혀야 한다. 하지만 여덟 명의 박사는 교부의 나머지 세 가지 조건을 모두 채운다. 그 외에도 그들은 두 가지 제한 조건에도 맞는다. 첫째 그들은 깊은 가르침 때문에 교부들 중에서도 명성이 높다(*eminens eruditio*). 둘째 그들은 교회의 공개적인 선언에 의해 구별된다(*expressa ecclesiae declaratio*).[49] 이러한 여덟 사람의 특별한 지위에 비추어 다음 두 장에서 그들의 삶과 저술을 보다 자세하게 살펴보려 한다. 우선 동방 기독교의 위대한 네 명의 박사에 초점을 두려고 한다.

주

1 나는 "모델과 스승"이라는 표현을 Elizabeth A. Clark, *Women in the Early Church*, Message of the Fathers of the Church 13 (Collegeville, Minn: Liturgical Press, 1983). 204쪽에서 빌려왔다.

2 Jerome, Epistle 127, CSEL 56.146. Clark, *Women in the Early Church*, 207-208쪽에서 인용.

3 Jerome, Epistle 108, CSEL 55. 308. Clark, *Women in the Early Church*, 209쪽

4 같은 책, 211-212쪽.

5 Jerome, Epistle 108, CSEL 55. 344. Clark, *Women in the Early Church*, 164쪽에서 인용.

6 Palladius, The *Lausiac History of Palladius*, ed. C. Butler (1898; reprint, Hildesheim, Germany: Georg Olm, 1967), 149쪽. Clark, *Women in the Early Church*, 164-165쪽에서 인용.

7 Palladius, *The Lausiac History of Palladius*, 149쪽. Clark, *Women in the Early Church*, 224쪽에서 인용.

8 Christopher A. Hall, "Letters from a Lonely Exile", *Christian History* 13, No. 4 (1994): 44쪽.

9 Anonymous, *Life of Olympias*, SC 13 bis, 408. Clark, *Women in the Early Church*, 229쪽에서 인용.

10 Clark, *Women in the Early Church*, 15쪽.

11 갈라디아서 5:1. 그리스도께서 우리를 해방시켜 주셔서 자유하게 하셨습니다. 그러므로 굳게 서서 다시는 종의 멍에를 메지 마십시오.
갈라디아서 3:28. 유대 사람이나 그리스 사람이나 종이나 자유인이나, 남자나 여자나 차별이 없습니다. 그것은 여러분이 그리스도 예수 안에서 다 하나이기 때문입니다—옮긴이, 표준새번역에서 인용.

12 같은 책, 20쪽.

13 나는 엘리자베스 클락이 *Women in the Early Church*, 15-25쪽에서 여성과 기독교 금욕주의에 대해 분석한 것에 빚지고 있다.

14 *The Letters of St. Jerome*, trans. Charles Christopher Mierow, ACW 33 (New York: Paulist Press, 1963), 12쪽 참조.

15 Jerome, Epistle 45, CSEL 54.325. Clark, *Women in the Early Church*, 220-221쪽에서 인용.

16 Clark, *Women in the Early Church*, 176쪽,

17 Jaroslav Pelikan, *Christianity and Classical Culture*: (New Haven, Conn.: Yale University Press, 1993), 8쪽.

18 같은 책.

19 Gregory of Nyssa, *Life of St. Macrina*, SC 178.136, para 3. Clark, *Women in the Early Church*, 238쪽에서 인용.

20 같은 책, para. 6. Clark, *Women in the Early Church*, 241쪽에서 인용.

21 같은 책, para, 17. Clark, *Women in the Early Church*, 242-243쪽에서 인용.

22 바실리우스의 누이를 소 마크리나라고 하고, 그의 할머니를 대 마크리나라고 한다-옮긴이.

23 Basil, Epistle 223.3. Pelikan, *Christianity and Classical Culture*, 303쪽에서 인용.

24 클락의 언급에 따르면, "고대 기독교의 자료 가운데 여성이 쓴 자료는 우리에게 거의 없다" (*Women in the Early Church*, 165쪽).

25 존경받는 남자 지도자 아빠스(Abbas)에 대비되는 표현이다-옮긴이.

26 "The Sayings of the Fathers", in Owen Chadwick (ed.), *Western Asceticism*, Library of Christian Classics (Philadelphia: Westminster Press, 1958), 120-121쪽 참조.

27 Clark, *Women in the Early Church*, 165-168쪽.

28 "Father" and "Fathers of the Church", in *Encyclopedia of the Early Church*, 2 vols. (New York: Oxford University Press, 1992), 1:320; "Fathers of the Church" in *Encyclopedia of Early Christianity* (New York: Garland, 1990), 345쪽 참조.

29 1 Clement 62:2, in *The Apostolic Fathers*, trans. J. B. Lightfoot, J. R Hammer, ed. and rev. Michael W. Holmes (Grand Rapids, Mich: Baker, 1989), 63쪽.

30 Irenaeus, *Adversus Haereses* 4.41.2. *Encyclopedia of the Early Church*, 320쪽에서 인용.

31 Clement of Alexandria, *Stromateis* 1.1.2-2.1. Johannes Quasten, *Patrology*, 4 vols. (Westminster, Md. : Christian Classics, 1986), 1:9에서 인용.

32 Quasten, *Patrology*, 1:9.

33 Augustine, *Contra Julian* 1.7.34. Quasten, Patrology, 1:9에서 인용.

34 Vincent of Lerins, *Commonitory*, chap.41. *Encyclopedia of Early Christianity*, 345쪽에서 인용.

35 Vincent of Lerins, *Commonitory*, chap.41. Quasten, *Patrology*, 1:9-10에서 인용.

36 Boniface Ramsey, *Beginning to Read the Fathers* (New York: Paulist Press, 1985), 4쪽.

37 같은 책.

38 Pier Franco Beatrice, *Introduction to the Fathers of the Church* (Vicenza, Italy: Edizioni Istituto San Gaetano, 1987), 14쪽.

39 Ramsey, *Beginning to Read the Fathers*, 4쪽.

40 같은 책, 5쪽.

41 Origen, *De principiis* 3.6.3, ANF. Quasten, *Patrology*, 2:87에서 인용.

42 Origen, *De principiis* 3.6.3, ANF. Quasten, *Patrology*, 2:89에서 인용.

43 Ramsey, *Beginning to Read the Fathers*, 6쪽.

44 같은 책, 6-7쪽.

45 Beatrice, *Introduction to the Fathers of the Church*, 11쪽.

46 Michael Casey, *Sacred Readings: The Ancient Art of Lectio Divina* (Ligouri. Mo :Triumph Books, 1995), 105쪽. 『거룩한 책읽기』 (성서와 함께)

47 Henry Chadwick, *Early Christian Thought and the Classical Tradition* (Oxford:Oxford University Press, 1984), 123쪽.

48 Origen, *Commentary on Genesis, Chadwick, Early Christian Thought*, 123쪽에 나오는 Pamphilus's Apology (24.296 Lommatzsch) 의 서문에서 인용.

49 Quasten, *Patrology*, 1:10.

4장
동방의 네 박사:
아타나시우스, 나지안주스의 그레고리우스, 대 바실리우스, 요하네스 크리소스토무스

동방의 네 박사는 유명한 선생들이다. 그들은 동방 교부의 통찰과 주석이 얼마나 풍부한지 잘 보여 준다. 이 네 사람은 교부의 성경 해석의 결실을 잘 보여 준다. 물론 이들 교부는 각자가 다룬 주제에 반응하는 과정에서 그들의 주석 기술을 활용했다. 아타나시우스와 나지안주스의 그레고리우스는 아리우스주의와 논쟁하는 맥락에서 성경을 해석했다. 그들은 헝클어져 있는 신학 문제들을 해결할 때 성경을 사용했는데, 이때 그들의 해석학 기술과 그 결실을 잘 드러내었다. 바실리우스와 요하네스 크리소스토무스에 대해 말하자면, 두 사람은 재능을 갖춘 주석가들이다. 하지만 논쟁이 상대적으로 뜨겁지 않고, 비교적 안정적인 상황에서 그러했다. 바실리우스와 요하네스는 둘 다 교회의 위대한 목회자였다. 바실리우스는 수도원 공동체의 수장이었다. 요하네스는 안디옥 교회에서 목회했으며, 나중에 콘스탄티노플 교회에서 목회했다. 두 사람은 성경을 목회라는 책임에 비추어 읽고 해석함으로써 그때뿐 아니라 오늘날에도 목회자와 일반 교인에게 통찰을 준다.

아타나시우스(295~373년)

아타나시우스에 대해 중립적인 반응은 없었다. 그의 친구들은 그를 위해서라면 목숨까지 기꺼이 바쳤을 것이다. 그의 적들은 그와 그에 대한 기억이 땅 위에서 지워지기를 원했다. 일부 사람은 그를 "검은 난쟁이"라고 비웃었다.

아타나시우스 안에서 생생한 지성과 마음이 하나님을 위해 불타올랐다. 그에게 하나님은 인류를 구하시기 위해 자유롭고도 기적적인 방식으로 인간 역사에 들어오신 분이시다. 그 하나님은 우리를 우리의 이전 모습에서 구원하시기 위해 우리의 지금 상태처럼 되신 분이시다. 로버트 페인이 말하기를,

> 초기 교회 역사에서 자신에 대한 요구가 그렇게 준엄하고 긴급한 사람은 없었다. 적들에게서 그토록 많이 조롱받은 사람도 없었다. 그에게는 오늘날 독단적인 혁명가의 기질이 있었다. 어느 것도 그를 막지 못했다. 황제 율리아누스는 그를 "인간이 아니라 작은 난쟁이일 뿐"이라고 불렀다. 나지안주스의 그레고리우스에 따르면, 그는 "겉모습이 천사와 같았고, 마음으로는 훨씬 더 천사 같았다." 어떤 의미에서 볼 때, 두 사람 모두 진리를 말하고 있었다.[1]

아타나시우스는 모난 인격의 소유자였다. 그래서 그는 신학에서, 교회에서, 정치에서 거의 평생 전투를 치를 수 있었을 것이다. 나지안주스의 그레고리우스는 아타나시우스를 "교회의 기둥"으로 묘사하는 동시에 그가 "천상의 모든 성품을" 소유하고 있다고 묘사했다. 신학적으로 볼 때, 아타나시우스는 어떤 식으로든 거리의 투사였다. 그는 용감했고 빈틈없고 노련했다. 그는 콘스탄티누스 황제가 거리를 지나갈 때 그에게

달려가서 말의 재갈을 움켜잡고 황제의 신학적 결점에 대해 꾸짖기까지 했다.

그는 20세 이전에 중요한 글 두 편 『이교도를 반박하는 연설』과 『성육신』을 썼다. 33세 무렵에 그는 알렉산드리아 교회의 주교가 되었다. 주교 일은 쉽지 않았다. 아타나시우스는 45년 동안 알렉산드리아 교회에서 다섯 번이나 추방되었다. 아리우스 장로의 생각을 강력하게 반대했기 때문이다. 아리우스에 따르면, 하나님의 아들은 높여진 창조물이었다. 하지만 아타나시우스는 참된 하나님이 예수 그리스도 안에서 인성과 참되게 연합하도록 들어오셨다고 보았다. 아타나시우스는 이 명제를 일관되게 옹호함으로써 아리우스와 대척점에 있었다. 두 사람과 두 사람의 추종자들 사이의 전투는 오랫동안 성쇠를 거듭했다.

해석의 사례

아타나시우스는 하나님의 아들이 육신이 되셨다는 위대한 신비를 평생 동안 옹호했다. 성부와 성령과 더불어 성자 하나님도 참된 하나님이시다.

그분은 큰 사랑 때문에 성육신의 기적을 통해 신성을 인성에 자발적으로 연합시키셨다. 낮아지심을 통해 사랑하였으며, 말로 표현할 수 없는 은혜를 주셨다. 이를 통해서만 인류를 구원하실 수 있었으며, 인간이 하나님의 형상으로 회복될 기회를 주실 수 있었다. 오직 하나님만이 우리를 구원하실 수 있다. 그리고 오직 우리와 같이 되신 하나님만이 우리를 구원하실 수 있다.

하나님은 우리 같은 존재가 되심으로 우리 세계에 오신다. 이것이 참된 성육신이다. 이러한 생각은 이성적으로 이해하기 어렵다. 성경 저자의 묘사에 따르면, 하나님은 창조되지 않았으며 분할될 수 없다. 그분은 전능하시고 전지하시다. 그분은 초월적이시며 무한하시며 측정되실 수 없다. 이러한 것은 하나님과 인간을 갈라놓는 거리가 되는 속성 가운데 일부일 뿐이다. 지울 수 없고 분명하고 넘을 수 없는 거리이다. 또는 그렇게 보일 것이다. 하지만 아타나시우스가 이해한 복음이 크고도 분명하게 선포한 것에 따르면, 그리스도 안에서 하나님과 인간의 경계선이 무너져 내렸다. 아타나시우스의 주장에 따르면, 사실 인간이 죄의 끔찍한 결과에서 구원받기 위해서는 분명히 그 경계선이 무너져야 한다.

실제로 성육신이 어떻게 일어날 수 있었는가 하는 것과 성육신을 신학적으로 어떻게 이해할 수 있을까 하는 것은 다른 문제였다. 창조물이 아닌 존재가 어떻게 창조될 수 있단 말인가? 무한한 자가 어떻게 유한하게 될 수 있단 말인가? 측정될 수 없는 자가 어떻게 인성이라는 골무에 맞춰질 수 있단 말인가? 그러한 주장은 파악될 수 없게 보이고 비이성적인 것 같다. 이 주장에서 어떤 의미를 끌어낼 수 있단 말인가? 아리우스 장로는 아무 의미를 끌어낼 수 없다고 주장할 것이다.

거의 50년 동안 아타나시우스의 삶에서 중요한 신학적 적수를 대표하는 인물은 아리우스였다. 아리우스는 기독론의 토대를 철학과 신학, 성경에 따르는 전제에 두었다. 예를 들어, 아리우스에 따르면 하나님의 본성은 분할될 수 없는 단일성이었다. 이것이 참이었다면, 하나님이 어떤 식으로든 분할될 수 있다고 믿는 것은 이성적으로 볼 때 모순이다. 예를 들어, 하나님을 부분으로 나눌 수 없을 것이다. 첫 부분을 성부로, 둘째 부분을 성자로, 셋째 부분을 성령으로 나눌 수 없을 것이다. 하나님은 "아들 하나님을 낳을" 수 없을 것이다. 적어도 "낳다"라는 단어가 일반적으로 인간의 출산에 적용될 때 이해되는 의미와 유사하다면 말이다.

하나님은 분할될 수 없다. 아리우스에 따르면, 이는 신성 자체 가운데 복합성이 보다 깊게 있을 가능성을 일찌감치 효과적으로 배제한다. 이때 아리우스는 자신이 성경에서 만난 성자를 신학적으로 이해되도록 해야 했다. 그는 어떻게 할 수 있었는가? 그가 이미 내린 결론에 따르면, 이 아들은 성부와 같은 의미의 하나님일 수는 없다. 신성은 한 그릇의 으깬 감자처럼 퍼낼 수 있는 실체가 아니었다. 하나님의 본질은 분할될 수 없는 실재였다. 따라서 분명히 성자에게는 어떤 식으로든 시작이 있었다. 성자는 성부가 영원한 것과 같은 의미에서 영원할 수는 없었다. 그래서 아리우스는 "그분이 없었던 때가 있었다"라고 표현했던 것이다.

자, 상황이 그러하다면, 성자가 높여진 창조물이라 할지라도, 성자는 여전히 창조물이다. 성자가 아무리 높여졌다 해도 상관없다. 우리가 하나님과 창조물을 나누는 경계선을 모래 위에 그려야 한다고 해보자. 그렇다면, 본성에 있어서 성자를 창조물 편에 놓아야 한다.[2] 이렇게 놀라운 결론에서 아리우스가 끌어낸 생각이 귀에 거슬린다. 성자가 창조물이라면, 성자는 하나님보다 낮아야 한다. 성자는 하나님에 대해 제한된 범위에서만 알아야 한다. 성자는 변화될 수 있고 죄를 지을 수도 있어야 한다.

보다 적극적 측면에서 아리우스는, 성자는 하나님의 창조물 가운데 가장 높여진 분이라고 주장했다. 성자는 시간 이전에 창조되었으며, "시간 밖에서 태어났다." 성경에서는 아들에게 영광스러운 이름을 준다. 그래서 아리우스도 성자가 뛰어나다는 사실을 주장하긴 했다. 하지만 그에 따르면, 성경은 성자를 "하나님의 아들"이라고까지 불렀지만 성자에게 주어진 이름은 기껏해야 은유였다. 아리우스의 강한 확신에 따르면, 아들이란 말은 하나님의 최고 창조물로서 차지하는 놀라운 지위를 가리키는 명예였다. 그런데 그 표현을 말 그대로 받아들인다면, 잘못 해석한 것이다. 아리우스에 따르면, 아들은 "하나님이다. 참으로가 아니라 이름으로만 그러하다."[3]

아리우스의 입장을 지지하는 것처럼 보인 본문의 예들을 살펴보자.

겟세마네 동산에서 예수는 슬픔과 두려움을 경험했다(마 26:38 참조). 하나님이 이러한 감정을 경험하고 이러한 반응을 나타낼 수 있단 말인가? 예수가 일생 동안 던진 질문들은 어떠한가? 4천 명을 먹이실 때, 예수는 제자들에게 물으신다. "얼마나 많은 빵 덩어리가 있느냐?"(마 15:34). 십자가에서 예수는 그의 아버지께서 왜 그를 버리셨는지 물으신다(마 27:46). 예수는 만물이 "성취"될 때를 알지 못하신 것 같다(막 13:4, 32 참조). 분명히 성부의 지식이 성자의 지식보다 더 큰 것 같다. 그렇다면, 성부와 성자가 어떻게 동일하게 하나님이라는 본질을 같이 가질 수 있단 말인가? 아리우스주의자가 표현하듯이,

> 여러분의 해석에 따라 성자가 성부 하나님과 영원히 함께 있다면, 성자는 그날을 알 것이다. 그는 말씀이시기 때문에 그날을 알았을 것이다. 성자가 함께 계셨다면 버림을 받지 않았을 것이다.……또한 그러한 기도를 드리지도 않았을 것이다.……성자가 말씀이셨다면, 어떤 것도 필요하지 않았을 것이다.[4]

아리우스주의자의 주석에 설득력이 있었는가? 아리우스의 전제는 철학적으로, 신학적으로 타당했는가? 아타나시우스는 아리우스의 가르침에 담겨 있는 의미 때문에 전율을 느꼈다. 하나님이 분할되실 수 없다는 사실을 다룰 때, 아리우스는 어떤 철학적 전제에서 시작했다. 이와는 달리, 아타나시우스는 "인간이 죄에서 구원되어야 한다면, 하나님께서 무슨 일을 하셔야 하는가"라는 물음에 대해 성경이 주는 대답을 살펴봄으로써 성자에 대해 연구하기 시작했다. 아리우스는 그리스도를 이해할 때 일관성과 논리적 무모순성을 추구했다. 하지만 아타나시우스의 초점은 구원론에 있었다. 하나님께서 인류를 구원하셔야 했다면, 어떤 일이 일어났어야 했을까? 또한 성경의 저자에 따르면, 실제로 어떤 일이 일어났는가?

아타나시우스가 아리우스에게 준 대답을 다음과 같이 두 가지 중심

된 주장으로 요약할 수 있다.

1. 하나님만이 구원하실 수 있다. 성부는 성자의 죽음과 부활을 통해 인류를 구원하셨다. 성부가 이를 위해 성자를 보내셨다면, 하나님께서 오셔서 구원하신 것이다. 창조물은 누구도 구원할 수 없다. 아리우스는 성자의 높여진 지위를 보존하려고 애썼다. 그래서 성자를 모든 창조물 가운데 가장 높은 존재로 묘사했다. 하지만 그가 그리스도에 대해 얻은 이해는 이러한 전략적 지점에서 넘어졌다. 아타나시우스의 주장에 따르면, 아리우스주의의 그리스도는 누구도 구원할 수 없을 것이다. 창조물이라면 죄에서 구원할 능력이나 특권을 지니지 못한다. 구원은 하나님께만 있는 특권이며 권한이며 강력한 행위이기 때문이다. "만드신 분은 만들어진 것보다 분명히 더 크다.……주는 자는 그의 소유를 주어야 한다."[5]

그리스도가 "가장 높은 창조물" 이라 해도 인간은 두 가지 창조물이, 즉 "로고스와 악마"가 인간을 차지하려고 "싸우는 것" 을 보게 될 것이다. 앨빈 피터슨에 따르면, 어느 누구에게도 최종적인 승리가 보장될 수 없을 것이다.[6] 그래서 아타나시우스는 하나님만이 인류를 구원하실 수 있으며, 그렇게 하기를 원하신다고 주장한다. "그러면 창조물은 스스로 구원이 필요한 창조물에게서 어떤 도움을 얻을 수 있단 말인가?……창조물은 창조물에게서 구원받을 수 없다. 이는 창조물이 창조물에 의해 창조될 수 없는 것과 같다."[7]

"성자만이……모든 사람을 위해 고난받으실 수 있다. 성부 앞에서 모든 사람을 위하는 변호사가 되실 수 있다."[8] 능력과 권세, 사랑과 은혜가 무한하신 하나님만이 인류를 구원하실 수 있다. 피터슨에 따르면, "그분은 모든 사람과 관계하실 수 있으며, 모든 사람을 위해 행동하실 수 있다. 타락에 빠져 죽을 수밖에 없는 사람은 지극히 높은 이의 눈에서 벗어나지 못한다."[9]

하나님은 구원에 필요한 속성을 소유하시며, 그렇게 하시길 원하신다. 그래서 우리를 사랑하시기 때문에, 우리를 위해 성육신하신 것이다.

> 그분은 인간에게 도움이 되기를 원하셨다. 이는 옳았다. 이처럼 그분은 인간으로 오셨으며, 인간처럼 육체를 입으셨으며, 비천하게 태어나셨다…… 인간들은 그분이 우주를 섭리하시고 통치하시는 것을 통해 그분을 알려고 하지 않는다. 그래서 그런 인간들이 그분의 육체를 통해서 행해지는 일을 통해 육신 가운데 계신 하나님의 로고스를 깨닫고, 그분을 통해 성부를 알도록 그분이 성육신하셨다. 제자들 가운데는 보다 앞선 것을 통해 유익을 얻을 수 없는 사람이 있다. 좋은 선생은 그런 제자들을 위해 언제나 보다 단순한 수단을 통해 그 내용을 요약해서 가르친다. 하나님의 로고스도 그러하다.[10]

2. 그리스도는 그리스도인의 교회에서 예배를 받으신다. 아리우스의 가르침을 따르는 교회도 그러한 교회에 포함된다. 아타나시우스가 다음과 같이 묻는다. 그리스도가 하나님이 아니시라면, 어떻게 교회가 그리스도를 올바로 예배할 수 있단 말인가? 적어도 아리우스주의자의 신학이 옳다면, 아리우스주의자는 그들이 예배할 때 무슨 일을 하는지 깨닫지 못하는 것인가? 창조물에게 예배한다면, 끔찍스러운 불경죄를 저지르는 셈이 아닌가? 사실 아타나시우스는 아리우스와 그의 추종자들이 두 가지 점에서 불경을 저질렀다고 주장할 것이다. 그들은 창조물을 하나님으로 예배했으며, 성육신하신 하나님을 창조물이라고 불렀다. C. S. 루이스에 따르면, 아리우스는 "상식적이고 종합적인" 종교를 원하다가 합리주의라는 궁지에 빠졌다.[11]

매우 오랜 세월 동안 아리우스의 입장이 우세했던 것 같다. 니케아 공의회(325년)는 성자가 성부와 동일본질(*homoousios*)이라고 인정했다. 성자가 성부와 같이 하나님이라는 본질을 갖는다고 인정했다. 하지만 교회는 아리우스의 해결책으로 흘러갔다. 이는 이해하기에는 쉽지만 치명적인 해결책이었다. 적어도 당분간은, 세상을 대적한 것(*contra mundum*)은 도리어 아타나시우스였던 것이다. 그가 확고하게 보여 준 모범은 루이스에게서 다음과 같은 칭송을 자아냈다.

> 우리는 우리나라가 한 번 이상 세상을 대적한 적이 있었던 것을 자랑스럽게 여긴다. 아타나시우스도 그와 같은 일을 했다. 문명 세례는 기독교에서 벗어나 아리우스 종교로 미끄러져 간 것처럼 보였다. 이때 그는 "온전하고 순수한" 삼위일체 교리를 옹호했다. 아리우스 종교는 "상식적인" 종합 종교 가운데 하나이며, 오늘날 매우 크게 인정받는다. 지금처럼 그때에도 그 종교는 고등교육을 받은 목사 가운데 헌신자들을 얻고 있었다. 아타나시우스, 그의 영광은 시간과 함께 사라지지 않았다. 모든 시대가 그러한 것처럼 그 시대 역시 사라졌다. 그런데도 그가 지금 남아 있다는 것이 그의 상급이다.[12]

아타나시우스의 해석학적 반전

아타나시우스의 성경 읽기가 아리우스주의에 맞서는 싸움과 뗄 수 없이 연결된 경우가 많다. 아타나시우스는 성경을 어떻게 읽었는가? 결정적인 순간에 성경의 내용을 구체적인 신학 문제에 어떻게 적용했는가? 네 편의 『아리우스주의자 논박』에 이를 보여 주는 예가 많다. 그는 복음서 텍스트에 대해 서문을 쓸 때, 성육신의 본성을 다룬다. 여기서 아타나시우스는 먼저 아리우스주의자의 공통된 반론을 열거하는데, 하나님이 정말 성육신하실 가능성을 반대하는 다음과 같은 논증들이다.

겟세마네 동산에서 수난의 시간에 성자의 영혼이 번민했으며, 이 시간에서 벗어나게 해달라고 간청했다. 그렇다면, 어떻게 성자가 "성부의 자연적이고 참된 능력"일 수 있단 말인가? 어떻게 성자가 고난의 잔에서 벗어나게 해 달라고 기도할 수 있단 말인가? 정말 성부와 같은 본질을 함께 지녔다면, 성자는 그러한 두려움을 모두 극복할 능력을 지녔을 것이다.[13]

예수가 성부와 같은 실체였다면, 어떻게 "지혜와 키가 자랄 수 있단 말인가? "하나님과 사람의 사랑을 점점 더 받을 수 있단 말인가? 예수는 오천 명을 먹이시는 기적의 순간에는 제자들에게 얼마나 많은 떡 덩어리가 있는지 물으셨다. 하나님처럼 모든 지혜와 지식을 지녔다면, 왜 그렇게 물으셨단 말인가? 예수는 왜 십자가 위에서 "나의 하나님, 나의 하나님, 왜 나를 버리시나이까?"라고 부르짖었단 말인가? 제자들이 종말의 징조에 관해 물었을 때, 왜 예수는 "그날과 그때에 대해서는 아무도 모른다. 하늘의 천사도 모르고 아들도 모르고 오직 아버지만 아신다"(막 13:32)고 대답하셨단 말인가? 어떻게 하나님 가운데 지식이 이와 같이 구분될 수 있단 말인가? 어떻게 성부는 모든 것을 아시는데 성자는 일부만 알 수 있단 말인가?

어떻게 하나님이 인간이 되실 수 있단 말인가? "어떻게 비물질적 존재가 몸을 지닐 수 있단 말인가?" "예수를 반대한 유대인들은 어떻게 인간이 하나님이 될 수 있단 말인가"라는 물음을 던졌다. 아리우스는 이와 반대로 물었다. 어떻게 하나님이 인간이 되실 수 있단 말인가? "어떻게 인간처럼 잠을 자고 우는 자가 말씀이나 하나님일 수 있단 말인가?"[14]

아타나시우스가 이 물음과 그 밖의 물음에 대해 대답할 때, 그의 대답은 그리스도의 신성과 인성의 관계에 초점을 두었다. 그에 따르면, 성경의 "범위와 특성"은 "구세주에 대한 이중적 설명"을 담고 있다. 성경은 예수의 신성과 인성을 모두 인정했다. 그리스도는 성자로서 "성부의 말씀이자 광채이자 지혜로서" 계셨다. 성자는 인간을 사랑하셨으며, 성육신을 통해 의도적으로 "하나님을 태에 품은 동정녀 마리아에게서" 인간의 몸을 입으셨다. "인간으로 만들어지셨다."[15]

아타나시우스에 따르면, 영감된 성경 전체에서 이러한 이중적 초점을 발견할 수 있다. 그는 그리스도의 신성이나 인성을 인정하는 구절을 차례로 늘어놓는다. 그는 문제의 관건이 하나님이신 그리스도와 인간이신 그리스도의 관계에 있다고 이해한다. 그래서 그는 여기에 관심을 모은다. 한편으로, 성자는 "우리를 위하여" 우리와 같은 존재가 되셨다. 성자는 우리의 "육체" 와 참된 연합 가운데 참여하셨다. 성육신에 비추어 볼 때, "육체의 속성" 은 참으로 성자의 속성이며, 성자에게 실재 차원에서 붙는 술어이다. 아타나시우스는 성경을 빈틈없이 읽는 사람이라면, 이를 볼 것이라고 기대한다. "육체의 속성이 성자의 속성이라고 언급된다. 그분은 육체 가운데 계셨기 때문이다. 배고프셨고 목마르셨고 괴로우셨고 피곤해하셨을 정도였다. 그러한 것은 육체가 할 수 있는 것이다."[16]

또 다른 한편, 성자는 참으로 인간인 동시에 참으로 하나님이시다. 그래서 성경을 연구하는 사람이라면, 그리스도의 신성을 강조하는 본문을 만나도 놀라지 않아야 한다. "죽은 사람을 일으키셨다. 시각 장애인에게 시력을 회복시키셨다. 혈루병 걸린 여인을 고치셨다. 그러한 본문에는 이와 같이 말씀 자신에게 적합한 사역"이 있다. 말씀이 취한 육체를 통해 기적들이 일어났다. 말로 다 표현할 수 없는 놀라운 이런 특성들과 함께 "말씀은 육체의 연약함을 자신의 것으로 지녔다. 육체는 그분의 것이었기 때문이다. 육체는 하나님의 일에 봉사했다. 하나님이 육체 가운데 계셨기 때문이다. 육체는 하나님의 육체였기 때문이다."[17]

아리우스주의자는 그리스도의 신성과 인성에 대해 혼동했다. 아타나시우스의 대답에 따르면, 말씀은 그 취하신 인성의 "밖에 있지" 않았다. 성육신하신 성자가 일하실 때, 신성과 인성이 연합하여 함께 작용했다. 이는 우리가 이해할 수 없는 연합이다.

> 열병에 시달리던 베드로의 장모를 일으키셔야 했을 때, 성자는 인간으로서 손을 내미셨다. 하지만 하나님으로서 열병을 멈추게 하셨다. 태어날 때부터 시각 장애인이었던 사람의 경우에 성자께서 육체로부터 주신 침은 인간의 것이었지만, 진흙을 통해 눈을 뜨게 하신 것은 하나님의 일이었다. 또한 나사로의 경우에, 성자께서는 인간으로서 인간의 목소리를 내셨지만, 그분은 하나님으로서 나사로를 죽은 사람 가운데 일으키셨다. 이런 일들은 그렇게 이뤄졌고, 그렇게 드러났다. 그분이 그저 외형으로가 아니라, 참되게 몸을 지니셨기 때문이다. 성자께서는 인간의 육체를 입으셨을 때, 육체를 전체적으로 입으셨다. 그래서 육체에 적합한 정서를 갖추신 주님이 되셨다. 우리는 육체가 그분의 것이라고 말한다. 이처럼 우리는 육체의 정서가 그분에게만 적합하다고 말할 수 있다. 물론 그러한 정서는 신성에 있어서는 그분에게 영향을 주지 못했다.[18]

요약하면, 아타나시우스가 내린 결론에 따르면, 신성은 인성을 전유물로 삼으며, 그리스도의 인성을 깨끗하게 하고, 또한 그리스도를 믿는 사람의 인성을 모두 깨끗하게 한다. 성자는 사랑 가운데 우리에게 오셨으며, 죄에서 벗어난 우리와 같은 존재가 되신다. 그리고 우리가 "우리의 기원을 그분에게로 옮기도록" 초대하신다. 그리스도는 성육신하신 몸을 통해 행하실 때, 신적으로도 인간적으로도 행하신다. 그분은 병든 사람을 고치시며, 죽은 사람을 일으키시며, 능력으로 행하신다. 이때 우리는 그러한 행위 가운데 그분의 신성을 느낀다. 그분은 지치시거나 질문하시거나 두려움을 나타내신다. 이때 우리는 그분의 참된 인성이 드러나는 것을 본다.

아리우스주의자는 성경을 제대로 읽지 못해서 잘못을 저질렀다. 성자의 신성에 적합한 것과 성자의 인성에 적합한 것을 구분하지 못한 데서 그러한 잘못이 드러난다. 그들의 경우를 볼 때, 그들은 신성과 인성의 관계를 이해하지 못했기 때문에 성자의 신성을 부정하게 되었다. 아타나시우스에 따르면, "그들은 구세주 안에서 인간적인 것을 보았을 때, 그분이 창조물이라고 판단했다." 다른 이단들은 그와 반대되는 잘못을 저질러서 성자의 인성이 참됨을 부정할 것이다. 두 이단 모두 그리스도가 어떤 분이신지 파악하지 못한다. 구원을 이루기 위해 복음이 무엇을 요구하는지에 맞추어 성경을 읽지 못했기 때문이다.

추가 연구를 위해

일반적으로 아타나시우스의 주석은 신학적 저작에 흩어져 있다. 성경 주석에만 초점을 둔 글은 상대적으로 드물다. 성경 주석만 다룬 글 가운데 영어판으로 사용할 수 있는 예가 있다. 가장 분명한 예는 『시편 해석에 관해 마르켈리누스에게 보내는 성 아타나시우스의 편지』다. 이 작품은 성 블라디미르 출판사의 번역본 『성육신』에 덧붙여져 있다.[19] 폴리스트 출판사가 펴낸 "서구 영성 고전" 총서에서도 그 글을 볼 수 있는데, 여기에는 아타나시우스의 『안토니우스의 생애』가 덧붙여져 있다.[20] 아타나시우스가 시편, 전도서, 아가서, 창세기에 관해 주석을 썼지만, 우리에게는 이러한 주석의 단편만 남아 있다. 그 단편마저도 아직 영어로 번역되지 않았다. 아타나시우스의 『네 편의 아리우스주의자 반박』은 광범위한 글이다. 아타나시우스가 성경을 어떻게 읽었는가? 성경의 가르침을 구체적이고 매우 어려운 신학 문제에 어떻게 적용했는가? 위의 글들은 이런 질문을 살펴보기에 아주 좋다.[21]

367년에 아타나시우스가 39회 기념절 편지를 썼는데, 이 편지를 흥미롭게 보는 사람이 있을 것이다. 이 편지에서 아타나시우스는 외경을 비판한다. 외경은 "거짓되며 경멸스러운 지식으로 자신들을 완전케 하려는" 사람들이 만든 책이다. 아타나시우스는 "정경에 속해 있고 하나님의 책으로 전달되고 인정된 책들"을 그의 독자 앞에 내놓는다. 사람들이 정경과 위작을 구분할 수 있도록 하기 위해서다.[22] 아타나시우스는 신약 27권을 열거했는데, 여기서 처음으로 27권을 정경이라고 선언했다.[23]

나지안주스의 그레고리우스(329년경~390년)

나지안주스의 그레고리우스는 많은 교부처럼 목회 지도자가 되기에 적합한 후보자는 아니었던 것 같다. 감독이 되기에는 더욱 적합하지 않게 보인다. 다소 시대착오적으로 말하자면, 그레고리우스는 철저하게 내성적인 사람이었던 것 같다. 그는 고독과 기도, 명상의 삶에 크게 이끌리는 사람이었던 것 같다. 더 나아가서, 그는 지도자의 책임을 피하려고 했다. 그는 있을 법하지 않은 교부였다. 로버트 페인은 그레고리우스를 다음과 같이 생생하게 그려내었다.

> 그는 작고 주름지고 활기 있는 사람으로 대머리였다. 아타나시우스처럼 빨간 턱수염이 길게 늘어져 있었고 눈썹은 빨갰다. 그는 얼굴을 찡그리면서 거의 언제나 괴로워했으며, 철야와 금식 때문에 수척했다...... 그는 누구도 두려워하지 않았다. 다루기 힘든 기질이 그에게 있었다. 감히 바실리우스를 비웃은 사람은 그밖에 없다. 그는 쉽게 화를 내었으며, 심술을 부렸다. 그는 많은 사람과 함께 있을 때 불편해했으며, 세상에서 독특하게 동떨어져 있었다. 그는 콘스탄티노플 대주교로 임명되었는데, 그가 원한 바는 아니었다. 하지만 그는 콘스탄티노플이 아리우스주의에 빠졌다는 사실을 발견하고서, 몇 달이 되지 않아서 콘스탄

> 티노플을 정통 신앙으로 바꾸어 놓았다. 그는 최초의 기독교 시인이었으며, 천사처럼 산문을 썼다. 그가 살았던 시대는 그리스 시인 핀다르의 전성기였다. 핀다르는 체육을 칭송했으며, 인간의 영광에 대해서만 말했다. 그러나 그레고리우스는 하나님을 사랑했다. 그다음으로 문학을 사랑했고, 그다음으로 사람을 사랑했다. 그는 그 순서를 지켰다.[24]

이렇게 이상했던 사람이 재능 있는 시인, 목회자, 주교, 신학자가 되었다. 그는 어떤 사람인가? 그레고리우스는 카파도키아의 매우 부유한 가정에서 태어났다. 그 가정은 나지안주스에 살았는데, 이곳은 지중해 세계에서 거의 알려지지 않은 마을이다. 오랜 세월 동안 그의 아버지 그레고리우스는 헬라화된 유대 종파인 힙시스타리의 일원이었다. 그 종파는 "한 분 하나님을 예배했으며, 안식일을 지켰으며, 음식법을 지켰다. 하지만 할례는 거부했다."[25]

그레고리우스는 가족 덕분에 훌륭한 교육을 받을 수 있었다. 13세부터 그레고리우스는 그리스-로마 세계에서 훌륭한 교육 중심지인 카파도키아의 카이사레아, 팔레스타인의 카이사레아, 알렉산드리아에서 공부했으며, 오랜 세월 동안 아테네에서 공부했다. 그레고리우스는 특히 수사학과 고전 그리스의 저술가에 초점을 두었다. 그는 힘이 있고 아름다운 말을 사랑했다. 이는 그의 편지와 연설, 시에서 잘 드러난다.

> 나는 다른 모든 것을 바람처럼 여겼다. 사람들은 갈망하여 부(富)와 고귀한 태생, 명성과 다른 사람을 다스릴 수 있는 권세를 가지려 한다. 이 땅의 즐거움은 꿈처럼 지나가 버리는데도 말이다. 그러나 나 역시도 유일하게 매달리는 것이 있으니, 그것은 말할 수 있는 능력이다. 그래서 나는 땅과 바다에 의한 영고성쇠에 유감을 품지 않는다. 나에게 말할 수 있는 능력을 주었기 때문이다. 말의 힘이 나의 힘이 되게 하소

서. 나를 친구라고 부르는 자에게 속하게 하소서. 나는 말의 힘을 매우 소중히 여기며, 언제나 그러할 것이다. 정말 첫째인 것은 감각 세계를 넘어서는 소망과 거룩한 것 모두일 것인데, 이것들만 제외한다면, 나는 말의 힘을 처음에 놓을 것이다.[26]

그는 평화롭게 연구할 자유를 갈망했다. 다른 사람들은 그가 목회 지도자의 위치에 있는 모습을 보고 싶어 했지만, 그는 이를 괴로워했다. 페인은 그를 "끊임없는 연구자로, 일생을 조용히 연구하며 보낸 사람으로, 행동하려는 마음은 전혀 없는 사람"으로 묘사한다.[27]

콰스틴은 그레고리우스를 "4세기 신학자들 중의 휴머니스트"로 그려낸다. 분명히 그레고리우스는 교회 지도자로 활동하는 삶보다 명상하고 금욕하는 삶을 더 좋아했기 때문이다. 하지만 콰스틴에 따르면, 그레고리우스의 "친절한 성향과 그의 의무감"은 연구와 고요를 원하는 마음과 모순을 일으켰으며, 그를 "혼란스러운 세상과 당대의 논쟁과 갈등으로 끊임없이 끌어들였다. 그래서 그레고리우스의 삶은 "세상에서 도피했다가 다시 복귀하는 일련의 모습으로 나타난다.[28]

그레고리우스는 내성적이면서도 갈등하는 그리스도인이었다. 그는 책을 가까이하며 수도원에서 생활하기를 바랐다. 그러나 교회는 그가 공동체에 봉사하기를 원했다. 그레고리우스의 지혜와 통찰을 의식의 표면으로 끌어올려서 그레고리우스가 그토록 도피하려 했던 공동체의 유익을 위해 사용하게 했던 것은 이러한 두 가지, 곧 삶과 소망 사이에 있는 긴장이다.

예를 들어, 그레고리우스가 나지안주스의 사제로 임명된 사건을 살펴보자. 그레고리우스는 가까운 친구 바실리우스와 함께 수도원에서 조용히 살고 있었다. 그때 그의 아버지가 그를 고향으로 돌아오라고 불렀다. 그레고리우스의 아버지와 나지안주스의 기독교 공동체는 하나님이 그레고리우스를 임명 사제로 부르셨다고 확신했다. 하지만 그레고리우스는 사제 서품을 받은 후에 나지안주스를 벗어나 폰투스에서 수도원 생활로 돌아갔다. 얼마 되지 않아서 그는 마음이 약해졌다. 그는 사제직을 받아들여 나지안주스로 되돌아갔다. 이러한 혼란에서 그의 『폰투스로의 도피에 대한 변론』이 나왔다. 이는 요하네스 크리소스토무스의 『성직론』에 견줄 만한 연설이다. 기독교 목회자에게 다가오는 책임과 함정을 잘 제시하기 때문이다.[29]

그는 지도하고 봉사하라는 요구를 따랐다가 그 요구에서 다시 물러난다. 이 유형이 그레고리우스의 삶에서 반복됐다. 이는 그레고리우스 안에 있는 내적 분투를 반영한다. 은둔을 원하는 마음과 뛰어난 재능 사이에 일어나는 혼란이다. 프레데릭 노리스에 따르면, 이러한 갈등이 "평생 그를 괴롭혔다.……신학과 설교 면에서 주교가 될 만한 재능이 그에게 있었지만, 세부적인 공적 행정은 그의 인격에서 아무런 반향을 얻지 못했다. 그는 어려운 공동체의 요구를 받은 후에는 여러 번 수도원으로 도피했다."[30]

감사하게도 그레고리우스는 나지안주스에서 아버지를 돕는 부사제로 섬기기로 동의했다. 나중에 그는 콘스탄티노플 교회와 테오도시우스 황제의 요구에 따라 주교로 섬겼지만, 고난과 슬픔을 크게 겪은 이후였다. 몇 년 안에 그레고리우스는 가까운 가족 가운데 네 사람과 가장 가까운 친구를 잃었다. 형제 카이사리우스, 누이 고르고니아, 아버지 그레고리우스, 어머니 논나 그리고 대 바실리우스가 죽었다. 그레고리우스는 수사학자 에우독시우스에게 편지를 쓰면서 이들의 죽음이 얼마나 깊은 슬픔을 가져왔는지 술회하면서, 정통 기독교 세계가 아리우스주의의 공격을 받아 해체되는 것 같은 상황에 대해 그가 얼마나 염려하는지 밝혔다.

> 그대는 내 일이 어떻게 되어 가는지 묻는다. 비참하다. 나는 형제 둘을

> 잃었다. 한 사람은 영의 형제 바실리우스이며, 또 한 사람은 국의 황제 카이사리우스이다. 나는 다윗처럼 부르짖을 것이다. "나의 아비와 어미가 나를 떠났도다"(시 27(26):10). 내 몸은 좋지 않은 상태에 있으며, 노년이 내 머리 위에 있다. 걱정과 일 때문에 근심한다. 교회가 목자 없는 상태에서 거짓 친구들과 있는 것도 염려된다. 선이 파괴되고 사이 벌거벗고 활개 친다. 우리는 빛이 없는 밤바다에 있다. 그리스도께서 주무신다. 내가 무엇을 더 참아야 하는가? 악에서 벗어날 길이 딱 하나 있다. 죽음이다. 하지만 여기서 겪은 것에 비추어서 판단하건대, 죽음마저도 겁난다.[31]

그레고리우스는 내성적이었다. 그는 어려운 시절에 목자와 등대를 찾지 못해 절망했다. 그러나 그는 짧은 기간 안에 그러한 목자와 등대가 되었다. 누가 이를 짐작했겠는가? 그것도 콘스탄티노플 대좌의 주교가 될 것이라고? 콘스탄티노플은 아리우스주의자의 영향력 아래에 있었다. 그레고리우스가 콘스탄티노플에서 감독으로 섬긴 기간은 짧았지만, 그의 목소리와 신학적 통찰은 그 도시에서 니케아의 입장을 다시 강화시켰다. 그레고리우스가 이 기간에 설교한 다섯 편의 신학적 설교가 중요한데, 이 설교는 동방 정교회의 삼위일체 교리와 사상의 토대가 되었으며, 서방에서 삼위일체에 대해 생각하고 표현하는 데도 영향을 주었다. 그를 주교로 임명한 것이 교회법에 맞는 것인지를 놓고 논란이 있었다.

381년에 그레고리우스는 콘스탄티노플 주교직을 사임함으로써 그러한 논란에 말려들어 가지 않았다. 그레고리우스가 이미 다른 곳에서 주교로 섬겼기 때문에, 콘스탄티노플에서 감독직을 맡은 것이 교회법에 어긋난다고 주장한 사람들은 분명 알렉산드리아 출신이었을 것이다. 노리스에 따르면, "그가 사시마에서는 섬기지 않았고 나지안주스에서도 다만 부제로만 있었기에 아무 문제가 없었지만, 그는 그러한 논란을 해 볼 가치가 없는 것이라고 여겼다."[32] 그레고리우스는 수사로 가득 찬 말로 고별 설교를 맺는다. 그는 그가 콘스탄티노플의 삶에 대해 겪었던 실망을, 그리고 그가 고향으로 향할 때 느낀 안도감을 생생하게 표현했다.

> 내게 싸워야 한다고 말해 준 사람은 없었지만, 나는 집정관과 장관과 매우 빛나는 업적을 지닌 장군들과 싸워야 했다. 그들은 자신의 풍부한 소유물에서 벗어날 방법을 알지 못하는 사람들이다. 나는 교회의 재산을 실컷 먹는 데 써야 했으며, 교회의 구제 헌금을 사치하는 데 써야 했지만, 내가 그렇게 하게 될 것이라고 말해 준 사람이 없었다. 나는 화려한 말을 갖추고 장식된 마차에 앉아야 했지만, 내가 그렇게 해야 한다고 말해 준 사람이 없었다. 내가 장엄한 순행을 하는 동안 큰 침묵이 있었지만, 그러할 것이라고 나에게 말해 준 사람이 없었다. 대주교가 일종의 야수인 것처럼 모든 사람이 대주교에게 길을 내주어야 했지만, 그러할 것이라고 나에게 말해 준 사람이 없었다. 내가 큰 깃발처럼 멀리서 왔을 때 큰 사거리에서 사람들은 길을 열어 내가 지나가도록 해주어야 했지만, 그러할 것이라고 나에게 말해 준 사람이 없었다. 이러한 일이 여러분의 마음을 상하게 했다면, 이제 다 지나간 옛일이라고 말할 뿐이다. 나를 용서하길.[33]

그레고리우스는 나지안주스로 돌아왔다. 짧은 기간 그곳에서 목회했다. 그리고 마침내 그는 평생의 소원을 이루었다. 그는 그곳에서 은퇴했다. 아리안주스의 가족 사유지에서 고요하게 기도하는 삶을 살았다. 그리고 그곳에서 390년에 죽었다.

해석의 사례

나지안주스의 그레고리우스가 콘스탄티노플에서 행한 2년간의 집중적이고도 중요한 사역이 아니었더라면, 그는 "우리에게 알려졌다 해도 교회사에서 주목받지 못했을 것이다"라고 에드워드 하디는 말한다.[34] 아리우스주의는 콘스탄티노플의 교회를 대부분 감염시켰다. 그레고리우스는 콘스탄티노플에서 한 일련의 설교를 통해 아리우스주의를 공격했다. 이 설교는 나중에 『신학적 연설』로 알려졌다. 이 설교 덕분에 그레고리우스는 "신학자"라는 이름을 얻었다. 그레고리우스는 성경을 어떻게 읽었는가? 목회자와 신학자로서 어떻게 일했는가? 그 설교는 이를 이해하는 데 어떤 도움을 줄 수 있는가?

이 물음에 답하려면, 그레고리우스의 신학적 적수에 관해 한두 마디 해야 한다. 아타나시우스의 삶과 일에 대해 논의할 때 이미 아리우스주의의 신조를 논의했다. 아리우스주의자는 그리스도를 높여진 창조물로 여겼는데, 그레고리우스는 이 점에 대해 직접 응수했다. 하지만 『첫 번째 신학 연설』에서 그레고리우스는 그의 적수 아리우스주의자의 뒤틀린 성향과 태도를 공격했다. 어떤 면에서는 이것도 앞의 논의에 못지않게 중요하다. 아리우스주의자는 하나님에 대해 깊이 생각하며, 성경을 연구하고, 신학적 추론을 끌어낸다. 그런데 그레고리우스에 따르면, 그의 적수들은 하나님 앞에 헌신 없이 서 있어서 성경을 제대로 해석할 수 없다. 그들은 영적으로 병든 삶을 살기 때문에 하나님의 진리를 제대로 이해하고 설명할 수 없다. 그레고리우스에 따르면, 신학은 영성이나 헌신이 없는 진공 상태에서 작용하는 학문이 아니다. 사람의 됨됨이는 성경을 올바로 해석하고 성경의 진리를 충실하게 전달할 수 있는 능력에 영향을 준다. 영적으로 건강하고 헌신하면서 행복한 상태가 분명히 사람의 됨됨이다.

그레고리우스의 관심은 아리우스주의의 극단적 분파에 초점을 두는 것 처럼 보였다. 에우노미우스파로 알려진 분파였는데, 이 분파는 자신의 능력을 높여서 신적 존재 자체의 깊이를 이성적으로 잴 수 있다고 여겼다. 에우노미우스주의자에 따르면, 그들은 하나님의 본질을 분명하게 파악할 수 있으며, 이성만 사용해서 성부와 성자, 성령의 관계를 구분할 수 있다고 보았다. 그들은 조금이라도 지각이 있는 사람이라면, 한 분 하나님, 즉 성부만 있다는 사실을 분명하게 인정할 것이라고 보았다. 하나님의 존재 안에 위격적 구분을 추가로 붙인다면, 이해할 수 없는 횡설수설을 하는 것이다. 에우노미우스주의자의 생각에는 사실 어떤 종류의 이해불가능성이나 신비 같은 것들이 들어설 자리가 부족했다.

에우노미우스주의자는 으스대고 자신만만한 무리였으며, 반대자의 생각에 구멍을 내기 위해서는 기꺼이 이성적 삼단논법을 사용한다. 그렇지만 자신의 신학 방법론에 담긴 의미는 전혀 보지 못했다. 닛사의 그레고리우스는 그들을 아마추어 신학자라고 비웃었다. 그레고리우스는 다음과 같이 불평한다. 여러분이 그들에게 빵의 가격을 묻는다면, 그들은 "여러분에게 성부가 더 크시고 성자가 성부에 속한다고 말할 것이다. 또한 여러분이 목욕 준비를 부탁한다면……(그들은) 성자가 무로부터 만들어졌다고 대답할 것이다." [35]

『첫 번째 신학 연설』에서 그레고리우스는 에우노미우스주의자의 구체적인 오류에 그리 관심을 두지 않았다. 도리어 그들이 성경을 어떻게 읽고 어떻게 신학을 하는지에 관심을 모았다. 그들이 치명적 잘못을 저지르고 있는 것에 대해서도 그는 놀라지 않는다. 처음부터 그들의 태도가 잘못되었기 때문이다. 그레고리우스는 에우노미우스주의자들을 반대한다. 그들의 "가르침의 체계"뿐 아니라 그들의 "마음 상태"에도 반대한다. 그레고리우스에 따르면, 에우노미우스주의자는 "세속적인 수다를 좋아하는" 사람이다. "어떤 유익도 주지 못하는 말싸움"을 즐기는 사람이

다. “잘못된 이름의 학문으로 반대하기를 좋아하는” 사람들이다.[36]

그레고리우스가 말을 걸 때, 에우노미우스주의자는 그 말을 “낯설고”, “반대된다고” 여길 것이다. 놀라운 성육신을 표현하려면 신비와 역설의 언어가 있어야 하기 때문이다. 그것은 이성적으로 파악할 수 없는 핵심이며, 성육신의 핵심을 이루는 것이다. 에우노미우스주의자는 이 핵심을 없애기 위해 이성적인 방법론을 경외심 없이 사용한다. 그레고리우스에 따르면, 그들은 하나님을 연구할 때, 그들이 어떤 분을 다루고 있는지 잊어버렸다. 그래서 하나님의 놀라움과 신비를 자신들의 이성적 능력이 다룰 수 있는 범위로 축소시켰다.

그레고리우스가 경고하듯이, 하나님의 신비를 재는 일은 철수나 영희같이 평범한 사람의 권리나 특권이 아니다. “그 주제는 그렇게 값싸고 낮은 것이 아니다.” 하나님의 성품과 사역의 신비는 모든 청중 앞에 펼쳐질 수 있는 것이 아니다. 하나님의 진리를 연구하고 설명하기에 적합한 때와 장소, 회중이 있으며, 지켜야 할 중요한 경계선이 언제나 있다.[37]

영적 건강과 해석학적 민감성을 서로 나눌 수 없다. 하나님에 대해 말하는 사람은 신앙 공동체가 검증한 사람이어야 한다. “이미 명상에 정통한” 사람이어야 하며, “영혼과 육체가 이미 순결한” 사람이어야 한다. “적어도 순결하게 되어가는” 사람이어야 한다.[38] 그레고리우스는 다음과 같이 묻는다. 순결하지 못한 눈이 어떻게 순결한 것을 연구할 수 있는가? 연약한 눈이 어떻게 태양을 보고도 안전할 수 있단 말인가?[39]

그리스도의 형상에 따라 지음받은 성품에서 신학적 분별력과 지혜가 나온다. 신학 연구는 스포츠나 경기, 게임이 아니다. 그런데도 사람들은 경솔하고 가볍게 접근한다. 하나님의 진리는 참된 관심을 두는 사람에게만 열릴 것이다. 하나님의 진리는 “그 진리를 어떤 다른 것, 예를 들어 마차 경주나 연극, 연주회나 만찬, 또는 보다 낮은 일을 한 후에 하는 즐거운 이야깃거리를 만드는 사람”에게는 닫혀 있다. “이와 같은 사람들은 이러한 주제에 관해 쓸데없이 하는 농담과 하찮은 모순에서 약간씩 즐거움을 느낀다."[40]

야로슬라프 펠리칸에 따르면, 그레고리우스의 말을 들어야 하는 사람은 에우노미우스주의자뿐이 아니었다. 그레고리우스는 콘스탄티누스 황제가 회심한 지 50년 정도가 흐른 시대에 살았는데, 이때는 "비잔틴 교양 사회가 기독교를 받아들였다. 그래서 기독교 신학은 충분히 널리 퍼져 유행이 될 정도였다." 펠리칸이 전해 주는 그레고리우스는 "신학에 헌신한 일부 사람들은 극장에서 씨름판을 벌이는 흥행사와 같다"고 불평했다.

그레고리우스는 "신앙의 교리에 관해 쓸데없는 말을 주고받는 사람들이 도시 곳곳에서 그들의 논증을 갖고 떠들어댔다"고 말했다. 그레고리우스가 생각하는 유일한 치료책은 순수한 마음과 가슴이며, 옛 방식에 따라 훌륭하게 수행하는 연구다.[41]

> 아무리 촌스럽고 교육받지 못했다 해도, 로마법을 몰라도 되는 것은 아니지 않은가? 무지의 죄를 용서하는 법은 없으니 말이다. 그런데 구원의 신비를 가르치는 사람이 다른 주제에 관해서는 그들의 마음이 아무리 단순하고 얕다 하더라도 봐 줄 수 있지만, 구원의 기원을 모르는 것에 대해서는 부당하다고 해야 하지 않겠는가?[42]

에우노미우스주의자는 수많은 전선에서 잘못된 길로 갔다. 첫째, 이미 살펴보았듯이, 그들은 성경을 경건하게 해석하지 않았고 하나님에 대해서 경건하게 말하지 않았다. 유한한 인간 이성은 역사에 나타난 하나님의 구속 행위와 하나님에 관해 이해하려 할 때는 경계선을 인정해야 했다. 하지만 그들은 그러한 경계선을 넘어서려 함으로써 불경건을 드러내었다. 그레고리우스의 반대자들은 인간 이성이 이성적으로 탐구할 수 있는 것 이상으로 파고든다. 그래서 그들은 위대한 신비를 "하찮은 순간"으로 바꾸는 위험에 빠졌다. 그들은 "성급하고 고집 센 말과 같았다. 그들은 "우리의 마부인 이성"을 헛된 방식으로 행사함으로써 그 이성을 내동댕이쳤다.[43]

그레고리우스에 따르면, 신비를 부주의하게 탐구하지 않아야 하며 신비를 소박하고 쓸모없는 듯이 이해하지 않아야 한다. 그보다는 예배하는 편이 더 낫다. 그래서 지혜롭고 경건한 학자와 목회자라면, "우리가 다룰 수 있으며, 우리 청중의 정신력과 이해력이 미치는 한도 내에서"[44] 주의를 기울여야 한다. 그레고리우스는 하나님에 관한 이야기를 모두 말리려 하지는 않았다. 능력을 넘어서까지 나아감으로써 스스로를 속이는 이야기만 말리려 했다. 이렇게 불경한 이야기는 자신을 속인다. 그레고리우스가 그러한 이야기에 대해 충분히 훈계하듯이, 그 대신 "적어도 우리가 작은 목소리로 신비를 말할 것이며, 거룩한 것을 거룩하게 말할 것이라는 데 대해서는 동의하자."[45]

둘째, 그레고리우스가 회중에게 환기시키듯이, 하나님을 아는 것은 경건하게 받고 달콤하게 지켜야 하는 선물이다. 에우노미우스주의자는 주석과 신학을 어떤 맥락에서도 할 수 있는 일종의 레포츠로 바꾸었다. 그래서 그러한 것을 이해하기를 바랄 수 없었던 사람들 앞에 거룩한 것을 펼쳐놓았다. 예수의 표현을 사용하자면, 그들은 돼지에게 진주를 던졌다. 그러한 비판 뒤에는 신학이 일종의 예배이며 거룩한 일이라는 그레고리우스의 깊은 깨달음이 있었다. 기도와 헌신, 경배라는 맥락에서 신학이 꽃을 피운다. 하지만 학문적이고 사변적인 정신 게임으로 바뀔 때 신학은 시들고 만다.

그런데 하나님에 대해 어떻게 연구하고 말해야 하는가? 첫째, 우리는 "우리 자신을 보아야 하며, 우리의 신학적 자아를 닦아 조각상처럼 아름답게 해야 한다."[46] 신학자는 세계와 삶 사이에 있는 모든 종류의 이분법을 받아들이지 않도록 열심을 내어야 한다. 그렇게 할 때에 성품을 닦을 수 있다.

> 왜 우리는 우리의 손을 묶으며, 왜 우리의 혀에 재갈을 물리는가? 우리는 친절이나 형제애나 부부의 애정이나 동정을 칭송하지 않는다. 우리는 가난한 사람에게 관대한 것이나 시편 찬양이나 밤을 새우는 불면이나 눈물을 칭송하지 않는다. 우리는 금식을 통해 몸을 억누르지 않으며, 기도를 통해 하나님께 나아가지 않는다……우리는 죽음을 준비하는 삶을 살지 않으며, 우리의 정욕을 다스리는 주인이 되지 못한다. 우리는 하늘에 속한 우리의 고귀함에 주의를 기울이지 않는다. 우리의 분노가 부풀어 올라 터질 때, 우리는 그 분노를 달래지 않는다. 넘어지게 하는 교만도 달래지 않는다. 근거 없는 슬픔이나 억제되지 않는 패각, 저속한 웃음, 미숙한 눈, 탐욕스러운 귀, 지나친 이야기, 말도 안 되는 생각도 달래지 않는다. 악한 자가 우리 내부의 근원에서 우리를 대적해서 얻어내는 경우의 일도 달래지 않는다.[47]

신학을 할 때, 우리 정신의 활동과 우리 성품의 발전을 떼어놓을 수 있는 것처럼 하려는 유혹이 끊이지 않는다. 그레고리우스는 이러한 유혹을 언제나 날카롭고도 적절하게 꾸짖는다. 이는 오늘날 주석가에게는 매우 새롭고 낯설기까지 한 생각일 것이다. 특히 학문 세계의 맥락과 범위에서 주석과 신학을 하도록 훈련받은 사람에게는 더욱 그러하다. 오늘날의 학자는 성경 텍스트를 연구와 분석의 대상으로 여기도록 훈련받았다. 성경 텍스트는 고대의 다른 문헌과 다른 점이 없다. 사실, 오늘날 성경 텍스트를 이해하려면 반드시 성경 텍스트에서 멀리 떨어져야 한다고 주장하는 주석가가 많다. 학문 세계에서는 신앙의 입장과 관계없이 누구나 주석을 할 수 있다. 필요한 주석 기술과 도구, 지식(예를 들어, 언어, 문화적, 역사적 배경에 대한 지식)만 익혔다면, 성경 텍스트와 메시지를 신앙의 반응과는 관계없이 이해할 수 있다. 주석과 신학 연구는 기독교 공동체의 삶과 동떨어졌다. 그 공동체가 오랜 세월 동안 성경을 읽어 온 역사와 동떨어졌다. 그렇게 연구하는 경우가 빈번한 전문 기술이 되었다. 학문 세계 안에서 고향을 찾는 성경학자와 신학자가 많다. 그래서 그들은 영양분을 줄 수 없는 토양에 그들 자신을 심었다. 그레고리우스에 따르면, 이는 신학과 주석의 성과를 위해 영양분을 공급할 수 없는 토양이다.

그레고리우스가 하나님에 대해 잘 생각하고 말하는 기본 규칙을 내놓은 적이 있었다. 그는 여기서 영적 훈련과 영적 건강, 신학적 통찰은 반드시 서로 연결되어야 한다는 점을 강조했다. 이는 기독론 논쟁을 다루기 위한 준비였다. 그레고리우스의 기독론에 관한 논의의 배경에는 아리우스주의 논쟁이 있었다. 성자의 신성에 대한 신학적 의견의 불일치가 있었던 것이다. 이 논쟁은 4세기 후반에 콘스탄티노플에서 계속 맹위를 떨쳤다. 그레고리우스가 아리우스주의자에 대해 보인 반응이 아타나시우스가 아리우스주의자들에게 보인 반응과 같은 적이 있었다. 이는 그레고리우스가 성경을 어떻게 읽고 해석했는지 이해하는 데 도움을 준다. 또한 그가 성경 텍스트를 구체적인 신학 문제에 어떻게 적용했는지 잘 보여 준다. 『성자에 관한 세 번째와 네 번째 신학 연설』에는 그레고리우스의 주석 기술과 신학적 통찰이 매우 잘 드러난다.

아리우스주의자는 그리스도의 신성을 인정하지 않았다. 아타나시우스에 대해 논의하면서 주목했듯이, 예수의 연약함에 대해 분명하게 이야기하는 수많은 성경 구절이 주된 근거였다. 예수는 배고프셨고 목마르셨다. 어떤 일에 무지한 것처럼 보이는 때가 있었다. 겟세마네 동산에서 근심을 겪으셨다 등등. 아리우스 분파는 다음과 같이 물었다. 그분은 창조물의 특징을 분명하게 나타내는 인간인데, 어떻게 교회는 그러한 인간을 성부와 같은 의미에서 하나님이라고 인정하거나 확인한단 말인가? 아타나시우스처럼 그레고리우스도 아리우스주의자의 이러한 반박을 잘 알고 있었다. 그는 실제로 그들의 반박을 사용해 성육신이 놀랍다는 사실을 강조했다.

그레고리우스에 따르면, 아리우스주의자의 반박이 "정직하고 악의를 지니지 않는다고 한다면", 성육신하신 성자의 이러한 모든 특징을 "가장 경건한 의미에서" 설명할 수 있다. "문자라는 장애물은 제거되어야 한다." 그에 따르면, 그리스도의 연약함을 강조하는 구절들은 성자가 우리를 위해 지니신 인성에 적합하다. 아타나시우스처럼 그레고리우스도 그 구절을 그렇게 해결한다. "너희는 고귀한 것을 신성에 적용해야 한다. 그분 안에 있는 그 본성은 고난보다 우월하며 영적이다. 하지만 낮은 것은 모두 그분의 복합적 상태에 적용되어야 한다. 너희를 위해 자신의 명예를 버리고 성육신하신 상태에 말이다."[48]

그리스도의 인성과 신성의 연합은 표현할 수 없다. 그러한 연합에는 놀라운 역설이 담겨 있다. 그레고리우스는 그러한 역설을 차례로 내놓으면서 기쁨을 느꼈다.

> 그분은 사람으로서 세례받으셨지만 하나님으로서 죄를 용서하셨다.……그분은 사람으로서 유혹받으셨지만 하나님으로서 유혹을 이기셨다.……그분은 주리셨지만 수천 명을 먹이셨다.……그분은 지치셨지만 약하고 무거운 짐 진 사람의 안식처이시다. 그분은 깊이 잠드셨지만 바다 위를 가볍게 거니셨다.……그분은 물고기가 없이 축사하신다. 그렇다. 그분은 그것을 요구하는 사람들의 왕이시다.……그분은 기도하시지만, 기도를 들으신다. 그분은 우시지만, 눈물을 그치도록 해주신다. 그분은 사람이 시기 때문에 나사로가 어디에 누웠는지 물으시지만, 하나님이시기 때문에 나사로를 일으키신다. 그분은 팔리셨다. 그것도 은 30냥이라는 아주 적은 돈에 팔리셨지만, 그분은 매우 비싼 값으로 세

> 상을 구원하신다. 그분의 피가 값이기 때문이다. 그분은 양으로서 도살자에게 끌려가셨지만 이스라엘의 목자이시며, 지금도 온 세상의 목자이시다.……그분은 멍들고 상처 입으셨지만 모든 질병과 약점을 고치신다. 그분은 나무에 올리어 못 박히셨지만 그분은 생명나무를 통해 우리를 회복시키신다. 그분은 죽으시지만 생명을 주신다. 그분은 죽으셨지만, 그렇게 함으로써 죽음을 무너뜨리신다.[49]

그레고리우스는 근본적인 해석학 원리를 알아야 아리우스주의자의 반박을 상당 부분 물리칠 수 있다고 보았다. 인간의 본성을 구속하고 새롭게 하시기 위해 성자는 성육신을 통해 인간의 조건을 일부러 받아들이셨다. 우리를 사랑하시기에 일부러 성자는 우리의 조건을 그분의 조건으로 만드셨다. 그래서 예수는 십자가에서 "나의 하나님, 나의 하나님, 왜 나를 버리시나이까?"라고 부르짖으셨다. 이때 성자에게는 신성이 있었다. 그래서 성부는 신이 신을 버리고 있는 것처럼 성자를 버리지 않으셨으며, 하나님을 마치 조각내는 것처럼 성자를 버리지 않으셨다. 아리우스주의자는 예수에게 신성이 있을 수 없다고 여겨서, 근본적으로 그러한 분리가 있다고 가정하는 입장을 택한다. 하지만 그레고리우스는 다음과 같이 주장한다.

> 그리스도는 그분의 인격 가운데 우리를 대표하고 있었다. 이전에 우리는 버림받고 모욕받았지만 이제는 고난받을 수 없는 그분의 고난을 통해 우리는 일으킴을 받고 구원받았다. 이와 마찬가지로, 그분은 우리의 어리석음과 범죄를 그분의 것으로 삼으시며, 시편에 나오는 말씀을 하신다. 분명히 시편 21편(70인역에는 22편)은 그리스도를 가리키기 때문이다.[50]

그레고리우스와 교부 전체가 따르는 근본적인 해석학 원리가 바로 여기에 있다. 예수의 이름이나 성품 가운데 일부는 그분 가운데 있는 신성을 분명하게 나타내며 신성에 적용될 수 있다. 하지만 성자가 온전한 인성과 구분되거나 떨어져 있다면, 성자를 제대로 또는 경건하게 이해할 수 없다. 그분은 우리와 같이 되셨지만 언제나 그분이셨던 상태로 남아 있다. 무한자에서 유한자로, 창조되지 않는 존재가 창조물로, 신이 인간의 품으로 이 렇게 옮겨오신다. 이는 사랑하시기 때문이다. 이런 원리는, 그렇지 않았으면 설명할 수 없을 많은 성경 구절을 주석할 수 있는 단서를 준다.

그레고리우스는 『다섯 번째 신학 연설』에서 성령의 신성에 대해 말한다. 이는 특히 성령의 신성을 부정한 마케도니아인으로 알려진 무리가 논박한 교리이다. 그들은 325년 니케아에서 확립되었으며 381년 콘스탄티노플에서 확장된 신조가 타당하지 않다고 보았다. 마케도니아인은 성령의 신성을 의심했다. 무엇보다도 성경이 그 주제에 대해 별로 말하지 않는 것처럼 보였기 때문이다. 그렇게 중요한 진리라면, 분명히 그 진리는 보다 분명한 표현을 통해 전달되었을 것이다.

그레고리우스는 "사물과 이름에 대해" 말할 때, "특히 성경에서 그러한 것을 사용할 때",[51] 그의 적수가 오해하지 않도록 한다. 보다 구체적으로 말하자면, 그레고리우스는 점진적 계시라는 생각을 근본적인 해석 원리로 세운다. 그레고리우스의 가르침에 따르면, 하나님이 인류를 죄와 그 영향에서 구하시는 행위를 하심에 따라, 성경은 하나님의 목적을 점점 더 분명하게 드러낸다. 첫째, 성경은 하나님이 이스라엘을 선택하셔서 우상숭배에서 벗어나 율법으로 옮겨오도록 이끄시고, 그다음 단계로 율법에서 복음으로 이끄신 것이 하나님 섭리의 역사라고 묘사한다. 마지막 단계는, 이 땅으로부터 "흔들리거나 움직일 수 없는 곳"으로 옮겨가는 것인데, 그레고리우스는 이를 "세 번째 지진의 복음"으로 부른다.[52]

이러한 변화는 갑자기 일어나거나 우연히 일어나지 않는다. 도리어 하나님은 인류가 하나님의 소원에 맞게 변화하고 성장하도록 인류를 설득하기 위해 그분의 목적과 계획을 드러내신다. "가정교사나 의사처럼 그분은 이전의 습관을 일부는 제거하시고 일부는 눈감아주신다. 즐거움을 주는 경향이 있는 것을 조금 인정해 주신다. 의사도 환자에게 그렇게 한다. 약을 좋은 것과 솜씨 있게 섞어서 잘 먹을 수 있도록 만든다."[53] 이렇게 점진적인 변화와 적응, 전이를 통해서 유대인과 이방인은 모두 하나님의 뜻을 알고 받아들일 것이다. 성숙하지 못한 상태에서 성숙한 상태로 옮겨갈 것이다.

신학의 경우에 그레고리우스는 그 과정을 되돌린다. 하나님의 섭리 과정을 하나씩 줄여가거나 기대하는 과정을 통한 변화 대신, 우리는 하나님께서 과거에 계시하신 초석 위에 점진적으로 세워 가시는 교리를 명료하게 얻게 된다.

> 사태는 다음과 같기 때문이다. 구약은 성부를 공개적으로 밝히지만, 성자는 상대적으로 덜 분명하게 밝혔다. 신약은 성자를 드러내지만, 성령의 신성은 암시만 했다. 이제야 성령께서 우리 가운데 거하시면, 자신을 보다 분명하게 드러내신다. 성부의 신성을 아직 인정하지 않았을 때 성자를 밝히는 것은 안전하지 않았기 때문이다. 성자가 아직 받아들여지지 않았을 때 우리에게 성령에 대해 (감히 이러한 표현을 사용할 수 있다면) 추가로 짐을 지우는 것은 안전하지 않았기 때문이다.[54]

계시를 점진적으로 더하심에 따라 성령의 신성은 점점 더 분명하게 되었다. 그래서 삼위 하나님이 얼마나 놀라우신 분인지가 분명하게 되었다. 특히 요한복음 14-16장에서 예수의 가르침은 제자들의 능력에 잘 맞게 주어졌다. 이제 제자들은 성령의 사역과 인격을 이해할 수 있기 때문이다. 성령을 이해하고 성령의 충만한 임재를 경험하는 과정이 모두 계시의 과정이다. 이 과정은 주의 깊게 측정되어서, 제자들이 진리를 이해하고 받아들일 수 있는 능력에 맞게 되었다.

> 성령은 제자들 안에 점진적으로 오셔서 거하셨다. 성령을 받아들일 수 있는 제자들의 능력에 따라 자신을 제자들에게 맞추셨다. 성령은 복음이 시작될 때, 수난 후에, 승천 후에, 제자들의 능력을 온전하게 만드셨으며, 제자들에게 불어 넣어지셨다. 불의 혀와 같은 모습으로 나타나셨다. 사실 예수는 성령에 대해 매우 점진적으로 이야기하셨다. 여러분이 좀더 주의 깊게 읽는다면, 이 점을 알게 될 것이다.[55]

성령의 좀더 완전한 계시는 "신학의 순서"를 드러낸다. 이는 "점진적으로 우리 위에 비치는 빛"과 같다. "이 순서를 지키는 것이 좋다. 일들을 너무 갑작스럽게 말하지도 말아야 한다. 일들을 끝까지 숨기지도 말아야 한다." 너무 빨리 말하는 것은 "사려 없는 일" 일 것이다. 이와는 달리, 하나님께서 더 깊은 진리를 드러내셨는데도 말하지 않는다면, 무신론자의 편에서 행동하는 것이다. 예수의 가르침에 따르면, 제자들이 아직 감당할 수 없는 진리가 있었으며, 얼마 동안 이러한 일이 그들에게 감추어졌다. 예수는 성령을 보내실 것이라고 말씀하셨으며, 그분이 다시 오실 때 성령이 그들에게 "모든 것을" 가르칠 것이라고 예측하셨다.

성령도 하나님이시며 성부와 성자와 같은 신적 본질을 공유하신다는 계시는 놀랍고 신기하다. 그레고리우스가 보기에, 이러한 계시가 "모든 것" 에 포함된다. 다시 말하자면, "적당한" 때가 이를 때까지 하나님은 이러한 계시를 감추셨다. 제자들의 능력이 커져서, 성령의 신성에 "놀라운 특성이 있다고 해서 불신하지" 않고 그 신성을 받아들일 수 있을 때까지이다.

> 이러한 일에 관한 내 입장이 이것이다. 나는 그것이 언제나 내 입장이 되며, 또한 나를 사랑하는 사람의 입장이 되기를 바란다. 나는 성부 하나님, 성자 하나님, 성령 하나님, 명예와 영광과 실체와 왕국에 있어서 나누어지지 않는 삼위와 일체를 예배한다.……정말로 그분이 예배받을 수 없다면, 어떻게 그분이 세례를 통해 나를 거룩하게 만들 수 있단 말인가? 하지만 그분이 예배받으실 수 있다면, 그분은 분명히 경배의 대상이다. 경배의 대상이라면, 그분은 분명히 하나님이시다. 한 분이 나머지 분과 연결되어 있다. 구원하시는 참된 금 사슬이다. 사실 우리는 성령으로부터 거듭난다. 그렇게 거듭날 때 새로운 창조물이 된다. 새로운 창조물이 될 때, 우리는 그 창조물의 근원이신 분의 존귀함을 보다 깊게 안다.[56]

그레고리우스는 이러한 해석학적, 신학적 토대를 놓은 후에 성령의 신성을 가리키는 일련의 구절을 늘어놓고 주석하기 시작한다. 마지막으로, 그는 많은 유비를 통해서 성부, 성자, 성령의 구분을 묘사함으로써 마무리한다. 그러한 유비는 감당하라는 요구를 받는 짐이지만 표현할 수 없을 정도로 무거운 짐을 질 때는 결국엔 무너질 것이다. 그레고리우스의 결론에 따르면, 설명들을 "이미지와 그림자"로만 남겨두어야 한다. "좀더 경건한 생각을 하며, 적은 말에 의지하며, 성령의 인도를 받는 것이" 최선이다.[57]

그레고리우스의 삼위일체 분석에는 전체로 펼쳐 있는 성경 이야기에 비추어 성경의 개별 텍스트를 읽어야 한다는 확신이 깔려 있다. 성령이 모든 성경 저자에게 영감을 주셨기 때문에 한 텍스트가 다른 텍스트에 빛을 비추도록 해야 한다. 이는 정말 정당하다. 억지로 조화시키려 하기보다는 텍스트를 비교해야 한다. 그래야 성경 전체에 걸쳐 있는 성령의 저작권을 인정하게 된다. 신약성경은 구약성경과 연속성을 이루기 때문에, 그레고리우스는 구약을 신약에 비추어 해석하는 것이 자유롭다고 느낀다. 그렇게 하지 않는다면, 완고한 문자주의를 행하는 것이며, 성경이 성령 안에서 더 깊은 연합을 이루고 있음을 보지 못한다. 프레데릭 노리스의 설명에 따르면,

> 신학자(즉, 그레고리우스)의 걱정에 따르면, 일종의 문자주의는 유대인이 메시아 예수를 거부한 것을 뒷받침할 수 있다. 문자를 사랑하는 것은 "불경건한 자들의 망토"가 될 수 있다. 그래서 모든 그리스도인조차 성경 안에 있는 성령에 관한 진리를 보지 못하게 된다. 나지안주스 사람은 기록된 텍스트에 내적 의미가 있다고 인정한다. 성경을 매우 조심스럽게 읽을 때에만 이러한 의미가 드러난다.[58]

성경을 복음에 비추어 읽어야 성경의 내적 의미가 드러난다. 노리스에 따르면, "성경에는 나름의 스코포스, 즉 의도가 있으며, 그 의도는 예배를 통해 교회에 알려진다."[59] 그레고리우스의 주석에서는 어떻게 이 원리가 드러날까?

그레고리우스가 특정 신학 문제에 대해 주석을 통해 반응하는 것을 보면 답을 얻을 수 있다. 그는 성경의 특정 구절에 관해 주석을 길게 쓰지 않았다. 아마도 오늘날 나지안주스를 연구하는 가장 위대한 학자인 노리스의 관찰에 따르면, 그레고리우스의 저술은 "언제나 논쟁하는 반대자들과 고백하는 친구들이 형성한 맥락에서 가르치고 설교하는 조직적인 신학자의 생각을 나타낸다."[60]

우리가 살펴보았듯이, 이러한 문제 가운데 삼위일체 논쟁이 가장 중심을 이룬다. "예배하는 공동체라는 맥락에서" 성경을 "해석하는 것에 관한 논쟁"이다. 그레고리우스와 나머지 카파도키아 신학자, 즉 대 바실리우스와 닛사의 그레고리우스는 교회의 예배를 신학적으로, 주석적으

로 옹호하는 데 대부분의 삶을 바쳤다. 그들이 대항한 사람은 성자와 성령을 낮게 평가해서 교회의 예배를 훼손시킬 사람들이다. 니케아와 콘스탄티노플에서 호모우시오스(동일본질), 퓌시스(*physis*, 본성), 우시아(*ousia*, 본질)와 같이 표현된 용어는 "엄청난 양의 주석을 맥락에 맞게 짧게 옮긴 것"이었다.

> 그 신학자는, 성경의 더 많은 부분을 후대 아리우스주의자의 생각보다 뜻이 잘 통하게 했기 때문에, 자신의 입장은 참된 것이라 주장했다.……카파도키아 신학자들이 성경을 어떻게 해석했으며, 그들의 신앙 공동체에서부터 어떤 원리를 적용했는지 살펴보아야 한다. 이렇게 할 때 그들이 반대자와 논쟁한 위대한 신학적 문제를 더 가깝게 추적할 수 있다.[61]

예를 들어, 그레고리우스가 이해하듯이, 성경 구절과 단어의 의미론적 범위와 문맥이 중요하다. 이 점은 오늘날 주석가에게도 가치가 있다. 그레고리우스를 반대한 아리우스주의자는 예수가 높여지신 창조물이라고 믿는 주석가였다. 그들은 예수를 성육신하신 하나님으로 보지 않았다. 그들은 수많은 성경 구절을 사용해서 그들의 입장을 뒷받침했다. 그러한 구절 가운데 고린도전서 15장 25절, 사도행전 3장 21절, 시편 110편 1절이 있다. 세 구절은 모두 그리스도의 원수들이 패배하고 하나님의 왕국이 "아버지께로 회복될 때까지" 그리스도가 통치하실 것이라고 말하는 것 같다. 분명히 "까지"는 일종의 끝을 가리킨다. 이는 성부의 궁극적 우월성과 관련해서 지위가 변화된 것을 가리킨다. 노리스는 그레고리우스가 아리우스의 입장에 대해 내놓은 주석 방법론과 그의 반응을 분명하게 설명한다.

그레고리우스의 반응은 두 가지로 나타난다. 첫째, 세 본문을 어떻게 해석해야 하는가? 그는 다음과 같이 묻는다. 다른 성경 본문이 이 물음에 답하는 데 도움을 줄 수 있는가? 누가복음 1장 33절에 따르면, "그분은 야곱의 집을 영원히 다스릴 것이다. 그분의 왕국은 끝나지 않을 것이다"(NIV). 그리스도의 통치가 끝나지 않을 것이라고 성령이 계시하셨다면, 그분은 바울의 입을 통해서 모순된 이야기를 하지 않으실 것이다. 그렇다면 바울이 말하는 뜻은 무엇인가?

그레고리우스는 다음과 같은 물음을 통해 대답한다. 그의 반대자 아리우스주의자는 고린도전서 15장 25절의 "까지"의 의미를 좁게 정의하지 않는가? 성경에서 그 단어의 용법은 반드시 어떠한 종류의 끝, 다시 말해 종점이나 결말에 이르는 주제나 사건에 토대를 두는 끝을 뜻하는가? 그레고리우스는 성경을 성경과 비교한다. "까지"가 언제나 더 이상 나아가지 못하는 지점"까지"를 뜻한다면, 마태복음 28장 20절을 어떻게 이해해야 하는가? 이 본문에서 그리스도는 제자들과 함께 세상 끝날"까지" 함께 계시겠다고 말씀하신다. 노리스는 다음과 같이 묻는다. 이는 그리스도께서 이 세대 후에 제자들과 함께 계시지 않겠다는 뜻인가? 그들의 연합은 끝날 것인가? 이는 옳은 질문이다. 그레고리우스가 분명하게 이해하듯이, "까지"는 "어떤 지점까지 일어난 일을 가리키는 동시에 그 지점 이후에 일어나는 것을 부정하지 않을" 수 있다.[62]

"까지"가 이렇게 의미론적으로 탄력을 지닌다면, 그레고리우스는 고린도전서 15장 25절과 같은 본문을 다음과 같이 의미 있게 이해할 수 있다. "그분께서는 모든 적을 발아래 놓으실 때까지 다스려야 한다." 아리우스주의 주석가에 따르면, 바울은 그리스도의 적이 정복된 후에는 그리스도의 통치가 끝날 것이라고 가르친다. 이는 성자가 성부에 비해 열등한 지위를 갖고 있음을 가리킨다. 그러나 이 본문에 대해 그레고리우스는 "성자보다 열등한 것이 모두 그분의 통치에 굴복할 때, 그는 더 이상 그들에게 항복을 받아낼 필요가 없다. 오직 그러한 의미에서만 그분의 통치는 끝날 것이다"라고 주석하고 있다. 더 넓은 의미의 "까지"에 비추어 그레고리우스가 깨달은 것에 따르면, 바울은 그렇게 말했을 뿐이다.[63]

노리스에 따르면, 그레고리우스는 "성경에서뿐 아니라 일상 언어에서도 그 단어의 의미로 어떤 선택 가능성이 있는지 알아야 하며, 이것도 성경에 나타나는 단어의 의미를 더 분명히 할 수 있다"고 이해했다.[64] 우리가 이미 언급한 에우노미우스주의자의 논쟁과 관련한 그레고리우스의 글에서 노리스는 한 가지 예를 가지고 온다.

에우노미우스주의자는 성부와 성자가 같다는 사실을 부정한다. 그 근거는 요한복음 5장 19절 같은 텍스트에 있었다. "아들은 스스로 아무것도 할 수 없다. 오직 아버지께서 하시는 일을 보는 것만을 할 수 있다." 예수가 직접 말씀하신 이 구절에 대한 에우노미우스주의자의 해석에 따르면, 스스로 행하실 수 없는 예수의 무능력은, 그가 성부와 같지 않고 성부에 종속된 사실을 가리킨다.

하지만 그레고리우스가 알았듯이, "어떤 것도 할 수 없다"의 의미를 이해하려면, 해석자는 "할 수 없다"의 의미가 무엇인지 물어야 한다.[65] 그레고리우스는 "할 수 없다"가 무엇을 뜻하며 무엇을 뜻하지 않는지 자세하게 연구함으로써 이에 대응했다. 주로 일상 언어에서 "할 수 없다"가 어떻게 기능하는지에 토대를 둔 분석이었다. 그레고리우스가 "할 수 없다"를 주석한 데서 노리스는 적어도 다섯 가지 측면을 확인했다.[66]

1. "할 수 없다"는 "특정 대상과 관련해서 특정 시점의 능력을 가리킬 수 있다. 어린이는 완숙한 운동선수가 아니지만 성장해서 그러한 선수가 될 수 있다. 눈도 뜨지 못한 강아지는 분명히 싸울 수 없지만 나중에 크게 되면 공격할 수 있다."

2. "할 수 없다"는 "보통 참이지만 특정 측면에서 보면 참이 아닌 것"을 가리킬 수 있다. 예를 들어, 예수는 "감추어질 수 없는 언덕 위에 있는" 도시에 대해 말씀하신다. 그 도시가 결코 감추어질 수 없다고 말씀

하시는 것인가? 그렇지 않다. "더 높은 언덕이 시야를 가린다면, 그 도시를 볼 수 없다."

3. "할 수 없다"는 "터무니없는 것"이나 현명하지 않은 것을 가리킬 수 있다. "혼인 잔치 예식에서 주변 모든 사람이 축하하고 있는데, 신랑의 친구들이 금식 "할 수는 없다."

4. "할 수 없다"는 "의지가 없음"을 가리킬 수 있다. "백성에게 믿음이 없기 때문에 예수께서 기적을 행하실 수 없었던 때와 같은 경우다. 예수는 고향에서 강력한 일을 행하시지 않았다. 그러나 그렇다고 해서 능력이 없으셨던 것은 아니다."

5. "할 수 없다"는 "불가능한 일"을 가리킬 수 있다. "하나님이 존재하지 않으시거나 악하신 경우, 있지 않는 것이 있는 경우, 2 더하기 2가 4가 아니라 10이 되는 경우"가 그러하다.

그레고리우스는 "할 수 없다"에 있을 수 있는 의미의 범위를 넓게 확정한 후에, 어떤 정의가 요한복음 5장 19절에 가장 맞는가 물어야 했다. 그 구절에서 예수는 혼자 마음대로 "어떤 일도 하실 수 없다"고 말씀하신다. 성경을 성경과 비교했을 때, 그레고리우스는 다음과 같은 결론에 이를 수 밖에 없었다. 노리스는 이를 다음과 같이 표현한다.

> 요한복음 6장 57절과 17장 10절이 분명하게 보여 주듯이, 시간이 있기 전에 외부 원인이 개입하지 않은 상태에서 하나님에서 나온 존재가 아들이시다. 따라서 요한복음 5장 19절을 읽을 때, "할 수 없다"를 다섯 번째 의미, 즉 불가능한 것이라는 의미로 사용한 것으로 여겨야 한다. 분명히 지혜께서는 배우실 필요가 없다. 성자가 무지하고 배워야 하기 때문에 성부가 성자의 모델이 되는 행동을 하시지는 않으신다. 요한복음 5장 19절의 문맥은 성부와 같은 권위가 성자에게 있다고 강조한다.[67]

이에 덧붙여서, 노리스는 그레고리우스가 성경을 주석할 때 준수한 유익한 규칙을 또 하나 설명해 준다. 요한복음 6장 38절에 따르면, 예수는 자기 마음대로 오시지 않고 성부의 뜻에 따라 오신다고 말씀하셨다. 일부 아리우스주의자가 이 구절을 해석한 것에 따르면, 예수는 "성부의 뜻과 다른" 뜻을 지니셨다. "그들은 그 구절을 성부와 성자가 서로 분리되며 따라서 성자가 종속되어 있음을 가리키는 구절로 여긴다."[68]

그레고리우스는 해석학 원리를 통해 아리우스주의자의 주석을 바로 받아친다. "부정 진술이 모두 긍정 진술로 바뀔 수 있는 것은 아니다"는 원리다. 하나님께서 우리를 구원하시는 것은 "우리가 행한 의 때문이 아니다"(딛 3:5). 바울의 이러한 진술을 긍정 진술로도 바꿀 수 있을까? 그렇다면, "'우리가 행한 의' 때문에 하나님께서 우리를 구원하셨다"고 바울이 말하는 셈이 된다. 우리는 바울의 부정 진술을 긍정 진술로 바꾸려 함으로써, 원래 의미를 이해할 수 없는 것으로 만든다. 노리스의 설명처럼, "이 원리에 따라 이해하는 경우 요한복음 5장 19절은 "성자에게 그 분만의 신적 뜻이 없다"로 이해된다. 왜냐하면 성자의 신적 뜻은 성부의 신적 뜻과 하나이기 때문이다."[69]

추가 연구를 위해

영어 번역본에서 사용할 수 있는 그레고리우스의 글을 편지와 연설, 시라는 세 가지 범주로 정리할 수 있다. 19세기 후반에 찰스 고든 브라운과 제임스 에드워드 스왈로우가 그레고리우스의 연설을 24편 번역했다. 그레고리우스가 콘스탄티노플에서 행한 위대한 신학 연설 5편이 여기에 들어 있다. 그런데 그들의 번역은 오래되고 낡았다. 어드만과 헨드릭슨에서 출판한 "니케아 교부와 니케아 후기 교부" 총서에서 이를 찾아 볼 수 있다.[70] 브라운과 스왈로우는 그레고리우스의 편지를 상당 부분을 모아 번역했다. 웨스트민스터 출판사가 출판한 "기독교 고전 총서"를 위해 1954년에 에드워드 하디가 성부, 성자, 성령에 관한 다섯 편의 신학 연설을 번역했다.[71] 그레고리우스는 성경 주석을 쓰지 않았다. 그의 연설을 자세히 연구하면, 그가 성경을 어떻게 읽고 해석하고 적용했는지 잘 볼 수 있을 것이다. 그레고리우스의 장례 연설 네 편을 마틴 맥과이어가 번역했는데, 미국 가톨릭 대학교 출판부에서 나온 총서에 있다.[72] 그레고리우스의 시 세 편을 데니스 미한이 번역한 것도 거기에 있다. 그의 작품들은 풍부하게 언급되는 성경 구절로 가득 차 있다.[73]

대 바실리우스(330~379년)

로버트 페인이 잘 묘사하듯이, 로마의 카파도키아는 말(horse)과 이단, 거주민의 기질로 유명했다.

> 카파도키아보다 더 좋은 지역에 살았던 사람들은 독사가 카파도키아인을 물었는데 오히려 독사가 죽은 것에 대해 이야기하기를 좋아했다. 가파도키아인들은 억세기만 한 사람들이었다. 로마의 통치를 받으며 후방에 물러나 있고 싸우지도 못하는 것으로 유명했다. 너무 편협한 카파도키아인들은 다른 나라에서 일어난 일에 관심을 두지 않았다. 그들의 억양은 투박해서 그리스인의 귀에 거슬렸다. 그래서 안디옥 학교에서 많은 카파도키아 학생을 가르쳤던 리바니우스는 "나는 크고 거친 비둘기에게 구구 소리를 내는 귀여운 비둘기가 되라고 가르치고 있다"라고 말했다.[74]

나지안주스의 그레고리우스처럼 바실리우스도 카파도키아의 부유한 기독교 가정에서 태어났다. 그의 성품은 카파도키아인답게 매우 단호했다. 그의 아버지 바실리우스는 성공한 법률가이자 열렬한 신자였다. 바실리우스의 어머니 엠멜리아는 남편과 같은 신앙을 지녔으며, 순교자의 딸이었다. 두 사람 모두 자녀들에게 기독교 신앙을 부지런히 전수했다.

그 외에도 자라나는 바실리우스에게 적극적으로 크게 영향을 준 사람들은 많았다. 친할머니 마크리나는 나중에 "대 마크리나"로 알려졌으며, 기적 행사자 그레고리우스의 제자였다.

또한 가문에서 인정을 받았다. 바실리우스의 형제로는 닛사의 그레고리우스가 있다. 나중에 기독교 전통은 바실리우스, 닛사의 그레고리우스, 바실리우스의 친구 나지안주스의 그레고리우스를 세 명의 위대한 카파도키아 교부라고 인정했다.

바실리우스의 대가족에서 가장 인상적인 인물은 "소 마크리나"인 것 같다. 그녀는 형제들 중에서 맏이었다. 그녀는 바실리우스와 그레고리우스의 신앙을 충실하게 지도했으며, 바실리우스의 성품의 강점과 약점을 재빨리 알아차리고서는 바실리우스가 삶의 많은 부분에서 싸워야 했던 교만을 질책하는 일을 두려워하지 않았다. 닛사의 그레고리우스의 『성 마크리나의 생애』를 보면 마크리나가 바실리우스를 기독교 금욕주의로 이끌었다고 한다.

> 대 바실리우스는 마크리나의 남동생이었다. 그는 학교에서 오랫동안 수사학을 배우고 집으로 돌아왔다. 그녀는 동생이 자만해서 수사학 능력을 지나치게 뽐내고 있다는 것을 알았다. 남동생은 가치 있는 사람을 업신여겼고 그 자신을 중요하게 여겨 그 지역의 유명 인사보다 자신을 더 높였다. 그런 동생을 마크리나는 매우 빠르게 철학의 목표

> 로 이끌었다. 그 결과 남동생은 세속적 명성을 버렸다. 그는 수사학 때문에 경탄의 대상이 되는 것이 옳지 않다는 것을 알았다. 그는 육체적 노동으로 지치는 생활을 멀리했다. 미덕을 향하며 구속받지 않는 삶과 완전한 청빈을 통해 자신을 준비하기 위해서였다. 따라서 그는 자신의 삶 속에서 추구한 일 때문에 그는 해 아래 모든 곳에서 유명해졌다. 또한 미덕에 있어서도 다른 유명한 사람들보다 뛰어났다. 그런 삶과 일에 대해 말하려면, 두꺼운 책과 많은 시간이 있어야 할 것이다.[75]

나지안주스의 그레고리우스처럼, 바실리우스는 수많은 주요 도시에서 공부할 행운을 얻었다. 그는 아테네에서 가장 많은 시간을 보냈다. 그는 아테네에서 6년 동안 공부했다. 그곳에서 그는 나지안주스의 그레고리우스를 사귀어 평생 우정을 유지했다. 수사학에도 몰두했다. 또한 그곳에서 그는 수도원 공동체의 지도자로서, 목회자로서, 주교로서, 신학자로서 활동하는 데 큰 도움을 주었던 지식과 기술을 얻었다.

바실리우스가 아테네에서 폰투스로 왔을 때, 카이사레아 대학교는 그에게 수사학 교수가 되어 달라고 했고 그는 이를 받아들였다. 하지만 그의 학문 경력은 매우 짧게 끝났다. 바실리우스는 1년 동안 가르친 후에 영적 각성을 깊이 경험하고서 그리스도 안에서 그에게 계시된 하나님과 더욱 깊은 관계를 추구하기 위해 대학을 떠났다. 바실리우스는 이때를 "깊은 잠에서 깨어난 것처럼" 각성되었다고 어느 편지에서 고백했다. 그는 수사학에 몰두했던 것에 대해 "헛된 일에 열심을 내었다"라고 말하며, "하나님이 어리석다고 여기신 지식을 얻는 일에 몰두했었다"라고 표현한다. 그리스도에게 감동을 받은 바실리우스는 "기독교 교리로 입문하도록 인도해 달라고 기도했다."[76]

바실리우스는 삶의 방식과 우선순위를 즉시 바꾸었다. 그리스도의 제자가 어떤 삶을 살아야 하는지 알기 위해 성경을 열심히 찾았다. 그는 행동하는 사람이어서 배운 것을 구현하기 위해 구체적인 단계를 재빠르게 밟았다. 그리스도께서 바실리우스에게 주신 메시지는 타협을 허용하지 않았다.

> 복음을 읽었다. 완성을 위한 최대의 수단이 자신의 소유물을 파는 것, 필요한 형제들과 나누는 것, 고요함을 위해 현세를 완전히 버리는 것. 영혼이 땅의 것이 주는 영향에 휘둘리는 것을 거부하는 것이라는 점을 분명히 보았다. 이때 나는 이러한 삶의 방식을 선택한 형제를 만나게 해 달라고 기도했다. 그 사람과 함께 삶의 짧고 어려운 파도를 넘고 싶었다.[77]

바실리우스는 이미 세워진 수도원 공동체를 방문하기 위해 시리아, 팔레스타인, 이집트, 메소포타미아 등으로 떠났다. 그는 그곳에서 발견한 일에 깊은 인상을 받았다.

> 나는 그들이 금욕하면서 고난을 참으며 사는 것을 보고 경탄했다. 끊임없이 기도하고 잠과 싸워 이기는 것을 보며 놀랐다. 그들은 자연의 필요에 굴복하지 않고, 굶주림과 목마름, 추위와 헐벗음에서 벗어나려고 노력했다. 이것이 그들 영혼의 목표였다. 그들은 육체에 굴복하지 않았으며, 육체에 관심을 쓰려 하지 않았다. 항상, 마치 그들의 것이 아닌 육체를 입고 사는 것처럼, 그들은 잠시 이 세상에 머무는 것이 무엇이며, 하늘에 시민권과 고향을 두는 것이 무엇인지를 행동으로 보여 주었다. 이러한 모든 것은 내 마음을 움직였고 나를 경탄하게 했다. 나는 이렇게 사는 삶이 복된 삶이라고 본다. 그들이 "자신의 육체에서 예수의 죽음을 입증하고 있음"을 정말로 보여 주었기 때문이다.[78]

이 구절은 오늘날 독자에게는 매우 낯설게 들릴 것이다. 바실리우스의 수사학적 과장은 우리를 혼란스럽게 할 수 있다. 또한 제자도에 대한 그의 해석은 거칠고 급진적이고 비현실적이고 어리석어 보일지 모른다. 하지만 바실리우스가 보기에, 제자도는 완화될 수 없었다. 삶은 짧은 순례였다. 보이거나 보이지 않는 지뢰가 뿌려진 전쟁터를 지나가는 여행이었다. 무엇에도 타협하지 않고 이 땅의 안정에 매달리지도 않고 그리스도에게만 무한정 의뢰해야 한다. 그래야 그 길을 안전하게 여행해서 성과를 얻을 수 있을 것이다. 이에 달려 있는 것이 너무 커서 다르게 행동할 수는 없다.

그렇다. 바실리우스 때문에 오늘날 많은 그리스도인이 불편하게 될 것이다. 특히 의식주의 필요를 잘 채워주는 유복한 환경에서 성장한 사람은 더욱 그럴 것이다. 오늘날 신앙 때문에 순교하고 감옥에 갇히는 사람이라면, 바실리우스의 목소리를 더 쉽게 알아차릴 것이다. 분명히 바실리우스는 서구의 유복한 삶의 방식을 영적 연막으로 여길 것이다. 그와 같은 시대에 부유했던 많은 사람의 삶의 방식처럼 하나님께 완전히 의존해야 한다는 사실을 보지 못하게 하는 연막일 것이다. 주위에 있는 가난한 사람의 필요에 대해 둔감하게 하는 연막일 것이다. 이후에 바실리우스는 카이사레아의 부주교로 일하면서, 기근의 공포와 가난한 사람의 필요를 보지 않는 부유한 그리스도인의 더 큰 공포를 직접 증언했다.

> 배고픈 사람이 굶주려 죽는 것은 끔찍스러운 고난이다. 기근은 인간의 재난 가운데 가장 기본적인 것이다. 가장 비참한 죽음은 굶어 죽는 것이다. 다른 종류의 죽음, 예를 들어, 칼에 찔려 곧바로 죽는다든지, 어떤 경우에 이글거리는 불에 타서 생기가 사라진다든지, 야수의 이빨이 살아 있는 사지를 찢어놓는다든지 하는 일은 고통을 연장시키지 않는다. 하지만 굶주림은 느리게 진행되는 고문이며, 고난을 길게 연장시

> 킨다. 굶주림은 제대로 된 고난이며, 감추어진 질병이며, 언제나 있고 끝나지 않는 죽음이다. 굶주림은 자연의 액체를 말리며, 몸의 열을 식게 하며, 앙상하게 만들며, 힘을 점점 빼버린다. 육체는 거미줄처럼 뼈에 매달려 있으며, 피부에는 색이 없다…….이제, 그러한 육체 옆을 아무렇지도 않게 지나가는 사람에게 어떤 처벌을 내려야 하지 않을까? 굶어 죽는 사람을 지나치는 것은 얼마나 잔인한 일인가? 어떻게 그냥 지나칠 수 있단 말인가? 그런 사람들은 야수 가운데 야수일 것이다. 어떻게 그를 하나님을 모독하는 살인자라고 여기지 않을 수 있다는 말인가? 질병을 고쳐줄 수 있는데도 탐욕 때문에 약을 주지 않는 사람이 있다면, 그 사람은 살인자라는 비난을 받아야 한다. 이는 마땅한 일이 아닌가?[79]

프레데릭 노리스는 바실리우스의 행정력과 정의감이 고난을 막는 데 이바지했다고 한다. 바실리우스가 없었더라면 기근 동안 훨씬 더 많은 고난이 있었을 것이다. "그는 자신의 유산을 일부 팔았다. 그리고 이익을 챙기려는 많은 상인을 설득했다. 그는 부자들을 설득해 기금을 모아 카파도키아에서 일어날 수 있었던 심각한 재난을 피하는 데 이바지했다."[80]

바실리우스는 그리스도의 제자된 엄격한 삶을 훼손하거나 낮추려는 사람들의 죄를 용서하지 않았다. 그럼에도 불구하고, 우리는 그의 편지에서 자신의 약점에 대해 열려 있고 정직할 수 있는 사람을, 자신의 약점을 자책하면서 스스로 반성할 수 있는 사람을 계속해서 만나게 된다. 궁정 의사 멜레티우스에게 보내는 편지에서, 바실리우스는 종종 그의 효과적인 사역을 방해하는 질병을 묘사한다. "지속적이고 난폭한 열병 때문에 내 몸은 기진맥진하게 되었으며, 나보다 더 야윈 내가 있는 것 같았다.……너무 약해진 나는 거미줄보다 더 연약하다."[81]

바실리우스는 건강 문제만으로 어려움을 겪은 것이 아니었다. 겨울도 그의 뒷덜미를 움켜잡았다. "길이 모두 막혀 나는 지나갈 수 없다. 강한 파도가 항해하는 사람에게 위험한 것 이상으로 겨울 돌풍은 위험하다. 그래서 나는 침실에 숨어서 봄을 기다려야 한다. 봄까지 버틸 수만 있다면 말이다."[82]

편지의 마지막 행은 이를 매우 잘 설명해 준다. "우리의 삶이 영혼의 유익을 위해 질서 지워질 수 있도록 기도하라." 바실리우스가 참된 사람이라는 이유가 있다. 분명히 그는 고난받고 있지만 이를 놀라운 일로 여기지 않았다. 지금 순간은 방종하거나 편하게 사는 때가 아니다. 영혼의 성장과 하나님 나라의 확장을 위해 주시는 것을 기꺼이 받아들이도록 하나님이 훈련시킨 그리스도인만이 정말 복음의 핵심을 알 것이다. 훈련된 그리스도인들은 참된 고향을 가기 위해서 잠시 체류하는 이 땅에서 어떻게 살아야 하는지 알 것이다.

이는 강인한 사람에게서 나오는 강력한 메시지이다. 바실리우스는 자신과 친족에게 많은 것을 요구했으며, 고압적일 수 있었다. 그래서 때로 나지안주스의 그레고리우스 같은 친구에게서 애정 어린 질책을 받기도 했다. 그레고리우스는 바실리우스가 건강한 자기 균형감을 잃어버렸는지 살펴보아야 한다고 요구할 정도로 날카로운 내용의 편지를 보냈다.

> 자네가 보낸 편지를 보면 자넨 정말 망아지처럼 몹시 날뛰고 있다네! 자네가 얼마 전 얻은 영광을 자랑하며, 자신을 더욱 위엄 있게 만든다고 해서, 내가 놀라지는 않을 걸세. 자네가 날뛰는 태도와 그렇게 허망한 야망을 계속 보여 주면서, 평범한 사람에게 말을 거는 위대한 로마 시민처럼 말한다면, 나도 교만을 교만으로 대할 수 있다네. 물론 이는 모든 사람이 할 수 있는 일이지. 사람들은 그러한 일을 추구하는 것을 가장 타당한 과정으로 여긴다네.[83]

하지만 바실리우스가 싸워야 하는 교만은 꿋꿋한 의지에 딱 맞는 흠집이었다. 그러한 의지는 4세기 후반 신학과 교회, 문화의 소용돌이에서 정말 있어야 하는 인내와 결단을 담고 있는 보고였다. 강한 힘과 분명하게 드러나는 약점을 지닌 바실리우스 같은 사람만이, 중용을 잃고 이후 몇십 년 동안 교회를 아리우스주의라는 곤경으로 휘몰아 넣을 위험이 있는 신학적 관점에 저항할 수 있었을 것이다.

바실리우스의 업적은 주목할 만하다. 그는 카파도키아에 중요한 수도원 공동체를 세웠으며, 공동체 생활을 다스리는 수도원 규칙을 자세하게 발전시켰다. 이 규칙은 나중에 서방 베네딕트 수도원에 영향을 주었다. 또한 그는 혼란과 분열, 혼돈의 시대에 교회에서 강한 지도력을 발휘했으며, 성자와 성령의 완전한 신성을 옹호했다. 그래서 삼위일체 교리를 발전시키는 용기와 잘 조율된 신학적 감각을 보여 주었다. 바실리우스는 50년 동안 살면서 이러한 일을 모두 이루었다.

해석의 사례

우리는 영어 번역판 바실리우스의 주석과 성경 강해 스타일의 가장 분명한 사례를 『6일』에서 얻는다. 『6일』은 바실리우스가 창조 6일에 대해 설교한 9편을 모은 것이다. 그는 사순절 기간에 아침과 저녁 예배에서 그 설교를 했지만 정확한 날짜는 알 수 없다.[84]

나지안주스의 그레고리우스는 바실리우스의 친구였으며, 바실리우스의 『6일』을 매우 칭송했다. 창조의 신비와 창조주를 분명하게 묘사했기 때문이다. "내가 그의 『6일』을 다루고 그 말을 내 입술에 올릴 때마다 나는 창조주 앞으로 가게 된다. 나는 내 스승을 내가 볼 수 있는 유일한 수단으로 삼아 창조의 사역을 이해함으로써 창조주를 이전보다 더 경배하게 되었다."[85]

바실리우스의 주석의 인상적인 특징은 창조 장면을 해석할 때 풍유를 강하게 거부한다는 것이다. 물론 풍유를 거부한 바실리우스는 오리게네스의 주석 작업의 가치를 상당 부분 의심한다. 그럼에도 바실리우스는 오리게네스를 칭송한다. 이는 상당히 놀라운 일이다. 바실리우스는 무슨 생각을 하고 있었는가? 그는 나지안주스의 그레고리우스의 도움을 받아서 오리게네스의 글을 많이 모았다. 그와 그레고리우스는 그러한 모음집을 『필로칼리아』라고 불렀다. 하지만 바실리우스는 창세기 첫 장들을 주석하고 설교했을 때, 풍유를 신뢰할 수 있는 해석학적 도구로 삼지 않는다. 왜 그러한가?

『6일』에 관한 아홉 번째 설교에서 바실리우스는 풍유를 강하게 비판했다. 야로슬라프 펠리칸은 바실리우스의 이 비판이 "4세기(또는 다른 세기)에 기독교 정통 신학자가 풍유적 주석을 비판한 것 가운데 가장 강력한 비판"이었다고 말한다.[86]

> 나는 풍유 법칙을 안다. 물론 내 스스로 알기보다 다른 사람의 글을 통해서 알게 되었다. 풍유적 해석자들은 성경의 상식을 받아들이지 않는 사람들이다. 그들에 따르면, 물은 물이 아니라, 다른 본질이다. 그러한 사람은 식물과 물고기에서 그들의 상상이 원하는 것을 보며, 파충류와 야수의 본성을 그들의 풍유에 맞도록 바꾼다. 그들은 꿈에서 본 것을 자신의 목적에 맞게 설명하는 해몽가와 같다. 내가 보기에, 풀은 풀이다. 식물, 물고기, 야수, 가축, 이 모든 것을 나는 문자적 의미로 받아들인다.[87]

이미 바실리우스는 이전 설교에서 창세기 1장 6절에서 궁창이 갈라지는 것을 풍유적으로 해석한 사람을 비판했다. 풍유적 해석자는 "은유

를 시작해서” 궁창에서 단지

> 영적이고 비물질적 힘을 가리키는 상징만 보았다. 궁창 위에, 즉 더 높은 지역에 더 좋은 것이 거한다. 더 낮은 지역에서 땅과 물질은 악한 사람들의 거주지이다.……그래서 그들에 따르면, 하늘 위에 있는 궁창이, 즉 선한 권세가 하나님을 찬양한다. 그러한 권세자의 영혼은 순수해서 하나님을 찬양하기에 합당하다. 또한 하늘 아래에 있는 궁창은 악한 영을 나타낸다. 그러한 영은 원래 있었던 높이에서 아래로 떨어져 악의 구렁텅이에 빠진다.[88]

바실리우스는 이러한 “이론이 기발하긴 하지만, 진리임을 인정할 수는 없다”고 표현했다. 아홉 번째 설교에서 바실리우스는 이러한 종류의 풍유를 꿈 또는 “노파의 허풍”에 비유했다. 바실리우스에 따르면, “물은 물을 뜻한다.”

바실리우스는 풍유적 해석자에게 특히 해석학적 통계가 없다고 비판하면서, 풍유를 이용하려는 욕구를 성경의 단순한 의미에 대한 근본적 불만과 연결했다. 바실리우스에 따르면, 하나님은 우리가 영적으로 건강하고 교육받고 신학적으로 건전하게 알기 위해서 알아야 하는 것을 우리에게 분명하게 말씀하시는 분이시다. 하나님이 계시하신 명료성을 넘어서 감추어진 의미로 가려는 욕구는 영적 질병을 나타내는 징표다.

> 그분은 이렇게 헛된 것으로 우리의 마음을 채우길 원하지 않으신다. 그래서 가르침의 관점에서 그리고 우리 영혼을 완전하게 만들려고 성경의 경륜을 모두 정하셨다. 이것을 아는 내가 그분을 더 높이는 것이 아닐까? 풍유의 왜곡된 의미에 굴복해서 자신의 창안물을 상당 부분 성경에 집어넣으려 한 사람은 내가 보기에 바로 이 점을 이해하지 못

한 것 같다. 성령을 믿는 것보다 그들 자신을 믿는 것이 지혜로우며, 주석을 가장해서 자신의 생각을 내놓는 것이 더 지혜롭다고 그들은 생각한다.[89]

바실리우스는 독자들에게 마니교도, 마르키온주의자, 발렌티누스주의자 같은 집단을 떠올리게 했다. 이 집단들은 자기 나름대로 왜곡해서 해석하는 데 풍유를 사용했다. 창세기에 따르면, "어두움이 깊음 위에 있었다." 바실리우스는 그 어두움을 "실제적인 의미로, 즉 빛이 없는 공기, 물체가 사이에 끼여 있는 그림자, 또는 마지막으로 어떤 이유 때문에 빛이 없는 장소"로 묘사한다. 하지만 마니교도와 마르키온주의자, 영지주의자는 보다 깊은 의미를 빠르게 상상해 내었다. "그들이 보기에 '어두움'은 악한 힘 또는 악의 의인화이다. 하나님의 선과 반대하거나 끊임없이 싸우는 데에 악의 기원이 있다."[90]

바실리우스에게 훨씬 더 안전한 해석학적 길은 "이러한 은유와 풍유에 대해" 침묵하는 것이었다. "그저 헛된 호기심을 따르지 않고 성경의 말씀만 따르면서, 어두움이 우리에게 주는 생각을 어두움에서 받아들이도록 하자."[91]

바실리우스는 창세기 텍스트의 권위를 성령이 모세를 감동하신 것과 연결했다.[92] 바실리우스에 따르면, 텍스트의 말에는 영감이 깃들어 있으며, "한 음절도 쓸모없지 않다."[93] 그래서 성령의 역사에서 나온 텍스트 자체가 거룩하다. 그래서 텍스트를 해석하는 사람은 경건한 마음으로 텍스트에 접근해야 한다. 텍스트의 생각에 관해 무슨 말을 하든 간에, 그 말은 텍스트의 신적 기원이라는 높은 본질에 맞아야 한다.

영혼은 그렇게 높은 교훈을 얼마나 진지하게 받아들일 준비를 해야 한다는 말인가! 세속의 감정에서 얼마나 순수해져야 한다는 말인가! 세

> 상의 시끄러움에서 얼마나 벗어나야 한다는 말인가! 얼마나 적극적으로 열심히 연구해야 한다는 말인가! 하나님에게만 합당할 수 있는 하나님에 대한 생각을 주변에서 얼마나 열심히 찾아야 한다는 말인가![94]

바실리우스의 설교 모음집에서 세 번째 설교의 서문이 흥미를 끈다. 여기서 바실리우스는 우리의 마음 상태, 그리고 그 상태와 영적 진리 인식의 관계에 관해 이전에 했던 말을 강화한다. 설교를 시작할 때 그는, 그가 하는 말을 듣기 위해 많은 노동자들이 일을 멈추는 것을 보았다. 바실리우스는 그들을 칭찬한다. 그는 "여러분이 하나님께 드린 시간은 헛되지 않습니다. 하나님께서 여러분에게 큰 이익을 덧붙여 그 시간을 돌려주실 것입니다"라고 말했다. 또한 청중이 바라는 일이 이루어지지 않는다 해도, "성령의 가르침은 다가올 세대에게 풍부한 보화입니다"라고 말했다. 하지만 성경 말씀을 이해하기 위해, 바실리우스의 청중은 세속적 관심에서 벗어나야 한다. "이 세상의 염려에서 벗어나서 내 말에 귀를 기울이십시오. 여러분이 여기 육체 가운데 있고 여러분의 마음이 땅의 보화로 염려한다면, 여러분에게 무슨 유익이 있겠습니까?"[95]

성경은 "방금 들은 것을 검토하려는 부지런한 청중"에게 그 깊이를 드러낼 것이다. 듣는 것만으로 충분하지 않다. 변치 않는 유익을 얻으려면, 들은 것을 씹고 소화해야 한다. 여기서 기억의 역할이 매우 중요하다. "그들의 기억이 영혼의 유익을 위해 그것을 보존하게 하소서. 그들이 조심스러운 묵상을 통해 내가 한 말을 내적으로 소화해서 유익을 얻게 하소서." [96] 네 번째 설교에서 바실리우스는 다시 한 번 청중에게 도전을 준다. "놀라운 일을 하시는 위대한 주님께서 당신의 일을 묵상하도록 요구하실 때, 그분의 일을 보는 것이 싫증이 납니까? 아니면 성령의 말씀을 듣는 게 싫습니까?"[97] 바실리우스는 "위대하고 웅장한 장면을 사랑하는 사람이라면, 그 장면을 꼼꼼히 살필 마음의 준비가 잘되어 있어야 한다. 정말 꼭 그러해야 한다"라고 말했다.[98] 하나님의 창조만큼 위대한 광경은 없다. "잘 준비된 청중"이라면, 그의 이해 덕분에 눈으로 볼 수 있는 놀라운 창조물에서 벗어나 "보이지 않는 존재"로 나아갈 것이다.

바실리우스는 주석을 위한 세 단계의 토대를 두었는데, 이는 효과적이다. 첫째, 그에 따르면, 성경은 성령에서 나온다. 하나님의 영감이 성경에 있다. 텍스트에는 중요하지 않은 측면이 없다. 둘째, 바실리우스가 반복하여 말하는 것에 따르면, 거룩한 텍스트는 경건하게 접근해야 한다. 잘 준비된 지성으로, 텍스트의 말을 받아들이는 마음으로 접근해야 한다. 셋째, 바실리우스는 풍유를 거부한다. 해석학적 전략으로 적절하지 못하기 때문이다. 텍스트의 문자적 의미는 묵상, 통찰, 적용에 충분한 자료 이상을 줄 것이다.

정말 분명히 바실리우스는 창세기 첫 장들에서 기뻐한다. 그는 청중에게 외친다. 창세기에 나타난 시작의 의미에 대해 생각해 보라. 바실리우스에 따르면, "태초에" 시작이 있다면, 시간에도 시작이 있다. 하늘과 땅은 영원하지 않고 창조되었다. 창조물을 다듬고 발전시키시는 이성적 존재가 창조하신다. 창조된 존재는 "우연히 근거 없이 고안"되지 않는다. 이 점이 가장 중요한 것 같다. 창조 세계에는 의도적인 목적이 있는데, 그 세계는 일종의 "학교"이다. "이성적인 영혼이 연습하는 학교이며, 그들이 하나님을 배워 알게 되는 훈련소다."[99]

창조 세계는 하나님의 학교이다. 창조 세계 안에서 기대하지 않았던 곳에서 중요한 교훈을 얻는다 해도 놀라서는 안 된다. 바실리우스는 창조의 측면을 하나님의 구속 사역과 새로운 창조물과 비교하는 데서 기쁨을 얻는다. 때로 다소 성공적인 비교가 된다. 예를 들어, 하나님께서는 대양을 좋은 것이라고 선언하신다. 이렇게 좋은 것이 어떻게 훨씬 더 위대하고 선한 하나님의 창조 세계를 가리킬 수 있게 될까? 바실리우스는 확대 해석 함으로써 대양의 리듬에 반영된 교회를 발견한다.

대양이 하나님 앞에서 좋고 칭찬받을 만하다면, 교회 회중은 그보다 훨씬 더 아름답다. 여기서 하나님께 기도드릴 때, 남녀노소의 목소리는 해변에 부딪치는 파도와 같이 섞이고 출렁인다. 이러한 교회는 깊은 고요도 즐긴다. 악한 영은 살랑거리는 이단을 통해 그 고요를 깰 수 없다.[100]

바실리우스는 그의 회중의 상상을 너무 확대했기 때문에 오늘날 감각으로는 그러한 상상을 받아들일 수 없다. 하지만 바실리우스는 하나님의 창조물과 하나님의 창조 활동, 구속 활동이 서로 연결된다는 사실을 식별할 수밖에 없다. "나는 창조물이 여러분에게 경탄을 자아내기를 원합니다. 여러분이 어디에 있든지, 작은 식물이 여러분에게 창조주를 분명하게 기억할 수 있도록 해줄 정도의 경탄 말입니다."[101]

그렇다면, 하나님이 푸른 식물을 창조하셨기 때문에 우리는 인간의 본성에 대해 생각해야 한다. 바실리우스는 성경의 예언서에서 이러한 연결점을 지적한다. 이사야는 "모든 육체가 풀이다"라고 했다. 이사야는 풀에서 육체의 특징을 본 것이다. 지혜로운 청중이라면 풀의 짧은 수명을 경고로 받아들일 것이다.

삶은 정말 빨리 흐른다. 행복이 인간에게 주는 쾌락과 즐거움은 짧다. 이것은 모두 예언자의 비교에 놀랍도록 잘 맞는다. 오늘은 신체가 왕성하고 즐거움으로 살찌며, 한창때이며 멋진 용모를 지닌다. 튼튼하고 강하고 넘치는 에너지가 있다. 그러나 내일이면 연민의 대상이 될 것이다. 나이가 들수록 시들고, 병으로 기진맥진할 것이다.[102]

하나님이 창조하신 곡물들이 서로 섞인 것에 대해서는 어떠한가? 바실리우스에 따르면, "너희는 하나님의 명령과 반대되는 것을 자연에서 찾지 못한다." 그래서 정말 "추수되는 곡식과 거기에 섞인 가라지들"은 보다 위대한 진리의 모상이다. "주님의 교리를 바꾸고, 제대로 말씀을 배우지 못해서……교회의 건전한 지체에 섞여 있는 사람"의 모상이다.[103]

달은 차고 기운다. 왜 하나님은 달의 여러 측면을 창조하셨을까? 바실리우스가 다음과 같이 답한다.

> 그것은 우리의 본성을 잘 보여 주기 위해서다. 인성은 안정된 것이 없다.……달의 모습을 보고 우리는 인간적인 것이 빨리 변한다는 사실을 생각하게 된다. 현세의 좋은 것을 자랑하지 말라고 가르쳐 준다. 우리의 능력으로 영광받지 않도록 가르쳐 준다. 불확실한 부유함에 빠지지 않도록 가르쳐준다.……여러분이 달이 눈치채지 못할 정도로 서서히 빛을 잃어 가는 모습을 담담하게 볼 수 없다면, 영혼을 볼 때는 훨씬 더 비참해져야 한다. 영혼은 미덕을 가졌다가 부주의해서 그 아름다움을 잃어버린다. 감정도 항상 일정하지 않다. 목적이 불안정하기 때문에 감정은 흔들리고 끊임없이 변한다.[104]

일부 독자에겐 바실리우스의 적용이 별스럽거나 억지처럼 보일 수도 있다. 하지만 그가 이미 주장했듯이, 창조물에는 조심스러운 관찰자를 하나님께 이끄는 신적인 계획과 유형이 있다. 바실리우스는 청중이 달과 해에서 "창조주의 보다 높은 생각"을 보도록 도와달라고 하나님께 기도한다. 해와 달은 하나님과 비교해 볼 때 "파리와 개미에 불과하다." 사실, "우주 전체를 보아도 위대한 하나님을 올바로 알 수 없다." 하지만 우주는 "표적"을 담고 있으며, 하나님께서 그것을 사용하신다. "그 자체로는 약하고 희미하지만, 가장 작은 곤충이나 식물의 도움을 받아 우리를 하나님께로 올려주는 표적이다."[105]

이제 바실리우스는 똑같은 유형으로 적용을 하기 위해서 풀과 달에

이어 동물의 삶을 다룬다. 진흙을 먹고 사는 물고기도 있고, 물속에 있는 풀과 이끼를 먹는 물고기도 있다. 마지막으로, 다른 물고기를 먹는 물고기도 있다! 작은 물고기를 먹는 큰 물고기도 더 큰 물고기에게 잡아먹힌다. 매우 이상한 경륜이다. 하지만 인간의 삶도 이와 다르지 않다.

> 우리가 못난 사람을 억압할 때, 그 물고기와 다르게 행동하는가? 탐욕에 밀려 채워질 수 없는 적개심으로 교회 안에서 약한 사람을 삼키는 사람과, 마지막에 살아남은 물고기 사이에 어떤 차이가 있는가? 그러한 사람은 약한 사람의 물건을 소유했다. 여러분은 그를 잡아다가 여러분의 소유의 일부로 삼았다. 여러분이 더 불의하다는 사실과 비참한 사람보다 더 비참하다는 사실을 스스로 드러내었다. 낚시 바늘이나 그물, 기구에 걸린 물고기처럼 죽지 않으려면 이러한 사실을 직시하라.[106]

인간에게는 계획하고 추론하고 의지해야 하는 힘이 있지만 물고기에는 없다. 하지만 물고기는 하나님이 주신 지혜와 영역에서 살 수 있는 능력이 있다. 예를 들어, 물고기는 위험할 때 도망갈 줄 알며, 더 큰 약탈자가 나타날 때 숨는 법을 안다. 물고기의 이웃인 인간은 물고기의 예를 얼마나 잘 따르는가?

> 이성이 없는 존재도 생각할 수 있고 자기 보존을 위해 애쓴다. 물고기는 무엇을 찾아야 하며 무엇을 피해야 하는지 안다. 그렇다면, 우리는 무엇을 말할 것인가? 이성이 있다고 누가 명예를 얻겠는가? 율법이 가르치고 약속이 격려하고 성령께서 지혜롭게 하셨지만, [우리의] 거친 응석과 모든 악의 어머니인 게으름에 [우리가 사로잡힌다면], 우리의 일에 관해서는 물고기보다도 덜 합리적인 존재가 되는 것이다.[107]

그렇다. 비이성적인 동물조차 인간의 미덕과 악덕을 보여줄 수 있다. 바실리우스는 다음과 같이 묻는다. 대양의 어떤 동물이 낙타의 깊은 증오심을 흉내 낼 수 있겠는가? "낙타는 얻어맞은 후에 오랫동안 분노를 감추다가 기회가 올 때 잘못한 자에게 갚는다." 인간이 이와 다른가? "마음으로 용서하지 못하는 여러분, 복수를 미덕인 양 행하는 여러분, 들으십시오. 여러분은 이웃을 향해 재에 숨겨진 불꽃처럼 그렇게 오랫동안 분노를 감추고 있습니다. 그리고 여러분의 마음을 불타게 할 기름을 기다리고 있습니다. 이때 여러분이 누구와 같은지 보십시오!"[108]

성경이 풍유를 통해서가 아니라 유비를 통해서 미덕과 악덕의 동물원을 제공해 줄 때, 바실리우스는 성경의 풍부함에 정말 기뻐한다. 그의 표현처럼, "땅 위로 날 수 있는 새들을 물이 낳도록 하자"라고 성경이 말한다면, 그리고 우리가 안목 있는 독자라면 "이러한 말의 의미를 탐구할" 것이다. 이렇게 더 깊이 탐구할 때, "창조주의 위대한 신비가 드러난다."[109]

바실리우스의 성경 해석 방법론을 보여 주는 가장 완벽한 예는 쐐기벌레 나방의 삶의 주기와 부활체에 대한 바울의 가르침 사이에서 그가 이끌어 낸 유비다. 대부분의 그리스인이 보기에, 부활한 몸이라는 생각은 철학적으로나 종교적으로나 물리적으로 의미가 없었다. 많은 사람이 어떻게 죽어 썩은 몸이 다시 일어날 수 있는지 궁금해했다. 어떻게 이러한 유형의 변화가 실제로 일어날 수 있단 말인가? 부활의 메커니즘은 불가능해 보였다. 바실리우스는 쐐기벌레 같은 창조물을 많이, 좀더 자세하게 관찰하라고 회중을 격려함으로써 위의 물음에 응답했다. 그러한 창조물은 삶의 주기에서 이러한 종류의 형태 변화를 드러낸다. 분명히 작은 것이 큰 것을 설명할 수 있다.[110]

마지막으로, 창조 이야기는 인간 창조에서 절정을 이룬다. 바실리우스는 인간 창조가 이해하거나 파악하기 가장 어려울 수 있다고 회중에게 주의를 준다.

> 사실, 지식 중에 가장 어려운 것은 자신을 아는 지식이다. 우리 밖의 것이 우리 눈을 피하지 못하지만 우리 눈은 자신을 볼 수 없다. 우리 마음은 다른 사람의 죄를 날카롭게 발견하지만 자신의 잘못을 인정하는 데 느리다. 그래서 내 밖에 있는 것이 무엇인지 열심히 탐구한다. 그 후에, 내 본성을 연구하는 데 있어서 내 이야기는 느려지고 머뭇거린다. 하늘과 땅을 본다고 해서 우리가 하나님을 우리 존재에 대한 주의 깊은 탐구보다 더 잘 알 수 있는 것은 아니다.[111]

물론 바실리우스는 스스로를 속이려는 인류와 인류의 경향에서 빨리 벗어나서 창조주 하나님을 분석한다. 왜 창세기 1장 26절("우리가 사람을 만들자")은 2인칭 복수형을 사용하는가? 바실리우스의 일관된 주장은 삼위일체의 2격인 성자가 있다는 것이다.

오늘날 많은 학자가 바실리우스의 연역추론을 문제 삼을 것이다. 여기 있는 복수형을 장엄 복수형으로 여기기 때문이다. 하지만 바실리우스는 그의 주석을 두 가지로 옹호한다. 첫째, 2인칭 복수대명사가 있다고 지적한다. 둘째, 신약 저자가 예수나 성자를 성부의 모상으로, 하나님의 모상으로 말하는 경우가 많다고 지적한다.

> "그분 인격의 분명한 모상이며, 그분의 영광의 광채이며" "보이지 않는 하나님의 모상"인 그분을 가리키는 것이 아니라면, 그분이 누구에 대해 "우리의 형상대로"라고 말씀하시는가? 하나님께서는 "인류를 우리의 형상대로 만들자"고 말씀하실 때, 그분은 그분의 살아 있는 모상에게 그리고, "나와 아버지는 하나이다" "나를 본 자는 아버지를 보았다"고 말씀하신 분에게 하시는 것이다.[112]

여기서 바실리우스는 교부의 해석학적 근본 원리를 보여 준다. 오래된 것을 새로운 것에 비추어 읽어야 하고 그렇게 해석해야 한다는 원리이다. 성경 이야기는 이어지는 이야기이며, 진행되다가 그리스도에게서 정점을 이루는 이야기이다. 새로운 언약(신약)이 주는 계시가 옛 언약 텍스트(구약)에 물을 줄 때, 옛 언약 텍스트(구약)는 꽃을 훨씬 더 활짝 피운다.

추가 연구를 위해

바실리우스의 주석을 보여 주는 예는 그의 편지에 흩어져 있다. 로이 데페라리는 "로엡 고전 총서"에서 바실리우스의 편지 네 권을 번역했다.[113] 그리스어를 아는 학생이라면 로엡 총서에 관심을 두어야 할 것이다. 바실리우스 편지의 그리스어 텍스트가 데페라리의 영어 번역과 함께 실려 있다. 어드만과 헨드릭슨이 함께 출판한 "니케아 교부와 니케아 이후 교부"에서도 바실리우스의 편지를 볼 수 있다.[114] 이 판은 바실리우스가 해석하거나 말한 성경 본문이 "찾아보기"에 있기 때문에 매우 유익하다. 미국 가톨릭 대학교 출판부도 바실리우스의 편지를 번역했는데, 한 권을 빼고 모두 절판되었다. 가장 잘 알려진 바실리우스의 조직신학 저술은 『성령론』인데, "니케아 교부와 니케아 이후 교부"에서 접할 수 있다. 또한 데이비드 앤더슨도 그 책을 읽기 쉽게 번역해 놓았다.[115] 내가 아는 바로는, 바실리우스의 『6일』은 즐겁고 통찰력 있는 글이다. 이 책은 바실리우스가 주석과 해석학에서 사용한 방법론을 가장 잘 보여 준다. "니케아 교부와 니케아 이후 교부"의 영어 번역본에서 『6일』을 읽을 수 있다.

요하네스 크리소스토무스(347~407년)

일부 교부 주석가의 풍유 사용 경향에 신경이 쓰이는 독자라면, 요하네스 크리소스토무스를 만날 때 훨씬 더 편안함을 느낄 것이다. 요하네스는 어릴 때부터 안디옥에서 주석을 배웠다. 안디옥에서 훈련받은 성경학자와 신학자는 풍유를 혐오했다. 물론 성경 본문의 "영적" 의미에 대해서는 관심을 두었지만 말이다. 7장에서 좀더 자세하게 살펴보겠지만, 몹수에스티아의 테오도루스 같은 안디옥의 성경 해석가는 풍유적 해석이 위험하다고 가차 없이 공격했으며, 주석에 있어 더 주의를 기울이면서 온건한 태도를 지녔다. 테오도루스의 친구 요하네스도 풍유화가 빠지는 위험과 함정을 매우 싫어했다. 다행스럽게도 오늘날의 독자들은 요하네스의 주석을 만날 기회가 많다. 많은 부분이 영어로 번역되어서 그의 설교를 접할 수 있다.

요하네스는 유배지에서 죽은 지 150년 후에 "황금의 입"(크리소스+토무스)이라는 별명을 얻었다. 그는 아우구스티누스처럼 영적으로 분열된 가정에서 자랐다.[116] 그의 아버지 세쿤두스는 로마 장교로, 동방군 장관이었다. 이를 볼 때, 그는 지중해 동부에 주둔한 로마군의 고위급 장교였던 것 같다.[117] 크리소스토무스의 어머니 안투사는 신실한 그리스도인이었다. 세쿤두스가 죽었을 때 그녀의 나이는 20세밖에 되지 않았고, 요하네스는 아직 어렸다. 이때부터 그녀는 요하네스를 양육하기 위해 온갖 애를 썼다. 그녀는 아들을 이교도 수사학자 리바니우스 밑에서 교육받게 하는 등 최고의 교육 과정을 밟게 했다. 요하네스는 법률가가 되겠다는 생각으로 잠시 동안 즐거워했으나 하나님이 자신을 수도원 생활을 하도록 부르셨다는 확신을 하게 되었다. 물론 안투사는 요하네스의 결정에 대해 그리 열정적으로 공감해 주지는 않았다.

> 아이야, 나는 네 아버지의 뛰어남을 오랫동안 즐길 수는 없었다. 그를 데려가는 일이 하나님의 뜻이었기 때문이다. 나는 너를 낳느라 산통을 겪었는데, 얼마 되지 않아 네 아버지가 죽었다. 그래서 너는 고아가 되었고, 나는 너무나 빨리 과부가 되었다. 과부가 짊어진 짐은 지어 본 사람만 제대로 알 수 있단다.……내가 지금 너를 책망하려고 이러한 말을 한다고 여기지 말기 바란다. 하지만 이러한 모든 일의 대가로 한 가지만 부탁한다. 내가 두 번째 사별을 겪게 하지 말아라, 잠자고 있던 내 슬픔을 다시 일으켜 세우지 마라. 내가 죽을 때까지만 참아라.……비가 나를 땅에 묻고 나를 네 아버지의 뼈와 합쳐줄 때, 네가 가고 싶은 바다로 긴 여행과 항해를 떠나라.[118]

안투사가 이렇게 부탁했지만, 산속의 수도원 생활은 요하네스를 매우 강하게 끌어당겼다. 요하네스는 마음이 내키지 않는 상태에서 일을 하는 사람이 아니었다. 2년 동안 요하네스는 안디옥 부근에 있는 산에서 매우 금욕적으로 살았다. 분명히 여기서 그는 “깨어 있어라”는 명령을 너무나 말 그대로 받아들였다. 로버트 페인은 그가 이 시기에 보냈던 삶을 다음과 같이 표현했다.

> 그는 동굴로 물러나서 자지 않고 계속 성경을 읽었으며, 눕지 않고 2년을 보냈다. 그리스도인은 “깨어 있어라”는 명령에 복종하기 위해서 서 있어야 한다고 분명히 믿었기 때문이다. 그 결과는 뻔했다. 그는 위가 오그라들었고, 냉기 때문에 무릎이 상했다. 계속 소화 장애를 일으켰다. 스스로 치료할 수 없었기에 결국 산을 내려왔다. 안디옥까지 걸어가서 대주교 멜레티우스에게 가자, 멜레티우스는 그를 곧바로 의사에게 보냈다.[119]

요하네스가 안디옥으로 내려온 것은 일련의 중요한 변화의 시작이었다. 이 변화는 결국 교회의 대좌들, 즉 교회의 중심지들 가운데 하나인 콘스탄티노플의 주교로 그가 임명되는 데까지 이른다. 요하네스는 콘스탄티노플로 옮겨가기 전에 안디옥 교회에서 부제로 섬기다가 장로로 일했다. 그는 오랫동안 장로직을 수행하면서 설교했는데, 성경을 생생하게 전달하는 놀라운 능력을 보여 주었다. 풍부한 신학과 의미 있는 실천에서 모두 그러했다. 콰스틴에 따르면, 이러한 설교 가운데 상당수는 386년과 397년 사이에 안디옥에서 한 것들이다. 그 설교를 보면, 안디옥의 주석과 알렉산드리아 주석이 서로 다르다는 것이 잘 드러난다. 콰스틴은 요하네스의 해석 기술과 설교 기술을 이렇게 설명한다.

> 그는 문자적 의미를 확인하려고 열심을 내었으며, 풍유를 반대했다. 성경 텍스트의 영적 의미를 분별하는 뛰어난 능력이 그에게 있었다. 그는 그 분별력을 실천에 바로 적용할 수 있는 뛰어난 능력과 연결했다. 그가 돌보는 신자를 인도하기 위해 그것을 실천에 적용했다. 그의 생각은 깊으며, 그의 탁월한 설명은 건전하다. 이는 유일한 것이며, 오늘날의 독자까지 끌어당긴다. 그는 구약성경과 신약성경을 모두 잘 알고 있다. 또한 구약성경을 사용해서도 일상생활의 문제와 현재 상태를 다루는 기술이 있었다.[120]

요하네스가 기독교 사제와 주교를 나타내는 은유로 즐겨 사용한 것이 두 가지 있는데, 운동선수 훈련가와 의사라는 은유다.[121] 그 내용이 담겨 있는 요하네스의 『성직론』은 널리 여러 사람들에게 사랑받는 책이다. 여기서 그는 기독교 사제를 의사에 비유한다. "의사는 환자를 위해 적절한 형태의 식이요법과 여러 가지로 계획한 도구와 다양한 약을 처방한다." 하지만 요하네스에 따르면, 건강한 기후나 숙면 덕분에 의사가 개입

할 필요가 없는 경우도 있다. 그러나 말씀의 의사일 경우는 그렇지 않다. 설교자는 회중의 필요와 질병을 주의 깊게 진단해야 한다. "말로 가르침으로써" 가장 효과적인 처방을 충실하게 적용해야 한다.[122]

> 그것이 가장 좋은 도구이며, 가장 좋은 식이요법이며, 가장 좋은 기후이다. 그것은 약과 뜸과 수술을 대신한다. 뜸을 뜨거나 절개해야 할 때, 이것을 사용해야 한다. 그것이 없다면 다른 것은 모두 쓸모없다. 그것을 통해 우리는 무기력한 영혼을 일으키며, 불타오르는 영혼을 가라앉힌다. 쓸모없는 것을 없애고 결함을 채운다. 요약하자면, 건강에 이바지하는 것을 모두 한다……따라서 그리스도의 말씀이 우리 안에 풍성히 거하게 노력해야 한다. 우리의 준비는 한 종류의 공격에 대비하는 것만이 아니기 때문이다……이기려는 사람이 모든 측면의 기술을 이해하지 못한다면, 악마는 자신의 대행자를 우리가 보지 못한 지점으로 집어넣어서 양 무리를 약탈하는 법을 알게 된다. 하지만 목자가 악마의 공격 목록을 모두 알고 악마의 속임수를 완전히 파악하고 있을 때, 악마는 이를 보고 좌절한다.[123]

크리소스토무스는 특히 바울 서신을 칭찬한다. 거짓 교리를 막는 방패이며, 건전한 삶을 위한 지혜를 담은 보고이기 때문이다. 사실 요하네스는 바울을 해석하는 탁월한 능력이 있다. 이 점에 비추어 다른 교부들은 바울과 크리소스토무스를 영혼의 동반자로 여겼다. 펠루시움의 이시도루스가 크리소스토무스의 주석에 대해 하는 말에 따르면, 요하네스가 바울의 로마서를 강해할 때 특히 그의 지혜가 드러난다. "내 생각으로는, 영감받은 바울이 아테네 방언으로 그의 글을 설명하려 했다면, 이렇게 유명한 스승과 달리 말하지 않았을 것이다. 지금 내가 누구에게 아첨하려고 이렇게 쓰는 게 아니다. 그 내용과 아름다운 형식, 적절한 표현이라는 점에서 크리소스토무스의 설명은 정말 놀랄 만하다"[124]

크리소스토무스가 보기에, 확고한 교리와 건전한 삶은 하나를 이루며 서로 떼어놓을 수 없는 것이다. 우리가 아는 바는 우리가 살아가는 모습에 깊은 영향을 주어야 한다. 그렇지 않다면, 복음의 진리가 방해를 받을 것이며, 그것을 지켜보는 세상이 복음의 실재를 왜곡되게 파악할 것이다. 크리소스토무스는 모든 사람 가운데 바울이 지식과 삶을 가장 잘 융합한 전문가라고 여긴다.

> 바울의 글은 철벽 같은 세상에 대해 교회를 강하게 세우기 때문이다. 지금도 그는 고귀한 승리자처럼 우리 가운데 서 있으며, 모든 생각을 사로잡아 그리스도에게 복종시킨다. 하나님의 지식에 대해 높여진 것과 생각을 모두 낮춘다. 바울은 이러한 모든 일을 우리에게 남긴 놀라운 서신서를 통해서 이룬다. 이 서신서는 하나님의 지혜로 가득 차 있다. 그의 글은 우리가 거짓 교리를 물리치고 참된 교리를 세우는 데에만 쓸모가 있는 것이 아니다. 그의 글은 우리가 잘 사는 데도 큰 도움을 준다……말 전문가였던 이 사람이 우리에게 남겨 준 약은 정말 강하고 품질이 좋다! 그런 약을 사용하는 사람은 그 가치를 계속 안다.[125]

요하네스는 바울의 골로새서에 대한 아홉 번째 강해를 하면서, 성경 연구가 중요하다는 점을 우리에게 설득시킨다.

> 내 말을 주의 깊게 들으십시오. 여러분에게 간청합니다……영혼에 약이 될 책을 손에 넣으십시오……적어도 신약성경 사본을 하나 구하십시오. 사도 서신과 사도행전과 복음서를 여러분의 스승으로 모십시오. 여러분이 슬픔을 만난다면, 한 상자의 약 속으로 잠수하듯이 신약성경 안으로 뛰어드십시오. 그리고 관례 상실 때문에 생긴 여러분의 고난을

덜어줄 위안을 그곳에서 얻으십시오. 손실이나 죽음이나 육친 사별 같은 고난 말입니다. 신약성경 속에 뛰어드는 것으로 만족하지 말고, 그 안에서 헤엄치십시오. 신약성경을 항상 마음에 두십시오. 모든 악의 원인은 성경을 잘 알지 못하는 데 있습니다.[126]

크리소스토무스는 성경에 빠져 있었다. 이는 그의 생애 끝까지 그를 도왔다. 개인적 요소와 정치적 요소가 거미줄처럼 얽혀서 404년 아르카디우스 황제의 명령에 따라 요하네스는 콘스탄티노플에서 추방되었다. 그리고 3년 후인 407년에 그는 죽었다. 이 3년 동안 크리소스토무스는 아르메니아 고산 지역에 있는 쿠쿠수스의 작은 마을에 살았다. 그곳은 살기에 매우 힘들고 외로웠다. 요하네스의 이 땅에서의 순례는 이곳에서 끝을 향해 가고 있었다. 묵상하고 주석하고 설교한 세월은 요하네스가 이곳에서 보낸 삶에서 열매를 맺었다.

해석의 사례

요하네스는 말년에 마지막으로 『하나님의 섭리』라는 책을 썼다.[127] 이 책은 충실한 그리스도인의 삶에 나타난 고난을 성경적으로, 신학적으로, 경건의 측면에서 자세하게 설명해 놓았다. 이 글은 요하네스가 성경을 어떻게 읽고 있으며, 성경의 가르침을 어떻게 자신의 고난에 적용했는지 생생하게 보여 준다.

요하네스는 그 글의 수신자를 콘스탄티노플의 회중으로 삼았다. "최근 무법한 행위 때문에, 즉 많은 사제와 신도의 속임수와 추구 때문에 고난받은 사람들" 이 바로 이 책의 수신자이다. 그들은 시련 가운데 고난받았다.[128] 그래서 크리소스토무스는 콘스탄티노플의 양 무리가 발을 적실 정도로 슬피 울 것이라고 걱정한다. 요하네스는 이러한 영적 재난을 피할 수 있도록 도우려 했다. 그래서 그는 하나님께서 섭리를 통해 돌보신다고 말한다. 그리고 삶이 제공하는 가장 나쁜 시나리오까지도 하나님의 섭리가 어떻게 포괄하시는지 매우 자세하게 분석한다. 그의 방법론은 "말씀이라는 약"을 준비하는 것이다. "말씀은 빵보다 더 배부르게 하며, 약보다 더 회복시켜 준다. 불보다 더 강하게 뜸을 뜨지만, 괴로움은 없다……말씀은 철보다 더 날카로우며, 감염 부위를 괴로움 없이 절개한다. 돈을 낭비하지 않게 하며, 더욱 가난하게 하지도 않는다."[129]

크리소스토무스는 그가 숙고한 것을 설명할 때 성경을 어떻게 사용했는가? 이를 잠시 살펴볼 필요가 있다. 요하네스는 인간으로나 그리스도인으로 우리가 고난 받을 수 있지만 지속되는 해로움은 죄에서만 나온다고 말한다. 그는 부당하게 뜻밖에 이해할 수 없게 고난을 당한 성경의 많은 인물들을 생각해 보라고 독자에게 상기시킨다.

> 아벨은 형에게 죽임을 당했고, 야곱은 굶주리면서 망명 생활을 했다. 요셉은 노예와 죄수로서, 끔찍한 비방의 희생물로서 고난 받았다. 모세는 이스라엘의 끊임없는 반역과 거부를 참아냈다. 악마는 욥을 수많은 방법으로 공격했다. 이스라엘의 바벨론 포로 기간은 사드락, 메삭, 아벳느고, 다니엘을 수많은 위험 앞에 서게 했다. 엘리야는 도망자로서 유랑자로서 매우 가난하게 살았다. 다윗은 사울의 손에서 고난 받았고, 나중에는 자기 아들에게까지 공격을 받았다. 세례 요한은 헤롯에게 목이 베였다.[130]

크리소스토무스가 다음과 같이 묻는다. 그런데 성경의 이러한 인물 가운데 영원한 고난으로 해를 입은 사람이 있었는가? 극심한 고난이 모든 사람의 삶에 나타났지만 그 해는 계속 지속되지 않았다. 교회의 순교자도 같은 진리를 보여 준다. 요하네스는 다음과 같이 묻는다. “순교자들이 어떻게 해를 입었단 말인가? 그들의 영혼이 극심한 고문 때문에 조각났단 말인가? 그들은 모욕받았으며, 다른 사람이 그들에게 올무를 놓았다. 그들이 극심한 고난을 겪으면서도 고귀하고 확고하게 있었을 때 모두 해처럼 빛나지 않았던가?”[131] 크리소스토무스가 계속해서 주장하는 바에 따르면, 그리스도의 복음은 그리스도인의 고난에서 악을 빨아내는 결과를 낳았다. 하나님은 그리스도를 통해 세상에 넣으신 실체들이 해로움을 정복했다. 이 해로움은 계속되는 부당하고 불의한 실재이며, 그리스도인에게 계속 위협이 되는 원천이었다. 요하네스에 따르면, 고난은 그리스도의 십자가를 통해서 해로움을 극복한다.

우리는 이 세상에서 고난을 만날 때, 그 고난에 제대로 반응해야 한다. 그리스도가 우리를 위해 무엇을 이루셨으며, 그분의 일을 어떻게 행하셨고 완성하셨는지에 비추어서 반응해야 한다. 이에 따라 우리가 이러한 고난 때문에 계속 해를 입을지가 결정된다. 그리스도의 십자가가 현세의 사건에 대한 그리스도인의 관점과 태도를 깊게 형성했는가? 목회서신에 대한 요하네스의 강해에 따르면, “핍박 때문에 우리가 유익을 얻을지 아니면 손해를 입을지는 우리에게 달려 있기 때문이다. 그 결과는 핍박의 본성에 달려 있지 않고, 우리의 마음가짐에 달려 있다.”[132]

요하네스는 인간의 고통과 고난이 실재라는 사실을 낮추어 보거나 가볍게 무시하지 않았다. 고난에 진짜배기 고통과 슬픔이 있음을 그는 너무나 잘 알았으며, 그 사실을 가리려 하거나 낮추려 하지 않았다. 유배당한 친구 올림피아스에게 보낸 편지에서 요하네스는 쿠쿠수스에서 겪는 고난에 대해 다음과 같이 썼다.

> 겨울은 보통 때보다 더 매섭다. 폭풍 같은 내면의 무질서에 더 큰 고통을 가져다주었기 때문이다. 지난 두 달 동안 나는 거의 죽은 사람이

었다. 그보다 더 나쁠 수는 없었다.……나는 온종일 침대에만 누워 있었다. 끊임없이 머리를 짜내었지만, 냉기의 해로운 영향을 떨쳐버릴 수 없었다. 나는 계속 불을 피웠으며, 매우 불쾌한 연기를 참아냈다. 온몸을 담요로 감싸고 침실에 갇혀 있었으며, 한 발짝도 밖에 나갈 엄두를 내지 못했다. 나는 극심한 고난을 겪었고 계속 토했다. 그 후에 두통이 찾아왔다. 식욕이 떨어졌으며, 불면증에 계속 시달렸다.[133]

요하네스는 자신의 고난이 진짜이며 유효하다는 사실을 제대로 아는 사람이다. 그뿐만 아니라, 그는 올림피아스에게도 건강을 애써 돌보라고 충고한다. 질병은 억누르는 본성이 있고 영적 힘을 약하게 하기 때문이다.

숙녀여, 그대에게 부탁합니다. 몸의 건강을 회복하는 데 많은 신경을 써주시기를 정말 부탁드립니다. 낙담하면 병이 생기기 때문입니다. 몸이 지치고 약해질 때, 몸을 돌보지 않을 때, 의사의 도움을 받지 못할 때, 맑은 공기가 없고, 생필품이 제대로 공급되지 않을 때, 그 결과 분노나 절망이 얼마나 큰지 생각해 보십시오.[134]

크리소스토무스는 인간의 상태가 얼마나 깨어지기 쉬운지 잘 알고 있었다. 물리적 행복과 영적 행복이 서로 밀접한 관계에 있음을 깨닫고 있었다. 그가 올림피아스에게 보낸 편지가 이를 잘 보여 준다.[135] 그가 슬퍼하는 사람을 권면할 때에도 우리는 똑같은 통찰을 본다. 한편으로, 요하네스는 죽음이 왔을 때 그리스도인이 보여야 하는 신앙의 태도와, 죽음에서 배울 수 있는 가치 있는 교훈에 대해 주저하지 않고 말했다.

그대는 인간으로 태어났으며, 죽을 수밖에 없습니다. 왜 그대는 자연적인 일이 일어난 것에 대해 슬퍼하십니까? 먹어서 영양분을 섭취할 때 슬퍼하십니까? 먹지 않고 살려고 하십니까? 죽음의 경우에도 똑같이 행동하십시오. 나고 죽을 존재로서 불멸성을 추구하지 마십시오. 이것이 최종적으로 정해진 일입니다. 따라서 슬퍼하지 마시고 통곡하지 마십시오. 그저 모든 사람에게 똑같이 주어진 법에 따르십시오.[136]

다른 한편, 요하네스는 고통을 잘 알고 있다. 죽음 때문에 생기는 분리는 남은 사람들에게 고통을 준다. 그는 이러한 슬픔이 인간의 자연스러운 반응이라고 인정한다. 예를 들어, 요하네스는 고린도전서 강해에서 질문의 양면을 제대로 균형 있게 보여 주었다. 욥이 자식을 잃고 슬퍼하는 것을 논의할 때다. 욥은 "아버지였으며 사랑하는 아버지였다. 그래서 그의 본성의 측은한 마음을 드러내는 것이……옳았다." 자녀를 잃어도 정말 슬퍼하거나 측은해하지 않는 절제라면 "그냥 냉담한 것"으로 해석되기 쉽다. "따라서 그는 자연적인 감정과 엄격한 경건성을 모두 나타낸다. 그는 슬픔 때문에 넘어지지 않았다."[137] 크리소스토무스는 다음과 같이 올바르게 주장한다. 우리가 슬플 때에도 우리 마음은 복음의 진리를 기억해야 한다. 또한 그가 인정하듯이, 상실을 겪은 사람과 그 슬픔을 같이 하는 사람 모두에게 눈물은 적절한 것 이상이다. 슬픔을 같이하는 것은 올바른 일이다.

슬퍼하는 사람과 함께 슬퍼하는 것이 중요하다. 로마서 강해에서 요하네스는 이를 강조한다. "기쁨과 슬픔을 서로 나누는 것만큼 사랑을 강하게 묶어주는 것은 없기 때문이다. 여러분은 홀로 어려움을 겪지 않는다. 따라서 동정하는 일을 멀리하지 말라."[138] 요하네스는 사도행전 강해에서 이런 생각을 강하게 나타내 보였다. "영혼이 쉽게 동정하도록 하자. 다른 사람의 슬픔을 어떻게 공감할지 아는 마음을 갖자. 냉정하거나 잔인하면 안 된다. 여러분은 위안을 줄 수 없지만 일어난 일에 대해 울고 통곡하고 슬퍼하라."[139]

요하네스는 성경을 깊이 살피면서 고난과 해로운 고난을 구분하는데, 이는 중요한 일이다. 그리스도인은 모두 고난받으리라는 예상을 할 수 있다. 사실 기독교와 고난은 함께 간다. 하지만 복음의 실재에 몰두하는 사람이 있다면, 고난의 해롭고 지속적인 결과가 은혜 속에서 지워져 영혼이 성장하게 된다.

> 이것이 우리 삶이다. 사도다운 삶의 방식대로 살면, 무수히 많은 악을 겪는다. 이는 자연스러운 결과다.……그래서 사도다운 삶은 본래부터 모욕을 겪고 악을 겪으며, 결코 쉬지 못하며 적대를 당하기 마련이다. 그러나 많은 이들이 깨어 있기 때문에, 그들은 이러한 사건에서 해를 받지 않으며, 오히려 유익을 얻는다.[140]

진정한 악을 대수롭지 않게 여기는 사람이 있다. 또한 하나님의 도덕 질서를 일부러 위반하는 사람들이 있다. 바로 그러한 사람들에게만 해로운 고난이 생긴다. 다시 말하자면, 크리소스토무스가 보기에 죄와 참된 해악은 밀접하게 연결되어 있다. 이러한 역학 관계를 보여 주는 핵심적 예가 헤롯 안티파스이다. 그는 세례 요한을 부당하게 처형한 일에 책임이 있는 통치자이다. 세례 요한의 목이 잘린 것에 대한 죄의 쓰디쓴 열매를 거두는 사람은 헤롯이다. 죄수 요한이 헤롯의 죄를 책망했을 때 헤롯이 겪은 고난의 본질을 상상해 보라고 크리소스토무스는 독자에게 요구한다. 요한을 처형한 직후 헤롯은 양심 때문에 괴로워했다. 그래서 "요한이 죽은 사람 가운데서 살아나서 기적을 행하고 있다고 믿을 정도가 되었다."[141] 결국 헤롯은 영원히 처벌받지만 요한은 믿음으로 면류관을 받는다. "따라서 '왜 요한을 죽도록 두었는가'라고 말하지 말라. 일어난 일은 죽음이 아니라 면류관이었으며, 종말이 아니라 더 큰 삶의 시작이었다."[142]

십자가에 비추어 볼 때, 그리스도를 품에 안은 사람에게는 악과 죄가 최후통첩일 수 없다. 요하네스는 성경을 살펴보면서 이 사실을 점점 깨달았다. 중요한 것은 우리가 십자가를 어떻게 파악하느냐에 달려 있다. 요하네스는 예수와 함께 십자가에 달린 강도를 생각해 보라고 촉구한다. 그 강도는 삶의 마지막 순간에 그리스도를 믿었다. 십자가를 둘러싼 군중과 강도가 똑같은 사건이 일어나고 있는 것을 보았다. 그러나 십자가에 걸려 넘어간 것은 군중뿐이다. 강도는 똑같은 사건을 보았지만, 전혀 다르게 반응했다. "십자가에 달린 강도는 그러한 종류의 사람들을 정죄한다. 그는 그리스도께서 십자가에 달리신 것을 보았기 때문이다. 그의 신앙은 흔들리지 않았다. 그뿐 아니라, 십자가 사건에서 그리스도인으로 여겨질 만한 보다 큰 근거를 얻었다."[143]

강도는 십자가에 대해 분별력 있게 반응했다. 이 일을 이루는 중요한 요소는 무엇이었는가? 첫째, 요하네스의 대답에 따르면, 강도는 인간의 생각을 넘어서려 했다. 다시 말해서, 강도는 보이는 그대로 보려는 유혹을 막으려 했다. 둘째, 강도는 처음으로 신앙을 가졌고, 그 덕분에 현재 상황을 넘어설 수 있었다. 그는 좀더 넓게 생각했다. 미래에 대한 희망도 여기에 들어간다. 이는 성자가 겉으로 보기에 패배하고 죽는 것 같은 사건에 대해 당장 어떻게 반응할지를 결정했다. 요하네스의 표현처럼, "그는 신앙의 날개로 날아올랐으며, 미래의 일에 대해 묵상했다."[144] 강도는 하나님의 신비스러운 행위 앞에 조심스럽게 순종하는 성향이 있었다. 그래서 강도는 그 상황을 정확하게 파악할 수 있었다. 이와 비교해 볼 때, 군중은 "무감각했고 무지했으며" 십자가의 신비와 유익을 놓쳤다. 군중은 현상에 근거하며 사태를 보았기 때문에 사건의 더 깊은 의미를 볼 수 없었다. 표면 아래 있는 의미를 보지 못한 것이다. 십자가 사건은 그렇게 외로운 곳에서 하나님의 행위를 파악할 수 있는 사람에게만 열린다. 우리의 눈과 귀가 영적으로 민감해야 한다. 이것이 차이를 낳는다.

그래서 성경이 해석학적 틀이 되는데, 요하네스는 유배 중인 자신의 상황을 이해할 때 이 틀을 사용한다. 그는 콘스탄티노플의 양 무리들과 또 스스로에게 "그리스도인처럼 생각하고 그리스도인처럼 살 것"을 촉구한다. 그렇게 한다면, 요하네스의 길을 가로막은 불리한 사건의 해로움이 물러설 것이며, 가장 큰 유익이 생길 것이다. 요하네스가 지칠 줄 모르고 주장하듯이, 선과 악의 문제에서 결정적인 것은 우리 인간의 반응이다. 개인이 복음의 진리를 받아들이고 그 진리를 삶에 구현할 때 성령께서 만드시는 마음가짐이 지배하는 반응이 중요하다. 이와 대조적으로 "세속적이며, 인도하기 힘들고, 제멋대로 완전히 물질적인 사람은 하나님의 섭리를 제대로 읽지 못할 것이다. 하나님께서 하시는 일을 볼 수 있는 눈이 그들에게 없기 때문이다. 신앙에 적극적인 사람만 그 일을 볼 수 있다. 그들은 복음이 관점을 형성하게 하고 그에 따라 행동한다. 요하네스에 따르면, 성경을 지혜롭게 해석하는 것과 삶을 지혜롭게 해석하는 것은 서로 떨어질 수 없다.

추가 연구를 위해

아우구스티누스를 제외한다면, 모든 교부 가운데 오늘날 독자가 가장 이해하기 쉽고 파악하기 쉽고 사용하기 쉬운 것이 요하네스의 주석이다. 과스틴의 말처럼, "헬라 교부 가운데 크리소스토무스만큼 방대한 분량의 문헌을 유산으로 남긴 사람은 없다."[145] 이제 마태복음 강해 90편, 사도행전 설교 55편, 로마서 강해 32편, 고린도전서와 고린도후서에 관한 설교 44편, 에베소서 강해 24편, 빌립소서 강해 15편, 골로새서 강해 12편, 디모데전서 강해 18편, 히브리서 강해 34편, 갈라디아서 주석 1권이 영어로 번역되어 있다. 불행히도 이러한 글은 거의 다 19세기에 번역되어서, 적어도 오늘날 독자의 눈과 귀를 위해서는 다시 한번 다듬어야 한다. 어드만과 헨드릭슨이 출판한 "니케아 교부와 니케아 이후 교부" 총서에서 이 글을 사용할 수 있다. "교부" 총서는 크리소스토무스의 요한복음 강해 88편을 2권에 담았다. 토머스 오든이 편집하고 IVP가 내놓은 "교부들의 성경 주해" 총서에 들어간 본문에서는 옛 번역의 고풍스러운 표현을 현대인이 쉽게 이해할 수 있게 바꾸어 놓았다.

주

1 Robert Payne, *The Fathers of the Eastern Church* (New York: Dorset Press, 1989), 67쪽.

2 나는 이 비유를 알리스터 맥그라스나 토머스 마쉬에게서 빌려왔다고 믿는데, 정확한 출처는 기억이 나지 않는다.

3 Thomas Marsh, *The Triune God:* (Mystic, Conn.: Twenty-Third Publications, 1994), 104쪽. 나는 아리우스 논쟁에 대한 마쉬의 토론이 매우 유익하다고 생각한다. 아타나시우스와 아리우스 사이의 논쟁에 대한 나의 설명은 마쉬의 토론에 빚지고 있다. Alister McGrath, *Studies in Doctrine* (Grand Rapids, Mich.: Zondervan, 1997)도 도움이 된다.

4 Athanasius, *Four Discourses Against the Arians*, Discourse 3, NPNF Second Series, vol. 4 (Peabody, Mass. : Hendrickson, 1994), 408쪽.

5 Athanasius, *Contra Gentes* 9. Alvyn Pettersen, *Athanasius* (Harrisburg, Penn.: Morehouse Publishing, 1995), 91쪽에서 인용.

6 Pettersen, *Athanasius*, 91쪽.

7 Athanasius, *Ad Adelph*. 8. Pettersen, *Athanasius*, 91쪽에서 인용.

8 Athanasius, *De Incarnatione* 7. Pettersen, *Athanasius*, 91쪽에서 인용.

9 Pettersen, *Athanasius*, 91쪽.

10 Athanasius. *De Incarnatione* 14-15. Pettersen, *Athanasius*, 68쪽에서 인용.

11 C. S. Lewis, "Introduction to St. Athanasius", in Athanasius, *On the Incarnation* (Crestwood, N.Y. : St. Vladimir's Seminary Press, 1982), 9쪽. 12) 같은 책.

13 Athanasius, *Four Discourses Against the Arians*, 408쪽. 14) 같은 책.

15 같은 책, 409쪽.

16 같은 책, 410쪽.

17 같은 책.

18 같은 책, 411쪽.

19 St. Athanasius, *On the Incarnation* (Crestwood, N.Y.: St. Vladimir's Seminary Press, 1982).

20 Athanasius, *The Life of Antony and the Letter to Marcellinus* (New York: Paulist Press, 1980).

21 Athanasius, *Four Discourses Against the Arians*, 306-447쪽.

22 *Letters of Athanasius*, NPNF Second Series, vol. 4 (Peabody, Mass.: Hendrickson, 1994), 551쪽.

23 Johannes Quasten, *Patrology*, vol. 3 *The Golden Age of Greek Patristic Literature* (Westminster, Md: Christian Classics, 1986), 54쪽.

24 Payne, *Fathers of the Eastern Church*, 170쪽.

25 Frederick Norris, "Gregory of Nazianzus", in *Encyclopedia of Early Christianity*(New York: Garland, 1991), 397쪽.

26 Gregory of Nazianzus Oratio 4.10. Payne, *Fathers of the Eastern Church*, 174쪽에서 인용.

27 Payne, *Fathers of the Eastern Church*, 174쪽.

28 Quasten, *Patrology*, 3:236.

29 Gregory of Nazianzus, "In Defence of His Flight to Pontus", in *Orations and Letters*, NPNF Second Series, vol. 7 (Peabody, Mass.: Hendrickson, 1994), 204-227쪽 참조.

30 Norris, "Gregory of Nazianzus", 398쪽.

31 Greogory of Nazianzus, Epistle 80. Anthony Meredith, *The Cappadocians* (Crestwood, N.Y.: St. Vladimir's Seminary Press, 1995), 50쪽에서 인용.

32 Norris, "Gregory of Nazianzus", 398쪽.

33 Gregory of Nazianzus, Oratio 42.27. Payne, *Fathers of the Eastern Church*, 192-193쪽에서 인용.

34 Edward R. Hardy, ed., *Christology of the Later Fathers*, Library of Christian Classics (Philadelphia: Westminster Press, 1954), 117쪽.

35 같은 책.

36 Gregory of Nazianzus, "The First Theological Oration," *in Christology of the Later Fathers*, ed. , Hardy, 128쪽.

37 같은 책, 129쪽.

38 같은 책.

39 앤서니 메리디스에 따르면, 그레고리우스가 "하나님께서는 마음이 순결한 사람에게만 참된 빛이 되실 수 있다"고 주장할 적에 그는 분명히 오리게네스에게 의존하고, 그를 통해 플라톤에게 의존하고 있다. 메리디스에 따르면, 그 주장은 "완전한 구원을 이루기 위한 사전 준비는 도덕적 순결이며, 이것이 비전에 이른다"는 말이다. 이 점에서도 그레고리우스는 오리게네스의 제자임을 드러내며, 오리게네스를 통해 그가 플라톤의 제자임을 드러낸다. 두 사람 모두가 보기에, 도덕성과 지성에 있어 훈련으로 정화된 사람만이 최고의 신비에 이르는 길을 얻는다. 따라서 메리디스에 따르면, 『국가』, 7권과 『제1원리』, 2.11.7의 정신을 분명하게 구별될 수 있다." (Anthony Meredith, The Cappadocians, 43쪽).

40 Gregory of Nazianzus, "First Theological Oration" , 130쪽.

41 Jaroslav Pelikan, *Christianity and Classical Culture: The Metamorphosis of Natural Theology in the Christian Encounter with Hellenism* (New Haven, Conn.: Yale University Press, 1993), 174쪽. Gregory of Nazianzus, Oratio 21.5, SC 270: 118-120쪽.

42 Gregory of Nazianzus, Oratio 21,24, SC 270:160. Pelikan, *Christianity and Classical Culture*, 175쪽에서 인용.

43 Gregory of Nazianzus, "First Theological Oration", 131쪽.

44 같은 책, 130쪽.

45 같은 책, 131쪽.

46 같은 책, 132쪽.

47 같은 책.

48 Gregory of Nazianzus, "The Third Theological Oration-On the Son, in *Christology of the Later Fathers*, ed. Hardy, 173쪽.
같은 책, 174-175쪽.

50 같은 책, 180쪽.

51 Gregory of Nazianzus, "The Fifth Theological Oration-On the Spirit", in *Christology of the Later Fathers*, ed. Hardy, 207쪽.

52 같은 책, 208쪽.

53 같은 책, 209쪽.

54 같은 책.

55 같은 책, 210쪽.

56 같은 책, 211쪽.

57 같은 책, 214쪽.

58 Frederick Norris, "Gregory Nazianzen: Constructing and Constructed by Scripture", in *The Bible in Greek Christianity Antiquity*, ed. Paul M. Blowers (Notre Dame, Ind. : University of Notre Dame Press, 1997), 152쪽. 이 점에서 그레고리우스의 주석에 대한 나의 분석은 노리스 논문을 요약했다. 나는 그의 전문성과 통찰에 많이 의존했다.

59 같은 책, 153쪽.

60 같은 책, 149쪽.

61 같은 책, 155쪽.

62 같은 책.

63 같은 책.

64 같은 책.

65 같은 책.

66 이어지는 논의는 Norris, "Gregory Nazianzen", 155-156쪽에서 나온다.

67 같은 책, 156쪽.

68 같은 책.

69 같은 책, 157쪽.

70 Gregory Nazianzen, *Orations and Letters*, NPNF Second Series vol. 7 (Peabody, mass. : Hendrickson, 1994), 203-482쪽.

71 Edward R. Hardy, ed., *Christology of the Later Fathers*, 128-214쪽.

72 St. Gregory Nazianzen, *Funeral Orations*, trans, Martin R. P. McGuire, F 22 (Washington: The Catholic University of America Press, 1953).

73 St. Gregory of Nazianzus, *Three Poems: Concerning Himself and the Bishops, Concerning His Own Life*, trans. Denis Molaise Meehan, FC 75 (Washington: The Catholic University of America Press, 1987).

74 Payne, *Fathers of the Eastern Church*, 113쪽.

75 Gregory of Nyssa, *Life of St. Macrina*. Clark, *Women in the Early Church*, 241쪽에서 인용.

76 St. Basil, *Letters*, vol. 2, trans, Sister Agnes Clare Way, FC 28 (Washington: The Catholic University of America Press, 1955), 127쪽. Johannes Quasten, *Patrology*, 3:204-205에서 이 편지를 언급한다.

77 같은 책, 127-128쪽.

78 Quasten, *Patrology*, 3:205에서 인용.

79 Basil the Great, *Homily Delivered in Times of Famine and Drought. Social Thought*, trans. Peter Phan, Message of the Fathers of the Church, vol. 20 (Wilmington, De.: Michael Glazier, 1984), 118쪽에서 인용.

80 Norris, "Basil of Caesarea", in *Encyclopedia of Early Christianity*, 140쪽.

81 St. Basil, *Letters*, 39쪽.

82 같은 책.

83 Gregory of Nazianzus, Epistle 50. Payne, *Fathers of the Eastern Church*, 182에서 인용.

84 Blomfield Jackson, "Introduction to the Hexaemeron", NPNF Second Series, Vol 7 (Peabody, Mass.: Hendrickson, 1994), 51쪽.

85 Gregory of Nazianzus, Oratio 43.67 (PG 36:585). Pelikan, *Christianity and Classical Culture*, 7쪽에서 인용.

86 Pelikan, *Christianity and Classical Culture*, 226쪽.

87 Basil, *The Hexaemeron*, trans. Blomfield Jackson, NPNF Second Series, vol. 7 (Peabody, Mass.: Hendrickson, 1994), Homily 9:101.

88 같은 책, Homily 3:71.

89 같은 책, Homily 9:102.

90 같은 책, Homily 2:61.

91 같은 책, Homily 2:62.

92 같은 책, Homily 1:52.

93 같은 책, Homily 6:89.

94 같은 책, Homily 1:52.

95 같은 책, Homily 3:65.

96 같은 책.

97 같은 책, Homily 4:72.

98 같은 책, Homily 6:82.

99 같은 책, Homily 1:55.

100 같은 책, Homily 4:75.

101 같은 책, Homily 5:76.

102 같은 책, Homily 5:76-77.

103 같은 책, Homily 5:78.

104 같은 책, Homily 6:88.

105 같은 책, Homily 6:89.

106 같은 책, Homily 7:91.

107 같은 책, Homily 7:93.

108 같은 책, Homily 8:95.

109 같은 책, Homily 8:100.

110 같은 책.

111 같은 책, Homily 9:106.

112 같은 책, 창 1:27; 요 10:30; 14:9; 골 1:15; 히 1:2-3을 참조하라. 나는 번역을 조금 고쳤다.

113 St. Basil, *The Letters*, trans, Roy J. Deferrari, 4 vols., Loeb Classical Library (Cambridge, Mass,: harvard University Press, 1930; reprinted 1953, 1962, 1986).

114 Basil, *Letters and Select Works*, trans, with notes by Blomfield Jackson, NPNF Second Series, vol. 8 (Peabody, Mass.: Hendrickson, 1994).

115 St. Basil the Great, *On the Holy Spirit*, trans, David Anderson (Crestwood, NY : St. Vladimir's Seminary Press, 1980).

116 로버트 크룹은 크리소스토무스의 생애에 나타난 주요 사건과 영향을 간략하지만 탁월하게 기술했다. Robert A. Krupp, "Golden Tongue and Iron Will", *Christian History* 13, No.4, 오랫동안 크리소스토무스의 중요한 전기는 F. Chrysostomos Baur, *John Chrysostom and His Time*, 2 vols, (Philadelphia: Westminster Press, 1959-1960)의 전기였다. 바워의 전기가 지배적이었지만, J. N. D. Kelly, *Golden Mouth: The Story of John Chrysostom, Ascetic, Preacher, Bishop* (Ithaca, N. Y,: Cornell University Press, 1995)의 도전을 받았다.

117 Payne, *Fathers of the Eastern Church*, 195쪽.

118 John Chrysostom, *On the Priesthood*, trans, Graham Neville (Crestwood, N.Y: St. Vladimir's Seminary Press, 1984), 38-40쪽에서 인용.

119 Payne, *Fathers of the Eastern Church*, 197쪽,

120 Quasten, *Patrology*, 3:433.

121 J. A, Sawhill, "The Use of Athletic Metaphors in the Biblical Homilies of St. John Chrysostom", (Th.D. diss., Princeton University, 1928).

122 John Chrysostom, *On the Priesthood*, 114-115쪽.

123 같은 책, 115-116쪽.

124 Isidore of Pelusium, Epistle 5:32. Quasten, *Patrology*, 3:442에서 인용.

125 John Chrysostom, *On the Priesthood*, 123쪽.

126 John Chrysostom, *Homilies on Colossians*, NPNF First Series, vol. 13 (Grand Rapids, Mich. : Eerdmans, 1988), Homily 9:300-301. 나는 그 구절을 현대화해서 표현을 조금 바꾸었다.

127 영어로 사용할 수 있는 번역본은 박사학위 논문의 한 부분으로 완성된 내 번역밖에 없다. *John Chrysostom's "On Providence": A Translation and Theological Interpretation* (Ann Arbor, Mich.: University Microfilms International, 1991).

128 같은 책, 155쪽.

129 같은 책, 156쪽.

130 같은 책, 333-334쪽.

131 같은 책, 334쪽.

132 John Chrysostom, *Homilies on Galatians, Ephesians, Philippians, Colossians, Thessalonians, Timothy, Titus and Philemon*, NPNF First Series, vol. 13 (Grand Rapids, Mich.: Eerdmans, 1988), Homily 9:512.

133 John Chrysostom, *Letters of St. Chrysostom to Olympias*, trans. W. R. W. Stephens, NPNF First Series, vol. 9 (Grand Rapids, Mich : 1988), 297쪽. 나는 번역을 조금 현대적으로 고쳤다.

134 같은 책, 293쪽. 나는 번역을 조금 현대적으로 고쳤다.

135 Christopher A. Hall, "Letters from a Lonely Exile", *Christian History* 13, No.4, 30-32쪽 참조.

136 John Chrysostom, *Homilies on the Acts of the Apostles and the Epistle to the Romans*, NPNF First Series, vol. 11 (Grand Rapids, Mich.: Eerdmans, 1988), Homily 22:507. 나는 번역을 조금 고쳤다.

137 John Chrysostom, *Homilies on the Epistle to the Corinthians*, First Corinthians, NPNF First Series, vol. 12 (Grand Rapids, Mich.: Eerdmans, 1988), Homily 28:166.

138 John Chrysostom, *Homilies on the Acts of the Apostles and the Epistle to the Romans*, NPNF First Series, vol. 11 (Grand Rapids, Mich.: Eerdmans, 1988), Homily 22:507. 나는 번역을 조금 고쳤다.

139 같은 책, Homily 23:266.

140 John Chrysostom, "On Providence", 361쪽(20:5-6).

141 같은 책, 376쪽(22:8).

142 같은 책, 377쪽(22:10).

143 같은 책, 320쪽 (14:9).

144 같은 책.

145 Quasten, *Patrology*, 3:429.

5장
서방의 네 박사:
암브로시우스, 히에로니무스,
아우구스티누스, 대 그레고리우스

라틴어를 썼던 이 네 명의 박사가 주목받는 이유는 이들이 대표하는 주석 전통이 다양하고 풍부하기 때문이다. 히에로니무스와 암브로시우스 같은 라틴어 주석가는 성경 본문에서 의미를 찾을 때 알렉산드리아의 전통을 반영해 풍유법에 기대었다. 제럴드 브레이는 히에로니무스를 "의심할 나위 없이 서방 교회가 낳은 가장 위대한 성경학자"라고 묘사한다. 히에로니무스는 처음에 오리게네스의 풍유법에 끌렸다. 물론 나중에 그는 그 방법을 강하게 비판했다.[1] 암브로시우스는 아우구스티누스에게 성경을 처음 가르쳐 준 사람이었다. 그는 아우구스티누스에게 풍유를 사용하는 해석 방법론을 가르쳐주었다. 그래서 아우구스티누스는 성경을 해석할 때 문자적 방법과 풍유법을 모두 사용했다. 대 그레고리우스는 암브로시우스처럼 교회사 속에서 위대한 목회자로 남아 있다. 그는 성경 본문에 있는 좀더 깊은 풍유적 의미를 찾아내기를 좋아했다. 서방 교회의 박사 네 사람은 모두 적어도 어느 정도까지는 풍유를 통한 해석 방법을 사용했다. 그렇다고 해서 그들의 해석 전통을 하나의 범주에 묶기는 어렵다. 이 장에서 이를 살펴볼 것이다.

암브로시우스(337/339~397년)

암브로시우스는 로마 가문에서 태어났는데 유명한 로마 기독교의 혈통을 잇는 은혜를 받은 가문이었다. 로버트 페인의 말처럼, 그는 "추기경 가문에서 태어나서……평생 추기경으로 살았다. 그는 죽기 훨씬 전부터 이미 성인으로 추앙받아 평생 귀족의 자줏빛 예복을 입었다."[2] 디오클레티아누스 황제의 박해 때 희생된 처녀 순교자 소테리스가 그의 친척으로 추정된다. 암브로시우스가 아주 어릴 때 아버지가 사망했기 때문에, 그는 어머니, 두 명의 형제, 한 명의 누이와 로마에서 자랐다. 암브로시우스가 유년기와 청년기를 어떻게 보냈는지에 대한 정보는 많지 않다. 로마 정부는 36세의 암브로시우스를 북부 이탈리아의 아이밀리아―리구리아의 총독으로 임명했다. 밀라노의 평화를 유지하는 것도 암브로시우스의 책임이었다. 찰스 칸넨기서는 로마에서 받은 그의 유산에 대해 다음과 같이 말한다.

> 공식적으로 교리 입문반에 등록되었을 때, 그는 기독교 가문의 유산에 충실했지만 신학 논쟁에 빠지지는 않았다. 그는 훈련을 통해 공직을 준비했다. 그는 최근의 저술가뿐 아니라 그리스 저술가, 오래된 시인, 고전 역사가를 좋아했다. 물론 그는 베르길리우스와 키케로의 글도 외웠다. 암브로시우스는 부유한 지주의 아들이었다. 그는 당대 신플라톤주의 철학자가 장려한 인문 전통을 소화하는 데 열심을 내었다. 그 결과 그는 그리스 문화를 정말 잘 아는 재능 있는 마지막 로마인 가운데 한 사람으로 여겨진다.[3]

암브로시우스가 직업을 갑자기 바꾸었을 때 이러한 문화적, 언어적 배경은 매우 유용했다. 그는 아리우스주의자 아우센티우스 주교 대신 밀라노 주교로 임명되었다. 암브로시우스는 필로와 플로티누스 같은 그리스 철학자를 접했으며, 대 바실리우스 같은 헬라 교부를 알았다. 분명히 이는 암브로시우스가 성경을 해석하는 방법에 영향을 끼쳤을 것이다. 그런데 왜 로마 총독이 갑자기 주교가 되었는가?

아우센티우스가 죽자 그를 대신할 사람이 있어야 했다. 이는 예수의 신성을 부정하지만 예수를 높여진 창조물로는 인정했던 아리우스주의 진영과 예수가 완전한 하나님이라고 주장하는 사람들 모두에게 커다란 문제였다. 밀라노에서는 신학 논쟁이 뜨겁게 일어나서 공공질서가 위험해질 정도였다. 지방 총독이었던 암브로시우스는 이 문제에 개입하게 되었다. 암브로시우스는 아리우스주의 입장을 강하게 반대했고, 평생을 그렇게 했다. 하지만 아리우스주의자와 비 아리우스주의자는 아우센티우스 대신 그를 주교로 임명하는 데 의견을 같이했다. 암브로시우스는 만장일치로 주교가 되었다. 로마 정부에서 편파적으로 일하지 않고 공정했다는 명성을 얻었기 때문이었던 것 같다.[4] 신장이 160센티미터밖에 되지 않은 암브로시우스는 신체적으로는 그렇게 깊은 인상을 주지 못했다. 하지만 그의 강한 신앙과 개성은 곧 힘을 발휘하였다.

암브로시우스는 기독교 사역을 하라는 요구를 거부했다. 그는 고요하게 기도하는 수도원 생활이 더 적합하다고 느꼈다. 암브로시우스는 기독교 지도자가 되는 공식 수업을 거의 받지 않고 세례를 받아야 했다. 밀라노의 기독교 공동체는 수도원 생활을 원하는 그의 뜻을 받아들이지 않았다. 그는 일주일 만에 세례와 주교 서품을 받았다. 그는 배워야 할 것이 많았다. 암브로시우스가 나중에 회고하듯이, 그는 "자신의 의지와는 달리" 주교가 되어버렸기에, 주석가가 될 수밖에 없었다.[5] 베르트랑드 마제리에 따르면, 적어도 일반적인 의미에서 암브로시우스의 배경은 기독교 주석가의 사역을 잘 감당할 수 있도록 했다. "그는 헬라어를 알았으며, 학교에서 암기하는 습관을 들였다. 호메로스와 베르길리우스의 시를 읽으면서 문자적 의미와 풍유적 의미를 알아내고 해석하는 연습을 했다. 무엇보다도 텍스트의 도덕적 의미를 알아내고 해석하는 연습을 했다. 그는 주석할 수 있는 재능을 갖추었다." 이는 당시에 드문 재능이고 능력이었다.[6]

심플리키아누스는 밀라노 교회의 장로로 나중에 암브로시우스를 이어 주교가 되었다. 암브로시우스는 그의 지도를 받아 성경을 집중적으로 연구하였다. 주교가 되고 나서 암브로시우스가 평생 동안 행하고 본으로 삼았던 일이 바로 성경 연구다. 아우구스티누스는 『고백록』에서 심플리키아누스를 암브로시우스의 영적 아버지라고 묘사했다. 아우구스티누스에 따르면, 암브로시우스는 심플리키아누스를 "아버지처럼"사랑했다. "그가 하나님의 은혜를 받아들인 것은 심플리키아누스를 통해서였기 때문이다."[7]

영적으로 깊은 갈등을 하고 있던 아우구스티누스에게 암브로시우스의 가르침은 감동을 주었다. 아우구스티누스의 표현에 따르면, 암브로시우스는 "세상에서 가장 선한 사람이었다." 아우구스티누스는 하나님께서 자신을 암브로시우스에게 인도하셨다고 확신했다. "그래서 그에 의해 내가 하나님 당신에게 인도되었음을 알도록 하기 위해서였다"라고 아우구스티누스는 말했다. 암브로시우스는 "아버지처럼" 아우구스티누스를 반겼다. "주교인 암브로시우스는 내가 온 것이 얼마나 기쁜지 모른다고 내게 말했 다."[8] 흥미롭게도 처음에 아우구스티누스를 끌어당긴 것은 암브로시우스의 생각이 아니라 그의 성품이었다. "내 마음은 그를 향해 뜨거워졌다. 처음에 그는 진리의 선생이 아니라 나에게 친절을 베푼 사람이었다. 나는 하나님 교회에서 진리를 찾는 일에 실망하고 있었다.[9]

하지만 아우구스티누스가 그리스도인이 되도록 하는 데에 암브로시우스의 성품만으로는 충분하지 않았던 것 같다. 암브로시우스는 아우구스티누스가 성경을 이해할 수 있도록 성경을 읽어주었다. 여러 해 동안 성경 이야기는 아우구스티누스에게 혐오감을 주었다. 그가 보기에 일부 성경, 특히 구약은 하나님을 무가치하게 묘사하기 때문이다. 암브로시우스는 아우구스티누스가 성경을 새롭게 읽을 수 있도록 도와주었다. 암브로시우스는 성경 본문에는 세 가지 의미가 있다고 보았다. 문자적 의미, 도덕적 의미, 영적 또는 신비적 의미이다. 그는 문자적 의미에 감추어져 있거나 덮여 있는 의미가 있다고 보았다. 이는 문자보다 그 의미가 깊다. 이것이 성경을 이해하지 못하는 아우구스티누스의 절망을 가시게 했다.

> 저는 보편교회의 신앙이 마니교의 반박을 물리칠 수 없다고 여겼습니다. 그러나 이제는 보편교회의 신앙을 제대로 유지할 수 있다고 믿기 시작했습니다. 특히 상징적으로 설명되는 구약의 한 구절 한 구절을 들었기 때문입니다. 내가 그러한 구절을 말 그대로 받아들였을 때, 나는 그것을 제대로 알아듣지 못했습니다. 저는 그때까지 율법과 예언자를 미워하고 비웃는 사람들을 반박하는 것은 거의 불가능하다고 절망스럽게 생각했습니다. 하지만 각 구절들이 영적 의미에서 설명되는 것을 들을 때, 나 스스로를 책망하기 시작했습니다.
>
> ……적어도 저는 율법과 예언자의 옛 성경을 다른 시각에서 해석하는 법을 보게 되었기에 기뻤습니다. 이전의 시각을 통해서는 성경이 말도 되지 않는 것처럼 보였습니다. 하나님의 성인들이 실제로 갖지도 않았던 그런 믿음을 그들이 지니고 있다고 내가 그들을 비판했던 것입니다. 나는 암브로시우스가 설교하면서, 기록된 율법은 죽음을 주지만 영적 율법은 생명을 준다는 본문을 사람들에게 반복해서 말할 때 기뻤습니다.[10]

암브로시우스와 아우구스티누스는 일부 기독교 해석가들에게 대응하기 위해 성경 본문의 "문자적" 의미에 관해 이야기했다. 그들은 은유 같은 일상적 문학 도구를 무시하고 구약을 철저하게 활기 없는 의미로 받아들이는 것만 고수했다. 이들은 물질적 의미로 해석하는 것만 고집하기 일쑤였다. 암브로시우스의 설교를 듣는 많은 이들은 주석을 "자연적이고 직접적이고 심사숙고하지 않아도 되는" 일로 여겼다. 그 결과 여러 가지 "잘못과 말도 안 되는 소리"가 나왔다. 암브로시우스는 본문의 문자적 의미를 무시하지 않았다. "하지만 많은 경우 영적 의미를 요구했다. 우리는 그 의미를 비유적인 문자적 의미로 여길 것이다."[11]

6장에서 우리는 암브로시우스의 해석학 방법론을 자세하게 살펴볼 것이다. 이러한 성경 읽기 방법은 헬레니즘 철학에 뿌리를 두고 있으며, 많은 기독교 신학자가 행했던 방법이다. 특히 이집트 알렉산드리아에서 이 방법이 성행했다. 알렉산드리아 주석이 쓸모 있는지, 살아남을 수 있는지에 대해 크게 의심한 교부들이 있기에 이 논쟁은 자세하게 살펴보아야 한다. 그러나 우선 당분간은 암브로시우스의 주석 방법과 그 결과의 예를 몇 가지 드는 것에 만족해야 할 것이다.

해석의 사례

암브로시우스는 황제, 주교, 사제들에게 많은 편지를 보냈다. 그가 성경을 어떻게 읽었으며 성경을 어떻게 설교해야 한다고 느꼈는지 검토할 때 자료가 되는 보물 창고가 이 편지들이다. 379년 사순절 이전에 콘스탄티우스 주교에게 보낸 편지에서 암브로시우스는 성경을 "바다"로 표현한다. "그 속에 깊은 의미가 있으며, 예언자들의 신비로운 깊이가 있다. 이 바다로 여러 줄기의 강이 흘러들어 왔다. 그 강줄기는 밝고 분명하다. 이 원천은 영원한 생명수를 시원스럽게 뿜어낸다."[12]

물이라는 이미지는 암브로시우스가 성경의 가치에 대해 마음으로 어떤 흐름의 연결을 가지고 있는지 드러낸다. 이는 마음과 가슴으로 성경을 껴안는 것이 중요하다는 것을 보여 준다. 성경의 의미를 효과적으로 설교하기 위해서는 설교에 쓰는 언어를 잘 선택해야 한다. 암브로시우스의 가르침에 따르면, 우리가 성경의 물을 마신다면, 구름이 될 것이며, 메마른 땅을 새롭게 하는 이슬이 될 것이다. 그래서 암브로시우스는 콘스탄티우스에게 다음과 같이 충고한다. "당신 마음의 중심을 채우십시오. 가문의 토지에서 나오는 샘물로 당신의 작은 땅을 적시기 위해서입니다. 그곳에 물이 흐르게 하기 위해서입니다. 따라서 많이 읽고 이해하는 사람은 채워집니다. 그리고 다 채워진 사람은 다른 사람에게 물을 주게 됩니다."[13]

이 물을 콘스탄티우스의 청중에게 "분명하고 명석하게" 전달할 때, 그들은 그 물을 먹을 수 있다. 따라서 설교는 "그 자체의 무기"로 보호해야 한다. 한 마디도 "무의미하게 나가서는" 안 된다. 왜 그러한가? "심한 상처로 괴로워"하며 교회에 오는 사람들이 많은데, 말씀은 "영혼의 상처를 감싸는 붕대"이기 때문이다. "말씀의 기름"이 그들의 굳어진 가슴을 부드럽게 해야 그들이 들을 것이다. "찜질 약을 쓰십시오." 암브로시우스가 콘스탄티우스에게 충고하듯이, "건강에 유익한 조언이라는 붕대를 감으십시오."[14]

암브로시우스는 그의 양 무리에게 건강에 유익한 조언을 해주려고 애썼기 때문에 성경의 도덕적 의미에 초점을 두는 경우가 많았다. 387년 봄, 사제 호론티아누스에게 보내는 편지에서 암브로시우스는 6일간의 세계 창조에 담긴 도덕적 의미와 신비적 의미를 발전시켰다. "하나님께는 하시려는 일을 하시는 데 한 순간만으로 충분한데도" 왜 하나님은 세계를 한 번에 창조하지 않으시고 6일 동안 창조하셨는가? 하나님은 질서의 하나님이시고, 창조 자체가 질서를 요구하기에 6일을 사용하신 것이다.

“만들어지는 것에는 질서가 있어야 한다. 일반적으로 질서에는 시간과 수가 있어야 한다.”

이어서 암브로시우스는 본문에 담긴 도덕적 지혜를 곧바로 다루었다. 하나님이 세상을 6일 동안 창조하신 이유는 우리에게 어떻게 일해야 하는지 그 유형을 보여 주기 위해서다. “그분은 날과 계절의 수를 준수하셨다. 어떤 일을 잘하려면 우리에게도 역시, 계획과 일을 서두르지 않고 올바른 질서를 지키게 하기 위해서 시간이 필요하다.[15] 마지막으로 하나님은 제7일에 쉬셨다. 그래서 암브로시우스는 신비적 차원이나 풍유적 차원에서 7이라는 수에 있을지도 모르는 연결점을 살펴본다.

암브로시우스는 성경 본문에 담긴 신비적 의미나 풍유적 의미를 찾아내는 데 관심을 둔다. 분명히 이는 그의 해석학의 측면 가운데 오늘날 많은 해석학자가 정말 곤란하게 여기는 측면이다. 풍유적 해석에는 해석학적 통제가 없다. 또한 성경 본문을 주관적 변덕에 마구 내맡기는 것 같기도 하다. 예를 들어, 에스겔은 지성소 바깥문에 대해 말한다. 그런데 암브로시우스는 에스겔이 그 문을 동정녀 마리아를 가리킨다고 주장한다. 과연 그럴까?

> 동편으로 향하며 닫혀 있는 바깥문이 있다. 지성소의 그 문은 무엇인가? 말씀하시기를, “이스라엘의 하나님 외에 누구도 그 문을 지나가지 못할 것이다.” 구속주께서 이 세상에 오시는 통로가 바로 마리아가 아닌가?……성경에서 말하는 그 문은 거룩한 마리아이다. “주 하나님께서 그 문을 지나가실 것이며” 출산 후에 “그 문이 닫힐 것이다.” 마리아는 처녀로서 임신하고 출산했기 때문이다.[16]

오늘날 많은 학자가 암브로시우스의 이런 판단에 대해 반대할 것이다. 하지만 암브로시우스는 성경 전체를 지배하는 이야기라는 렌즈를 통해 성경을 읽는 것이 정당하다고 주장할 것이다. 결국 예수도 율법과 예언자가 자신에 대해 말씀했다고 가르치셨다(눅 24:25-27 참조). 하지만 우리는 다음과 같이 물을 수 있다. 율법과 예언자는 예수에 대해 어떻게 말했는가? 알렉산드리아 전통에 있는 많은 교부처럼 암브로시우스는 성경 본문의 문자적 껍질이 보다 깊은 의미를 감싸고 있다고 믿었다. 깊은 의미란 우리가 성령을 통해서만 알 수 있는 메시지이다. 하나님이 그리스도 안에서 이루신 사역에 초점을 두는 성경의 중심 이야기와 일치하는 메시지이다. 암브로시우스는 다음과 같이 물을 것이다. 에스겔이 성령을 통해서 예언자로서 말하고 있다면, 그가 마리아에 대해 베일에 덮인 방식으로 이야기하는 것을 본다고 해서 놀라야 할 이유가 있는가?

무엇보다도 해석학적 주관주의에 빠지지 않으면서도 이렇게 깊은 의미를 찾아내고 해석할 수 있는 방법은 무엇인가? 풍유를 통한 해석이 제기하는 문제가 바로 이것이다. 암브로시우스에 따르면, 상상에 가까운 해석에 제동을 거는 것은 성경 이야기 자체이다. 창세기 2장에 나오는 창조 설명과 4장에 나오는 출생 이야기에 대한 그의 주석을 살펴보라. 하와는 아담의 갈비뼈에서 창조되고, 가인과 아벨의 어머니가 된다. 암브로시우스는 이 본문을 그리스도의 성육신과 구속 사역에 비추어 읽으며, 이 본문이 그리스도의 몸인 교회의 본질을 이해하는 것과 연결된다고 보았다. 왜 하와는 타락한 후에 자녀를 두었는가? 하와의 임신은 그리스도의 구속 사역과 어떻게 연결되는가? 암브로시우스는 의식적으로 바울의 관점에서 창세기를 읽는다.

> 하나님은 흠 없는 사람을 하나 두기보다, 구원하실 수 있는 사람을 하나 이상 두시기 원하셨다. 하나님께서는 남자와 여자를 지으신 분이시기에 죄인을 구하시기 위해 이 세상에 오셨다. 마지막으로, 그분은

> 가인이……자녀를 낳기 전에 죽도록……두시지 않았다……구속을 낳을 예정인 사람(하와)이……속임을 당했다……하지만 (우리가 듣기로, 여인은) "출산을 통해 구원받을 것이다"(딤전 2:13-15), 여인의 출산을 통해 그리스도께서 오셨다.[17]

에베소서 5장 32절에 나타난 바울의 가르침도 암브로시우스의 생각에 들어 있는 것 같다. "이 비밀이 크도다. 내가 그리스도와 교회에 대하여 말하노라." 암브로시우스는 바울의 이 구절을 창세기 2장 24절에 비추어 읽는다. 그는 바울이 "아담에게서 그리스도를, 하와에게서 교회를" 보고 있다고 이해했다. "따라서 어떤 식으로든 교회는 하와의 죄를 지었지만 (교회를 나타내는) 하와는 마리아를 통해 그리스도를 낳음으로써 구원받았다."[18]

많은 교부들이 이러한 유형의 기독론적, 교회론적 해석을 했다. 성경 전체 이야기를 그리스도 안에서의 성취에 비추어 읽었기 때문이다.

추가 연구를 위해

암브로시우스의 많은 글을 영어판으로 볼 수 있다. 암브로시우스를 처음 연구한다면 그의 책 『편지들』에 빠져드는 것이 좋다. 미국 가톨릭 대학교 출판부의 "교부" 시리즈 제26권이다. 암브로시우스의 화려한 개성은 그의 편지에 두루 나타나 있다. 그의 편지는 중심인물이나 신학 문제를 소개하며, 암브로시우스가 성경을 어떻게 읽는지 소개한다. 이 점이 가장 중요하다. NPNF의 제10권에는 암브로시우스의 글과 편지를 모아놓았다.[19] NPNF의 영어 번역 수준은 괜찮은 것도 있고, 질이 떨어지는 것도 있다. 하지만 암브로시우스를 더 연구할 마음이 있는 독자라면, 이 책에서 목회와 신학에 관한 중요한 글을 발견할 것이다. 암브로시우스의 윤리적 관점은 포트리스 출판사가 내놓은 "초대 기독교 사상 자료" 시리즈에서 잔 워머가 현대어로 훌륭하게 번역한 『성직자의 의무』에 잘 나타나 있다.[20] 같은 시리즈에 실린 『동정녀에 관하여』는 암브로시우스의 영성을 잘 드러내준다. 이 책은 찰스 칸넨기서가 번역하고 소개 글을 붙였다.[21]

암브로시우스의 성경 주석은 누가복음 주석에서 가장 잘 드러난다. 그러나 불행히도 아직 영어로 번역되지 않았다. 하루 빨리 번역되어야 한다. 이전에 번역되지 않은 자료들은 "교부들의 성경 주해"에 담겨 출판될 것이다.

히에로니무스(347~419/420년)

초기 그리스도인들은 주석과 신학과 영성 면에서 매우 진지했지만, 히에로니무스를 따라올 사람은 없었다. 히에로니무스의 주석은 극적인 형태로 구현된 초기 기독교의 강점과 약점을 보여준다. 그는 태어날 때부터 화를 잘 내고 극도로 예민했다. 일생 동안 그는 이런 자신의 문제점을 다스리려고 애썼다. 그는 다른 사람이나 입장에 반대할 때, 재빨리 공격했고 격렬하게 비난했다. 대개 많은 이들이 그러는 것처럼 그도 성경과 신학에 대한 이해를 자기 정체성과 너무 가깝게 두어 둘을 같은 것으로 여겼다. 히에로니무스의 의견을 공격하는 것은 히에로니무스를 공격하는 것이었다.

로버트 페인이 묘사하듯이, 히에토니무스는 "온화하고 격렬한 사람이다. 점잖고 무례한 사람이다. 정말 교만하고 어린이처럼 겸손한 사람이다. 깊은 증오와 병적 열정을 지닌 사람이다. 그러나 영원히 명료한 머리를 지닌 사람이다. 그는 모순 덩어리였다. 그도 자신을 완벽하게 알고 있었던 것 같다."[22] 사제 오나수스를 야비하게 공격한 일은 그의 잔인한 측면을 보여주는 예다. 히에로니무스는 오나수스의 이름과 보기 흉한 코, 언어 장애를 가지고 그를 놀렸다. 히에로니무스는 오나수스의 모습을 신랄하게 공격하는 오행속요[23]를 쓴 이후에, 잔인하게 다음과 같이 말했다. "오, 너의 코를 가리고, 너의 입을 닥쳐라. 그것이 너의 최선이다."[24]

그러나 히에로니무스는 매우 점잖은 면도 있었다. 특히 어린이에게 그랬다. 한 친구에게 쓴 편지에서, 그는 친구의 딸이 알파벳을 배운다는 것을 알고 도움을 주기 위해 다음과 같이 충고한다.

> 딸을 위해 알파벳을 회양목이나 상아로 만들고 그것에 알파벳 이름을 붙여주게. 딸이 그 알파벳을 갖고 놀게 하고 놀이가 교육이 되게 하게나, 철자법에 맞춰 알파벳을 놓고, 이름을 부르는 노래를 하면서 그 알파벳을 기억하도록 시키게, 때로 철자를 섞어서 마지막 철자를 중간에, 중간 철자를 처음에 놓으면, 그 애가 청각뿐 아니라 시각을 통해서도 철자를 배웠는지 알게 될 것이네.……철자와 음절을 함께 연결하는 법을 익히면, 딸에게 곧바로 작은 선물을 주길 바라네, 그것도 어린 나이에 걸맞은 선물 말일세.……배우는 것이 더디다고 해서 딸을 꾸짖지는 말게. 오히려 칭찬하고 희망을 주게나, 그 애의 의욕이 승리하게 하고 스스로 패배의 고통을 느끼게 하세. 무엇보다도 공부에 환멸을 느끼지 않도록 만드는 게 중요한 것 같네. 그렇지 않으면, 어린 시절에 배운 슬픔이 성년이 될 때까지도 지속될 수 있으니 말일세.……정말이지 교양 있는 사람이라면 아이들을 섬기는 일을 부끄러워하지 않을걸세.……아이들을 멸시해서는 안 되지. 아이들이 없으면 위대한 일이 일어날 수 없으니까.[25]

히에로니무스가 잘 보여 주듯이 하나님은 부족한 인간을 통해 일하신다. 그것이 하나님의 은혜다. 히에로니무스는 자신의 고르지 않은 인격과 평생을 싸웠다. 그는 악의로 많은 사람에게 불필요한 상처를 주기도 했다. 그러나 놀라운 지적 재능과 영적 통찰이 그의 분명한 약점에 스며들었다. 오늘날의 표현을 사용하자면, 히에로니무스는 섬세하게 조율된 지성, 따뜻하지만 혼란스러운 마음, 모난 데 많은 대인 기술을 보여 주었다!

일반적으로 교부 가운데 가장 섬세한 학자로 히에로니무스를 꼽는다. 360년과 367년 사이에 히에로니무스는 10대 후반에 들어서고 있었다. 이때 그는 로마에서 엄격한 연구 과정을 통과했다. 히에로니무스는 고전을 연구했다. 특히 베르길리우스와 키케로의 글을 연구했다. 나중에 그는 헬라어와 히브리어를 배우게 된다. 그가 즐겨 표현하듯이, 정말 "삼중언어 구사자, 즉 히브리어, 헬라어, 라틴어를 사용하는 사람"이 될 것이었다.[26] 사실 히에로니무스는 히브리어를 잘 아는 유일한 교부였다.[27] 히에로니무스는 히브리 성경을 라틴어로 번역하기도 했다. 그의 번역서는 유명하다. 그는 헬라어 신약성경의 일부도 라틴어로 번역했다. 그의 언어 기술과 번역 요령은 이러한 번역 계획에서 잘 드러난다. 그의 라틴어 번역은 후에 불가타 성경으로 불렸다. 히에로니무스의 번역 기술은 그가 지속적으로 번역을 하는 데 영향을 주었다. 장 그리보몽은 이를 다음과 같이 칭송한다.

> 번역을 할 때 히에로니무스는 그의 대적을 공격하거나 그의 편지로 영향을 줄 때보다 훨씬 더 확실한 맛을 보여준다. 한편으로, 히에로니무스의 번역을 통해 영감받은 저자의 위대함을 느낄 수 있다. 또 다른 한편으로, 15세기 동안 사람들의 기도와 독서는 존경받을 만한 초대 기독교의 바실리카 같은 품위를 텍스트[=불가타 성경]에 주었다. 그 텍스트는 서방 세계 모든 곳에서 예술과 언어 면에서 권위를 누렸다. 그렇게도 오랜 세월 동안 그 텍스트가 살아남았다는 사실은 그 텍스트

가 가진 아름다움의 가장 작은 요소조차 되지 못한다. 모호한 신탁에 깊은 충성심을 보여준 기민한 펜의 움직임은 주제의 장엄함을 확보해 주었을 뿐 아니라, 텍스트의 활력과 자연스러움도 잘 살려내었다.[28]

오늘날 그리스도인을 히에로니무스의 생각과 어떻게 가장 잘 연결할 수 있을까? 히에로니무스의 인격은 거칠었다. 때로 그는 괴팍한 성질, 야비한 정신, 자아도취를 보여 주었다. 우리는 이를 넘어서 하나님을 향해 불타는 마음에서 터져 나오는 그의 통찰력을 보아야 한다. 예를 들어, 히에로니무스는 현세의 왕국과 하나님의 왕국이라는 두 세계 사이에서 어떻게 살아야 하는지 배우느라 싸웠다. 그것은 21세기에 살고 있는 많은 그리스도인이 공유하는 투쟁이다. 오늘날 그리스도인은 주변 문화에 대해 어떻게 반응해야 하는가? 거부해야 하는가? 포용해야 하는가? 중립을 지켜야 하는가? 어떻게 세상에 있으면서도 세상에 속하지 않을 수 있는가? 무엇을 읽어야 하며, 영적 건강을 위해 무엇을 피해야 하는가? 오늘날 영화는 우리에게 해를 끼치는가, 아니면 도움을 주는가? 어떤 영화가 그러한가? 우리는 잘 교육받은 그리스도인인 동시에 문학과 사회, 교육, 정치, 오락의 조류에 낯선 고립집단인 기독교라는 게토에서 살 수 있는가? 물음의 목록이 셀 수 없이 늘어나는 것 같다.

히에로니무스는 그의 절친한 친구 파울라의 딸 에우스토키움에게 유명한 편지를 썼다. 이 편지에서 우리는 히에로니무스가 우리와 같은 문제로 싸우고 있음을 본다. 물론 그 자신의 문화적 맥락에서 그렇게 했던 것이다. 그는 키케로와 베르길리우스 같은 세속 저술가에 대해 사랑과 미움을 보인다. 사랑과 미움의 감정이 그 편지에서 매우 분명하게 드러난다. 히에로니무스가 에우스토키움에게 쓴 편지에 따르면, 그는 몇 년 전에 가정과 친구를 떠나 예루살렘에서 "그리스도의 군사가" 되었다.[29] 또한 그는 다음을 인정한다.

> 나는 도서관 없이는 지낼 수 없었다. 나는 로마에서 이 책들을 신경 쓰고 노력해서 모았다. 나는 비참한 상태에 있었지만, 금식을 하면서도 키케로의 글을 자주 읽었다. 밤에 종종 불면에 시달릴 때는 내 마음 깊은 곳에서 과거의 죄에 대한 기억으로 눈물이 쏟아져 내리곤 했다. 그 후에 나는 플라우투스의 책 한 권을 늘 붙들고 있었다. 내가 정신을 차리고 예언자의 글을 다시 읽기 시작했을 때, 그 글의 거친 문체에 거부감이 들었다. 눈먼 상태에서 빛을 볼 수 없었기 때문이다. 나는 이 잘못이 내 눈의 잘못이 아니라 태양의 잘못이라고 여겼다.[30]

히에로니무스는 이렇게 투쟁하다가 병에 걸렸다. 열병에 걸린 상태에서 그는 그리스도의 심판대 앞에 서는 꿈을 꾸었다. 그리스도가 그에게 그의 신분을 물어보셨을 때, 히에로니무스는 자신이 그리스도인이라고 대답했다. "그러자 심판대에 앉으신 분께서 말씀하셨다. '너는 키케로주의자이며, 그리스도인이 아니다. 너의 보화가 있는 곳에 너의 마음도 있다.' 나는 그 순간 충격을 받아 아무 말도 하지 못했다."[31] 히에로니무스는 하나님께 자비를 구했으며, "이방 문헌"을 다시는 읽지 않겠다는 조건하에서 자비를 받았다.

히에로니무스가 이 약속을 지켰을까? 이에 대한 학자들의 의견은 분분하다. 이교도 저자에 대한 언급이 그의 저술을 채우고 있고, 그의 마음은 이교도 저자의 생각에 젖어 있었다. 그래서 그러한 생각이 그의 마음에 불청객처럼 몰래 들어온 것 같다. 히에로니무스가 의식적으로든 무의식적으로든 그의 문화가 제공할 수밖에 없었던 최고 저술가와 서로 영향을 주고받았기에 그의 글이 훨씬 더 풍부해졌다고 주장하는 건 당연하다. 그런데 오늘날 세계에서 우리의 상황은 어떠한가? 우리의 경험을 히에로니무스의 경험과 연결시키면, 최근 21세기에 "제자로 부르심"이 어떤 것인지를 새롭게 통찰할 길이 열릴 것이다.

해석의 사례

히에로니무스는 우리에게 또 다른 도움을 준다. 그의 성경관은 언제나 사려 깊으며, 존경받을 만하고 때로는 환상적이다. 히에로니무스가 그의 세계에서 성경을 읽고 있기 때문에, 그는 우리가 우리 세계에서 성경이 갖는 의미를 식별하는 데 도움을 준다. 우리가 그의 주석에 동의하든 동의하지 않든 말이다. 예를 들어, 오늘날의 언어와 성별, 신학에 관한 물음에 비추어 볼 때, 히에로니무스는 우리에게 도움이 된다. 비록 그가 여성에 대해 모호한 태도를 취했음에도 말이다.

내가 가르치는 대학생들 중에는 하나님과 성별의 문제에 대해, 특히 하나님의 본질과 관련하여 확신하지 못하는 이들이 매우 많다. 나는 이를 보고 계속 놀란다. 내가 하나님이 남성이냐고 물으면 많은 이들은 확신 있게 대답하지 못한다. 우리는 하나님을 아버지라고 부르지 않는가? 우리는 하나님을 가리킬 때 계속 "그"라는 인칭대명사를 쓰지 않는가? 히에로니무스의 반응을 살펴보자.

> 하나님의 기능들 가운데 성이 있다고 생각할 수 없다. 심지어 성령은 히브리어 용례에서는 여성 명사 루아흐ruach로, 그리스어에서는 중성 명사 토 프뉴마to pneuma로, 라틴어에서는 남성 명사 스피리투스spiritus로 표현되기 때문이다. 따라서 위의 것에 관한 논의가 있을 때, 어떤 것이 남성이나 여성으로 제시될 때, 그것은 성을 가리키는 것이 아니라 관용적 언어의 표현임을 알아야 한다. 보이지 않고 불멸하시는 하나님은 거의 모든 언어에서 남성으로 표현되기는 한다. 하지만 성은 하나님에게 적용되지 않는다.[32]

하나님의 은혜에 대해서는 어떠한가? 바울이 "은혜와 평화"라는 인

사로 편지를 시작할 때 그 뜻은 무엇인가? 히에로니무스가 다마수스 교황에게 환기시키듯이, 은혜와 평화는 그리스도가 십자가에서 이루신 구원 사역의 핵심을 요약한다.

> 은혜는 공적에 따른 보상이 아니라, 선물입니다. 주 예수를 속죄물로 삼음으로써 평화를 통해 우리는 하나님과 화해하게 되었습니다. 주 예수는 우리 죄를 용서하셨으며, 우리를 향해 죽음이 남겼던 필적을 십자가에 못 박으심으로 지워버리셨습니다. 또한 그분은 나무 위에서 열방과 권력을 이기는 승리를 보여 주었습니다.[33]

히에로니무스가 다마수스 교황에게 보낸 두 편의 편지를 자세하게 살펴보면, 히에로니무스가 어떻게 솜씨 있는 성경 주석가로 일했는지 잘 볼 수 있을 것이다. 그 편지는 다마수스에게 보낸 것이지만 개인적이기보다는 오히려 이사야 6장에서 이사야가 하나님을 본 환상에 대해 주석하는 것에 가깝다. 히에로니무스는 이 편지에서 그가 이해하는 텍스트의 문자적 의미, 도덕적 의미, 풍유적 의미 사이를 아주 쉽게 오가는 것을 보여 주었다.

히에로니무스는 이사야 본문의 문자적 의미를 잘 알고 있다. 웃시야 왕에 대해 논할 때, 그는 유익한 배경 정보를 제공해 준다. 역대기와 열왕기에서 웃시야에 대한 언급에 주목하며, 웃시야의 강점과 약점을 제대로 이야기한다.

본문의 문자적 의미는 히에로니무스를 이끌어, 본문의 도덕적 의미를 곧바로 살펴보게 한다. 웃시야와 이집트의 파라오에게 도덕적 약점이 있는데, 이는 히에로니무스에게 다음을 떠올리게 한다. "죄가 다스리는 동안 우리는 이집트인을 위해 도시를 건설하며 먼지와 재 가운데 돌아다닌다. 단단한 벽돌 대신 진흙으로 된 구조물을 찾고, 곡식 대신에 건초를 찾는다."[34] 이사야는 도덕적으로 충실하기 때문에 높이 올려져 하나님을 본다.

하지만 히에로니무스 같은 죄인은

> 요사파트 계곡에 앉아 계신 주 하나님을 봅니다. 언덕 위나 산 위에 계시지 않고 계곡 안에, 심판의 계곡 안에 계신 주 하나님을 봅니다.…… 왕들과 지배자들과 천사들과 모든 다른 탁월한 자를 다스리시는 그분을 저는 마음의 눈으로 뵈오며 그분의 높으신 옥좌를 봅니다. 하지만 그분이 인류를 어떻게 다루시는지 살펴볼 때, 그분이 우리 구원을 위해 땅에 내려오셨다는 이야기를 자주 들을 때, 저는 그분의 옥좌가 땅 가까이에 낮게 있다고 여기게 됩니다.[35]

히에로니무스는 이사야의 설명을 읽을 때, 하나님이 그리스도 안에서 행하신 일에 비추어 읽는다. 모든 교부처럼 그는 구약성경 본문에서 복음의 교향악을 듣게 되기를 진심으로 기대한다. 그러한 교향곡의 악장은 신약성경에서는 분명하게 들리지만, 구약성경에서는 경외하면서 순종하는 솜씨 있는 주석가의 귀에만 들릴 것이다.

기도는 모든 열매 맺는 주석의 시작이자 중간이자 끝이다. 예를 들어, 히에로니무스는 이사야의 환상에서 하나님의 임재를 둘러싸서 하나님의 현존으로부터 이사야의 눈을 가리는 스랍을 통해 그 의미를 깊이 생각한다. 이때 그는 환상의 의미가 그에게 분명해지도록 기도한다.

> 이러한 물음이 작지 않은 먼지구름을 일으키며, 처음부터 해석을 어렵게 합니다. 그러므로 함께 주 하나님께 기도합시다. 제단에서 숯불이 나에게도 내려올 수 있도록 기도합시다. 깨끗하지 못한 내 죄가 모두 씻겨졌을 때, 처음으로 하나님의 신비를 생각할 수 있게 되며 내가 본

것을 말할 수 있게 되도록 기도합시다.[36]

히에로니무스가 환상에 대해 가졌던 물음 덕분에 이 교부가 성경 본문에 어떻게 접근했는지 이해할 수 있게 되었다. 스랍은 무슨 뜻인가? 히에로니무스는 그의 『히브리 단어 번역』에서, 스랍이 불 또는 "언어의 시작"으로 번역될 수 있다는 주석을 붙였다. 스랍은 어떤 불인가? 히에로니무스는 불을 언급하는 다른 성경 구절과 이를 연결하려고 했다. 예수는 그가 "땅에 불을 가져오기 위해 오셨으며, 그 불이 붙기를 얼마나 바랐는가"(눅 12:49)라고 가르치셨다고 히에로니무스는 말했다. 엠마오로 가던 제자들이 부활하신 그리스도를 만났을 때, 그리스도는 그들에게 구약성경을 설명해 주셨다. 히에로니무스는 제자들의 반응에 주목한다. "그분께서 길 가운데 우리에게 말씀하시는 동안, 우리 안에서 우리 가슴이 불타고 있지 않았던가?"(눅 24:32) 그렇다면, 스랍의 거룩한 불은 무엇을 상징하는가? 히에로니무스에 따르면, 스랍의 거룩한 불은 성경 자체라고 말한다. "인간의 죄는 성경을 읽을 때 모두 씻긴다는 사실을 누구도 의심할 수 없다."[37]

히에로니무스가 스랍의 날개 수가 중요하다고 주장할 때, 우리는 놀라서는 안 된다. 랍비 주석에서처럼 히에로니무스가 보기에, "성경의 말씀은 일부 사람의 생각처럼 간단하지 않다. 성경 속에는 많은 것이 감춰져 있다."[38] 따라서 이사야가 천사에게 있는 날개의 수를 언급한다면, 그 수에는 의미가 있어야 한다. 히에로니무스가 주석의 수많은 단서를 함께 연결해서 주석해 나갈 때에 그는 탐정이 된다. 스랍이 불을 뜻하고 불이 성경의 불과 밀접히 연결된다면, 두 스랍의 날개가 결합한 수가 12라는 사실에 우리는 놀라야 하지 않겠는가? 결국, 사도도 12명이며, 인간의 도구로 건드리지 않은 제단에도 돌이 12개 있고, 대제사장의 흉패에 있는 보석도 12개다.[39] 이사야는 이를 어떻게 보았을까?

이 물음에 답하기 위해 히에로니무스는 스랍의 날개를 살펴본다. 스랍은 두 개의 날개로 하나님의 얼굴을 가리며, 두 개의 날개로 하나님의 발을 가리며, 나머지 두 개의 날개로 난다.[40] 하나님만이 하나님을 알고 이해한다는 사실을 우리에게 떠올리기 위해 천사들은 하나님의 얼굴을 가린다. "실로 그분이 이 (작은) 세계의 터를 놓기 전부터 사물의 영원성에 계셨던 그분의 시작을 누가 알 수 있단 말인가?" 또 천사들은 창조물에 대한 하나님의 목적과 미래가 가려져 있음을 우리에게 보여 주려고 하나님의 발을 가린다.

> 왜냐하면 누가 하나님의 경계를 알 수 있단 말인가? 이 세대가 다 지난 다음에, 인류가 심판받은 후에 어떤 일이 있을 것인가? 그 후에 우리는 어떻게 살아가는가? 그 변화 후에 또 다른 땅과 원소가 있을 것인가? 아니면 또 다른 세계와 태양이 창조되어야 하는가?[41]

나머지 두 날개에 대해서는 어떠한가? 이사야에 따르면, 천사들은 이 두 날개로 날았다. 처음 네 날개는 가리는 것에 대해 말한다. 히에로니무스는 마지막 두 날개는 지금 우리가 알 수 있는 하나님과 하나님의 목적에 대한 계시라고 말한다.

> 또한 그들은 두 날개로 날았다. 우리는 성경을 읽을 때에 우리에게 계시되는 시작과 끝 사이에 있는 사건만 안다. 언제 세계가 만들어졌는지, 언제 인간이 만들어졌는지, 언제 홍수가 있었는지, 언제 율법이 주어졌는지, 어떻게 한 사람에게서 정말 많은 사람이 나와서 온 땅을 채웠는지 안다. 세대의 끝에 하나님의 아들이 우리의 구원을 위해 어떻게 육체를 입으셨는지 안다. 하지만 이 두 스랍은 하나님의 얼굴과 발을 가려서 우리가 말한 것 외에 다른 것들 모두를 감추었다.[42]

마지막으로, 두 천사는 날면서 서로에게 외쳤다. "만군의 주 여호와께서는 거룩, 거룩, 거룩하시도다. 온 땅이 그의 영광으로 가득 차 있도다"(사 6:3). 히에로니무스의 주석에 따르면, 이렇게 서로 말을 주고받는 것은 아주 적절한 것이다. 구약과 신약은 언제나 모든 세대에 걸쳐 서로에게 말하기 때문이다. "우리는 구약에서 읽은 것들을 복음서에서도 발견한다. 복음서에서 얻은 것은 구약의 권위에서 나온 것이다. 모두 다 조화를 이루었으며 모두 서로 같다."[43]

물론 오늘날 많은 주석가는 히에로니무스의 주장과 이사야 6장에 대한 그의 독해에 반대할 것이다. 일부 주석가가 보기에, 히에로니무스의 독해는 억지이며, 그가 고안해 낸 것이며, 환상일 것이다. 여기서 우리는 히에로니무스 방법에 대한 강점과 약점을 모두 볼 수 있다. 히에로니무스의 확신에 따르면, 성경 이야기 전체는 한 편이며, 성령의 인도에 따라 영감되었으며, 성자의 성육신과 구속 사역에서 절정을 이루는 하나님의 행위를 끊임없이 가리킨다. 그래서 그는 이야기에서 일관되게 연결점을 찾는다. 그런데 그러한 연결점 가운데 상당수는 곧바로 드러나지 않는다. 다른 교부처럼 그는 특정 본문을 읽을 때 복음 이야기 전체가 기독교 공동체라는 맥락에서 차지하는 것에 비추어 읽으라고 한다.

하지만 성경 본문에서 풍유적 의미를 찾는 교부들에게는 이런 접근법이 위험할 수 있는 것은 본문에서 그들만이 볼 수 있는 메시지를 찾아낼 수 있다는 것이다. 주관주의라는 위험은 분명히 존재한다. 많은 교부들이 종종 사용했던 풍유적 성경 해석이, 오늘날 해석가와 독자들에게 유익하도록 안전하게 구출될 수 있는가? 이에 대해서는 다음에서 자세하게 살펴볼 것이다.

추가 연구를 위해

히에로니무스는 많은 편지를 남겼다. 이 편지를 철저하고 꼼꼼하게 읽으면, 히에로니무스의 생각을 탐구하는 데 좋은 출발이 될 것이다. 고대 기독교 저술가는 편지를 쓸 때 여러 사람이 함께 그것을 읽기를 기대했다. 갤러리에서 전시하는 그림처럼 많은 이들이 편지를 보기를 원했다. 하지만 조셉 트릭은 바로 이것이 문제를 낳았다고 말한다.

> 고대 세계의 서신 교환에는 공개적 특성에서 비롯되는 오해가 있었다. 아우구스티누스나 히에로니무스와 같이 숙련된 편지 작가는 마지막 출판을 위해 자기가 쓴 편지의 사본을 남겨두었을 것이다. 편지 수신자도 받은 편지의 사본을 보관하리라 기대했을 것이다. 그래서 편지를 쓰는 사람은 그가 받기를 원하는 수신자뿐 아니라 보다 많은 청중을 위해 글을 썼다. 많은 사람이 관심을 두는 주제에 대해 논쟁하는 인물에게 편지를 쓸 때, 그 사람은 탁월한 문장으로 편지를 써서 그의 편지가 필사되어 널리 회람되기를 기대했을 것이다. 그런데 바로 이런 공개 서한은 치명적인 무기가 될 수 있었다.……공개성은 솔직하고 호의적으로 의견을 교차하는 데는 심각한 장애가 되었다.[44]

히에로니무스의 편지를 보면, 그는 매우 다양한 신학적 주제와 해석 가능성을 생각하고 있었다. 지금까지 영어로 번역된 히에로니무스의 편지 모음집 중 가장 큰 모음집은 어드만과 헨드릭슨이 공동 출판한 "니케아 교부와 니케아 이후 교부" 두 번째 시리즈 6권에 있다.[45] 115편의 편지가 번역되었는데 이해하기 어렵고 어색한 문체로 번역되었다. 뉴만 출판사의 "고대 기독교 저술가"시리즈에 있는 『성 히에로니무스의 편지』 1권에서 22편의 편지를 볼 수 있다.[46] 이 번역은 질적으로 여전히 다소의

굴곡이 있지만, 이전 것보다는 접근하기 쉬운 경향이 있다.

그 밖에 영어로 된 히에로니무스의 글은 다소 제한되어 있다. 주로 미국 가톨릭 대학교 출판부가 출판한 교부 시리즈에 히에로니무스의 글이 있다. 시편에 대한 히에로니무스의 주석 12권과 마가복음 강해가 2권으로 출판되었고, 교리적이고 논쟁적인 글도 한 권으로 출판했다. 히에로니무스와 아우구스티누스가 성경 해석 문제에 관해 서로 주고받은 편지를 조셉 트릭이 번역했는데, 매우 흥미를 끄는 내용이다. 히에로니무스가 어떻게 성경을 읽는지에 특히 관심을 두는 독자는 이것부터 시작하는 것이 좋을 것이다. 마이클 글래이저가 출판한 "교부의 메시지" 9권에 이 편지가 번역되어 있다. 감동을 주는 생생하고 유용한 번역이다.[47]

아우구스티누스(353~430년)

아우구스티누스는 많은 이들이 가장 위대한 교부로 간주된다. 비록 그의 사상은 잘 모르더라도, 그 이름만큼은 오늘날 서구인들 대부분이 알고 있다. 『고백론』은 아우구스티누스가 신앙에 이르기까지 걸어간 개인적 순례의 여정을 매우 개인적인 형식으로 기록한 책이다. 오늘날 많은 그리스도인은 이 책이 아우구스티누스의 개인적 투쟁을 보여준다고 여긴다. 성적으로 불건전한 문화에서 어떻게 성적으로 건전하게 살아갈 수 있는가? 사랑은 쾌락과 어떻게 다른가? 죄는 어떻게 인간의 인격에 영향을 주는가? 무한한 능력과 사랑이 하나님께 있다면, 왜 세상은 이렇게 고통과 죄로 가득 차 있는가? 악이란 정확히 무엇인가? 악이 어떻게 하나님의 창조에 들어왔는가? 왜 선한 줄 알면서도 선한 일을 할 수 없는 경우가 많은가? 왜 잘못된 일만을 사랑하는 자신을 거듭거듭 발견하는가? 선한 것을 사랑하는 법을 어떻게 배울 수 있는가? 옳은 것을 사랑하고 그른 것을 미워할 수 있는 내 능력에 죄가 어떻게 영향을 주었는가? 우리는 어떻게 성경을 이해할 수 있는가? 왜 성경은 이해하고 해석하기에 어려운가? 성경을 잘 읽는 법을 어떻게 배울 수 있는가?

이러한 질문과 다른 질문들에 대한 아우구스티누스의 대답을 이해하는 가장 좋은 방법은 그가 걸은 영적 순례의 중대한 전환점들을 살펴보는 것이다. 그의 가족 배경은 오늘날 많은 가족과 비슷하다. 아우구스티누스의 아버지 파트리키우스는 아들보다 자신의 경력에 더 많은 관심을 두어, 아우구스티누스의 영적 성장에는 관심이 없었다. 파트리키우스는 그저 아우구스티누스의 교육만 지원했지 아들의 종교적 물음과 관심사는 전혀 살펴보지 않았다. 아우구스티누스는 아버지에 대해 별로 말하지 않는다. 그가 아버지에 대해서 말할 때, 우리는 그의 이중적 감정을 느끼게 된다. 그렇다. 그의 아버지는 아우구스티누스를 잘 교육했지만 도덕적이고 영적으로 지도하지는 않았다. 그것이 오히려 아우구스티누스에게는 가장 필요했던 지도였는데 말이다.

> 많은 이들이 아버지를 칭찬했습니다. 아버지는 재산이 적었지만 아들이 필요한 것은 모두 주려고 하셨습니다. 그래서 나는 멀리까지 여행하며 공부할 수 있었습니다. 우리 마을에는 아버지보다 부유한 사람들이 많았지만, 그들은 자녀를 위해 그러한 수고를 하지 않았습니다. 하지만 아버지는 하나님이 보시기에 내가 어떻게 자라고 있는지, 내가 순결한지 아닌지 살펴보는 데는 인색하셨습니다. 그분은 그저 내가 말을 잘하는 데에만 관심을 쏟았습니다. 내 가슴이 하나님의 열매를 하나도 맺지 못했는데도 그대로 두셨습니다. 물론 하나님은 그 열매 맺음의 참되고 선하신 유일한 주인이십니다.[48]

아우구스티누스가 관능과 식욕의 압도적인 유혹에 사로잡혔음을 알았을 때, 그는 큰 도움이 필요했다. 그는 음식과 성, 우정을 사랑했으며, 사랑 자체를 사랑했다. 아우구스티누스는 그가 추구하는 사랑이 잘못된 방향으로 가고 있음을 점점 깨닫게 되었다. 그는 사랑했지만 잘못 사랑했다. 그의 사랑은 둑을 넘었으며, 넘쳐서는 안 되는 벌판을 가로질러 흘러내렸다. 아우구스티누스의 욕구는 그에게서 맹위를 떨쳤으며, 사랑과 쾌락이 섞여 거룩하지 않은 연합을 이루었다.

> 저는 사랑하고 사랑받는 일에만 신경 썼지만, 내 사랑은 우정의 밝은 무지갯빛을 넘어서, 한 사람의 마음의 감정을 넘어 다른 곳으로 나아갔습니다. 늪지 같은 육체의 욕구와 내 안에서 솟아나는 청소년기의 성이 안개를 뿜어냈습니다. 이 안개가 내 가슴을 흐리며 가려서 나는 밝은 빛을 내는 참된 사랑을 음울한 쾌락과 구분할 수 없었습니다.[49]

아우구스티누스의 무질서한 사랑을 잘 설명해 주는 유명한 일화는 그가 배를 훔쳤던 이야기다. 아우구스티누스는 아버지의 포도원 근처에 있는 배나무를 묘사한다. 배나무에 배가 달려 있었는데 "보기에 좋지 않았고 맛도 별로였다." 그러나 "그릇된 일을 하는 것을 지나치게 사랑하였고" 또한 "정의감도 없고 옳은 것을 싫어했기에" 아우구스티누스는 친구들과 원하지도 않고 필요하지도 않은 배를 훔쳤다. "우리는 엄청난 양의 배를 따서 그저 돼지에게 던져주었다. 배를 조금 먹긴 했지만 우리의 진정한 즐거움은 해서는 안 되는 일을 하는 데 있었다."[50] 아우구스티누스가 이렇게 비뚤어져서 부정과 악을 좋아하게 된 감정의 원인은 무엇일까?

곧바로 아우구스티누스는 카르타고로 갔다. 카르타고는 그의 무질서한 사랑을 더욱 심화시킨 무대가 된 대도시였다. "사랑과 쾌락이 내 안에서 함께 끓었으며, 나의 미성숙을 휩쓸어 악한 욕구의 벼랑으로 떨어뜨렸습니다. 그래서 나는 지긋지긋한 죄의 소용돌이에 거의 빠져 죽게 되었습니다.[51] 아우구스티누스는 회고하면서 이렇게 물었다. 하나님 외에 어떤 분이 타락한 인간 본성의 "이렇게 복잡하고 꼬인 매듭을 푸실 수 있겠습니까?" "나는 젊은 시절 하나님을 멀리 떠나 있었습니다. 하나님의 보호하시는 힘에서 너무 멀리 떨어져 나간 나는 황무지가 되어버렸습니다."[52]

아우구스티누스는 카르타고에서 더욱 빠르게 죄에 빠져갔다. 그는 기독교의 뿌리에서 훨씬 더 멀리 떨어져 나가는 자신을 발견했다. 이 시기에 아우구스티누스는 자신에 대해, 그리스도인이었던 자신의 과거에 대해, 성경에서 의미를 찾을 수 없는 자신의 무능력에 대해 좌절했던 것 같다. 그는 곧 영지주의 경향이 강한 집단이었던 마니교에 빠졌다. 마니교가 북아프리카 교회보다 성경을 더 의미 있게 해석하는 방법을 주는 것 같았기 때문이다. 아우구스티누스가 마니교로 간 이유를 이해하려면, 북아프리카 그리스도인이 성경을 어떻게 읽고 해석했는지 자세하게 살펴보아야 한다.

해석의 사례

롤란드 테스크는 최근에 아우구스티누스의 『창세기에 관해 마니교도를 반박하는 두 권의 책』을 번역했다. 롤란드 테스크는 당시에 북아프리카 교회의 성경 해석이 반지성적이었으며, 미신적이고 권위주의적이었다고 설득력 있게 주장한다. 청년 아우구스티누스는 이러한 해석에 환멸을 느꼈을 것이다.[53] 피터 브라운은 북아프리카 교회가 극단적으로 보수적이어서, 아프리카 주교들은 그들의 권위나 성경 해석에 도전하는 사람을 심한 분노로 대했다고 한다.

> 이것은 "신앙과 도덕에 있어서" 막연한 권위가 아니었다. 나중에 아우구스티누스가 만들게 될 권위, 즉 진리를 찾는 사람을 보호하고 설득하는 매우 정교한 권위도 아니었다. 이전처럼 370년대에도 주교의 권위는 "하나님의 법"인 성경을 소유하고 있는 데서, 성경을 보존하고 설명해야 하는 의무에서 직접 나왔다. 그들은 성경을……엄격한 법적 통치를 위한 원천으로 다루었다. 참된 그리스도인이 된다는 것은 그냥 이 "법" 전체를 받아들이고 다루기 힘든 질문을 하지 않는 것을 뜻했다.[54]

아우구스티누스는 성경에 관해 많은 것을 궁금해했다. 그는 그 궁금증을 풀고 싶었지만 그 대답이 나올 전망이 보이지 않았다. 예를 들어, 북아프리카 그리스도인은 왜 옛 라틴어판 성경의 사용을 고수했는가? 옛 라틴어판은 오래전에 번역되었기 때문에 피터 브라운의 표현처럼, "속어와 알 수 없는 말"로 가득 차 있었는데도 말이다. 아우구스티누스는 어릴 때부터 수사학과 문학을 배웠다. 그래서 그는 적어도 북아프리카 교회가 읽고 해석한 것과 같은 성경의 언어와 개념을 반박할 수 있다고 여겼다.

> 그가 받은 양육 때문에 그는 책이라면 "세련되고 우아하리라고" 기대했다. 그는 교육받은 사람들끼리만 통하는 방식으로 의사소통하기 위해 세심하게 훈련받아 왔다. 그가 쓴 라틴어는 고대 저자들의 모델을 철저하게 따르는 라틴어였다. 그런 그에게 속어와 알아들을 수 없는 말은 끔찍스러운 것이었다. 그런데 아프리카의 라틴어 성경이야말로 이름이 알려지지 않은 수준 낮은 저자들이 몇 세기 전에 번역한 것이어서 속어와 알아들을 수 없는 말로 가득 차 있었던 것이다.[55]

아우구스티누스가 성경 때문에 어려움을 겪었던 것은, 수사학자가 안 좋은 문체에 대해 반박하는 것 정도가 아니었다. 아우구스티누스가 어린 시절과 청년 시절에 알고 있었던 그리스도인은 성경을 경직된 태도로 문자적으로 읽는 것을 고수했다. 그가 보기에 이야기에서 분명하게 확인할 수 있는 상징들을 그들은 보지 못했다. 일부 그리스도인에 따르면, 창세기 1장 26절이 분명하게 말하듯이 인류가 하나님의 형상에 따라 창조되었다면, 분명히 하나님은 일종의 물질적 실체이며, 인간의 몸의 특성을 지니게 된다. 물론 모두는 아니었지만, 분명히 대다수의 북아프리카 그리스도인은 하나님을 물질적 용어를 통해 이해했다. 테스크에 따르면, 하나님을 영적 실체로 생각했던 아우구스티누스는 이 문제에 대해, 개인적으로 죄와 싸우는 것 이상으로 계속해서 어려움을 겪었다.

> 아우구스티누스가 밀라노 교회의 신플라톤주의 모임과 접촉하기 이전까지 서방 교회 전체는 하나님과 영혼을 물질적 용어로 생각했다. 이것이 아우구스티누스에게는 문제로 보였다. 테르툴리아누스와 당시 지배적이었던 스토아 유물론이 주장하듯이 실재하는 것이 모두 물체라면, 사람이 하나님의 형상과 모양을 따라 만들어졌다는 사실은 하나님께서 인간 신체의 모양과 형태를 갖고 있음을 뜻하게 된다. 또한 아프리카 교회는 신앙을 지성적으로 이해하는 법을 몰랐고, 오히려 권위의 속박과 미신의 공포를 즐거워했다. 옛 라틴어판 성경을 유일한 책으로 여겨 만족했다. 그렇다면, 보편교회가 아우구스티누스처럼 교육받은 젊은이를 지성인을 위한 신앙이었던 마니교로 몰아낸 이유를 이해할 수 있게 된다.[56]

이러한 유물론적 해석학에 비해, 『고백록』에서 아우구스티누스가 성경을 가지고 씨름한 내용들은 훨씬 더 의미가 잘 통한다. 그는 마니교의 비판을 비웃었으며, 『고백록』 3권에서 그들을 "어리석은 자들"이라고 말했다. 그들은 "악의 기원이 무엇인지 나에게 물었습니다. 하나님께서 육체의 형태라는 제약에 갇혀 계신지, 하나님께 머리카락과 손톱이 있는지 물었습니다.……나는 하나님이 영이시라는 사실을 몰랐으며, 하나님이 부피도 없고 사지도 없으셔서 길이와 넓이의 제약을 받지 않으시는 존재라는 사실을 몰랐습니다.[57]

마니교도는 지나친 문자주의가 맞이할 치명적 종말을 피하는 길을 알려주는 것 같았다. 그들은 똑똑했고 지성적이었으며, 논쟁을 잘했다. 피터 브라운의 표현처럼, 마니교도는 "카르타고의 지식인과 아직 기독교를 잘 모르는 학생을" 낚는 솜씨가 좋았다.

> 그들의 사명은 "정말 말을 잘하고 우아한" 것이었다. 그들은 공적 토론을 즐겼으며, 질문 공세를 퍼붓는 사람을 하이드 파크의 뛰어난 웅변가처럼 잘 다루었다.[58] 그들은 기독교의 전통적 성경을 지성적으로 끈질기게 파괴했다. 그들의 주장에 따르면 "그들은 믿으라는 권위적 명령이 지닌 두려움을 제쳐놓고서는, 그들의 이야기를 들으려는 사람 모두를 하나님께 데려갈 것이며, 이성을 매우 똑바로 사용해서 그들로 하여금 잘못에서 벗어나게 해 줄 것이다."[59]

아우구스티누스는 마니교도를 "급진적인 그리스도인"으로 이해했다. 그들 덕분에 그는 성경의 신비를 이해할 수 있었으며, 악의 문제를 해결할 수 있었다. 악의 문제는 아우구스티누스가 평생 동안 생각했던 문제였고, 신학적이고 철학적인 문제였다.

테스크의 묘사처럼 마니교도는 "매우 환상적인 신화로 포장한 형이상학적 유물론을 통해 인간의 곤경을 설명했다." 마니교도는 선과 악, 빛과 어두움이라는 영원한 이원론을 놓았는데, 두 실재는 언제나 서로 대

립하는 상태에 있었다. 마니교의 창시자 마니의 가르침에 따르면, 지금 "중간기"에 갈등이 일어났다. 빛의 입자들이 물질에 싸여 있고 선이 악 속에 갇혀 있어서 인간은 "분열된" 자신을 본다. 인간의 "영혼"은 "문자 그대로 어둡고 악한 신체에 갇힌 신성의 입자"였다.

나아가, 테스크의 설명처럼, 마니교도는 죄를 저지른 사람이 우리가 아니라고 가르쳤다. "도리어 우리에게는 죄가 없다. 잘못된 행동에 대한 책임은 악에게 있다. 우리는 그 악에 갇혀 있을 뿐이다."[60] 아우구스티누스가 인정하듯이, 이것은 매우 매력적인 생각이었다. 로마에서 그는 마니교 "분파"와 계속 교류하면서 "나는 죄를 짓는 것이 우리가 아니라 우리 안에서 죄를 짓는 다른 본성이라고 생각했습니다. 그 생각이 나를 교만하게 했습니다. 그리고 내가 죄를 걸머지지 않았다는 생각을 하게 했습니다. 또한 내가 잘못을 했을 때, 죄를 고백하지 않게 했습니다.……나는 내 행동에 대해 책임을 지지 않았습니다. 내 속에 있지만 나의 일부가 아닌 것, 알지 못하는 이것에게 책임을 물었습니다."[61]

이러한 빛 입자를 풀어놓아야 한다. 은하수의 하늘 계단을 통해 완전한 밝음으로 되돌아가도록 해야 한다. 이것이 바로 구원이다. 이는 이상한 소재이지만 영지주의의 매우 공통된 주제이다. 이 주제는 구체적으로 여러 모양으로 변형된다. 그래서 마니교도는 종교적 에너지를 사용해서 빛 입자를 물질의 함정에서 벗어나게 하려 했다. 식물과 야채를 자를 때 사로잡혀 있던 빛이 외친다. 마니 자신이 그러한 소리를 들었다고 주장했다. 마니교도들은 엄격한 채식주의자였다. 그들은 보다 많은 빛이 물질로 타락하지 않게 하기 위해 필요한 단계라면 모두 밟으려 했고, 그 일에 관심을 두었다. 따라서 마니교도들이 독신이었으며, 결혼을 낮게 평가했던 것은 그리 놀라운 일이 아니다.[62]

퍼킨스가 설명하듯이, 마니교 신화에서는 "아래 세계 악령의 힘이 인간 신체를 창조한다." 악령은 신체를 계획할 때 천상의 유형을 따라서

"자웅양성의 아담, 하와"의 몸을 계획했다. "인간 영의 기원이 천상에 있어서 인간은 물질에 갇혀 있는 "빛을 해방하는 도구가 될 수 있었기" 때문에 구원은 가능했다.[63] 피터 브라운이 표현하듯이, 아우구스티누스의 북아프리카에서 고난받는 그리스도는 "고난받는 빛 입자"를 대변하는 것으로 묘사되기도 했다.[64] 또는 마니교의 그리스도는 "탁월한 지혜의 원리를 의인화했다.

> 그리스도가 사람들에게 빛을 비추어서 사람들이 자신을 참되게 알게 되었다. 그는 술에 취해 자고 있는 아담을 깨웠고, 키케로가 그[아우구스티누스]에게 보다 고전적으로 말했을 법한 말, 인간의 영혼이 신적이라는 말을 해 주었다. "이 이름, 예수여, 은총이 그분을 둘러싸고 있도다." "그가 오셔서 세상의 잘못에서 우리를 떼어 놓았고, 우리에게 거울을 주셨다. 우리는 거울을 본다. 우리는 그 안에서 우주를 본다."[65]

마니교도는 다루기 힘든 악의 문제를 해결한 것 같았다. 이것은 진리를 찾으려는 아우구스티누스의 끊임없는 추구에 해답을 주었다. 그래서 아우구스티누스는 오랜 세월 마니교의 제자로 있었다. 아우구스티누스의 어머니 모니카의 기도와 그의 가까운 친구의 죽음, 그리고 마니교 체계에 있는 궁극적 모순 때문에, 아우구스티누스는 그리스도에게 훨씬 더 가까이 다가가게 되었다. 깊은 질문을 하며 살아가던 중에 아우구스티누스는 밀라노에서 제의한 수사학 교수직을 받아들였다. 그리고 그 도시의 주교 암브로시우스를 만났다.

회심하지 않은 아우구스티누스에게 두 가지 중요한 문제가 남아 있었다. 첫째, 성경 자체다. 아우구스티누스가 보기에 성경에는 하나님에게 합당하지 않은 내용이 담겨 있는 것 같았다. 그러나 암브로시우스의 상징적 주석 덕분에, 특히 구약 부분에 대한 주석 덕분에, 아우구스티누스는 기독교에 대한 마니교의 반박은 타당하지 못하며, 성경이 교육받은 철학자에게 호소력을 갖고 있음을 확신하게 되었다.

> 무엇보다도 저는 암브로시우스의 논증을 입증할 수 있다는 생각이 들었습니다. 이전에는 보편 교회의 신앙이 마니교의 반박을 물리칠 수 없다고 여겼습니다. 그러나 이제 보편교회의 신앙을 제대로 유지할 수 있다고 믿기 시작했습니다. 상징적으로 설명되는 구약의 한 구절 한 구절을 들었기 때문입니다. 내가 그러한 구절을 말 그대로 받아들였을 때, 나는 그것을 제대로 알아듣지 못했습니다. 나는 그때까지 율법과 예언자를 미워하고 비웃는 사람들을 반박하는 것은 거의 불가능하다고 절망스럽게 생각했습니다. 하지만 각 구절들이 영적 의미에서 설명되는 것을 들을 때, 나 스스로를 책망하기 시작했습니다.[66]

암브로시우스의 상징적 주석과 관련해서 무엇이 아우구스티누스에게 희망을 주었는가? 예를 하나 들자면, 암브로시우스가 분명하게 밝히듯이, 구약에서 창세기 1장 26절과 같은 부분을 경직되게 문자적으로 해석함으로써 그 이야기의 핵심이 되는 상징을 보지 못해서는 안 된다. 창세기는 인류가 하나님의 형상에 따라 지음받았다고 가르친다. 이는 하나님이 물질적 실체이거나 물체를 소유하셨다는 뜻이 아니다. 아우구스티누스는 암브로시우스 같은 서방 기독교 주석가를 만남으로써 전혀 새로운 시각으로 성경을 보게 되었다.

> 저는 주님의 은혜 덕분에 우리의 어머니인 보편교회에서 다시 태어나게 된 주님의 영적 자녀들이, "하나님이 인간을 하나님의 형상대로 만드셨다"는 말씀을 인간 신체의 형태가 주님을 제한한다는 뜻으로 이해하지 않는다는 사실을 배웠습니다. 저는 풍유의 도움으로도 영적인

> 실체가 어떻게 있을 수 있는지에 대해 전혀 생각할 수 없었습니다. 하지만 이제야 제가 보편 교회의 신앙에 대해 불평하고 있었던 것이 아니라 완전히 상상해 낸 것에 대해 불평하고 있었음을 알게 되어 매우 기쁩니다……저는 회심하고 있습니다. 나의 하나님, 당신의 독생자의 몸이시고, 하나인 교회에서 그리스도라는 이름이 자녀인 나에게 주어졌기에 기쁩니다. 그 교회는 유치한 어리석음을 마음에 들어 하지 않았습니다. 만물의 창조주 당신께서 측정되는 공간에 제한되었음을 보여 주는 것은 교회가 가르치는 건전한 교리 가운데 없습니다. 아무리 높고 넓다 해도 인간 신체의 형태가 당신을 엄격하게 제한하고 있다고 보여 주는 것은 없습니다. 그래서 저는 기쁩니다.[67]

아우구스티누스는 나중에 창세기를 주석할 때 암브로시우스의 가르침이 맺은 열매를 보여 주었다. 마니교도는 창세기 1장 26절을 해석할 때 허수아비를 만들어내는데, 아우구스티누스는 『창세기에 관해 마니교도를 반박하는 두 권의 책』에서 이 허수아비를 파괴한다. 아우구스티누스에 따르면, "인간이 하나님의 형상과 모양대로 만들어졌다고 믿기 때문에" 마니교도가 "우리를 비웃는다. 그들은 우리 신체의 형태를 보면서, 코와 이, 수염과 내장과 우리에게 필요한 것이 하나님에게 있느냐고 엉뚱하게 묻는다."[68]

사실 신약과 구약은 신체 이미지를 사용해서 하나님에 대해 말하고 있다. 하지만 아우구스티누스의 대답에 따르면, 성경을 "영적으로" 읽는 법을 배운 사람은 그러한 이미지가 "신체의 수족"과 연결되지 않고 "영적 힘"과 연결된다는 사실을 배운다. "영적" 신자라면 창세기 이야기의 상징을 알아볼 것이다. 이는 "신체 형태가 하나님을 제약한다"고 가르치지 않는다. 오히려 "이러한 말은 내면의 사람을 가리킨다. 그 사람 안에 이성과 지성이 거한다." 이러한 재능 덕분에 인류에게는 "바다의 물고기와 하늘의 새와 모든 가축과 야생 동물, 모든 땅과 땅 위에 기어 다니는 파충류를 다스리는 힘이 있다."[69] 아우구스티누스가 "영적"이라는 용어를 사용할 때, 이는 오리게네스 같은 알렉산드리아 주석가에게 잘 나타나는 유형의 풍유를 가리킬 것이다. 하지만 그 용어는 성경 저자가 종종 사용하는 말의 상징을 그냥 인정하는 것을 가리킬 수도 있다.

아우구스티누스가 그리스도께 돌아오려고 망설일 적에 마주친 두 번째의 그리고 더 힘든 어려움이 있었다. 그는 자신을 알았으며, 자신이 무엇을 할 수 있는지 알았다. 짐승처럼 살아온 세월 동안 형성되어 뿌리 깊게 자리 잡은 습관을 그는 인정했다. 또한 자신의 사랑이 얼마나 무질서했는지 알았다. 그가 그리스도에게 돌아온다 해도 다시 실패하지 않을 수 있을 것인가? 변화된 삶을, 거룩한 삶을, 철저하게 헌신하는 삶을 정말 살 수 있을까? 그리스도가 아우구스티누스에게 요구하실 변화를 이룰 힘이 그에게 있는가?

이렇게 실존적으로 날카로운 문제들 외에 또 다른 신학적이고 철학적인 문제도 남아 있었다. 악의 기원과 본성에 대해 무엇이라 말해야 하는가? 인간의 의지에 대해서는 무엇이라 말해야 하는가? 선한 것을 사랑하는 경향이 그의 의지에 있는가? 그렇다면, 어떻게 그러한가? 그는 이러한 물음에 대해 깊이 생각했다. 이때 바울의 가르침이 그에게 손짓했다.

> 그래서 저는 당신을 즐기는 데 필요한 힘을 얻는 방법을 찾기 시작했습니다. 하나님과 인류의 중보자이신 인간 그리스도 예수를 받아들일 때 비로소 그 방법을 찾을 수 있습니다. 그분은 만물 위에 계시며 영원히 행복하신 하나님이십니다. 그분께서 나를 불러 말씀하셨습니다. 나는 길이요 진리요 생명이다.……저는 아직 낮아지지 않아서, 제 하나님이신 낮은 예수를 볼 수 없었습니다. 또한 그분께서 우리의 연약함으

> 로 받아들이신 것이 어떤 교훈을 가르쳐주는지 알지 못했습니다. 영원한 진리이신 그분의 말씀이 창조물의 최고 부분 위에 계시면서, 낮아진 자를 당신에게 끌어올리십니다. 그분은 스스로 여기 아래에 우리 육체의 집을 지으셨습니다. 이를 통해 그분은 복종케 된 자를 그들로부터 낮추사 당신에게 올리십니다. 부풀어 오른 그들의 교만을 치료하시고 그들의 사랑을 장려하십니다. 그래서 그들의 자만은 더 이상 자라지 못하고 수그러듭니다. 그들의 발 앞에서 하나님을 보고, 그들의 인간 본성을 생각해서 겸손해집니다. 결국 그들은 약해져서 자신을 인간에게까지 낮추며, 인간이 올라갈 때 다시 올라갑니다.[70]

그리스도의 사랑이 자석처럼 아우구스티누스를 더 가까이 당기고 있었다. 하지만 과거에 그의 의지가 결정한 것과 계속되는 성적 갈등이 아우구스티누스를 누르고 있었다. 그래서 그는 의심하면서 꾸물대었다. 그는 거짓 사랑을 버릴 수 있었는가? 가장 참된 욕구 대상을 파악할 수 있었는가?

> 저는 거의 그렇게 할 뻔했습니다……하지만 그렇게 하지 않았습니다……정말 쓸데없는 일이, 정말 헛된 일이, 나의 정부가 나를 뒤로 물러나게 했습니다. 내 육체라는 옷을 잡아당기면서 부드럽게 속삭였습니다. "그대는 우리를 멀리 보내시렵니까?" "이 순간부터 당신은 지금이나 영원히 우리와 이별해 버릴 작정이신가요?" "이 순간부터 당신은 이것도, 저것도 지금이나 영원히 할 수 없게 되는 건가요?[71]

또한, 자제력 있는 거룩한 삶의 가능성이 그에게 손짓했다. 그의 안에서 일하시는 하나님의 능력과 은혜에 토대를 두는 거룩한 삶이 그에게 손짓한 것이다. 절제의 화신이 아우구스티누스에게 손짓하며, 그가 다시 그녀를 품에 안으려고 기다리는 이유가 무엇이냐고 물었다.

> "그대는 왜 자신의 힘으로 서려다가 실패하는가? 하나님께 맡기고 두려워하지 말라, 그분께서 피하지 않으시며, 그대가 넘어지도록 두지 않으신다. 두려워하지 말고 너를 그분에게 맡겨라. 그분께서 너를 반기시며 너의 병을 치료할 것이다." 저는 부끄러움에 휩싸였습니다. 낮은 자아의 쓸데없는 속삭임을 듣고 있었으며, 결단하지 못한 채 꾸물대고 있었기 때문입니다. 절제가 다시 말하는 것 같았습니다. "귀를 막아라. 네 육체의 부정한 속삭임을 듣지 않는다면, 그것을 억눌러버릴 수 있을 것이다. 그것은 너를 기쁘게 하는 것에 대해 말하지만 그것은 너의 주 하나님의 율법이 말하는 것과 다르다.[72]

아우구스티누스 내면의 위기가 절정에 이르렀다. 아우구스티누스는 "큰 폭풍이 내 안에서 일어났으며, 홍수 같은 엄청난 눈물이 쏟아졌다"고 회상했다. 그때 이웃집에서 귀에 익은 목소리가 아우구스티누스에게 들렸다. "집어서 읽어라. 집어서 읽어라." 이웃집 소년의 목소리에서 아우구스티누스는 하나님의 명령을 알아냈다.

> 나는 알리피우스가 앉아 있던 곳으로 급히 돌아갔습니다. 내가 나가려고 일어섰을 때, 바울 서신을 담은 책이 있었습니다. 나는 그 책을 집어 들고 펼쳐보았습니다. 고요 속에서 내 시선이 머무는 첫 구절을 읽었습니다. "향락과 음주에 빠지지 말고, 쾌락과 호색에 빠지지 말고, 다툼과 싸움에 빠지지 말라. 주 예수 그리스도로 무장하고, 본성과 본성의 식욕에 대해 더 생각하지 말라."나는 더 읽고 싶지 않았으며, 더 읽을 필요도 없었습니다. 내가 그 문장의 끝에 이른 순간, 확신의 빛이 파도처럼 내 마음에 밀려오는 것 같았습니다. 의심의 어두움이 모두 사

라졌습니다.[73]

이제 그리스도인 아우구스티누스의 여정이 시작되었다. 그리고 히포 성벽을 넘어서 쳐들어온 반달족과 함께 그 여정이 끝날 것이다. 히포에서 아우구스티누스는 오랜 세월 주교로 사역했다. 아우구스티누스는 죽어가면서, 세 사람의 이름을 계속 중얼거렸다. 모니카와 아데오다투스, 이름 모를 아내였다. 모니카는 그가 어린 시절 반항적인 세월을 보낼 동안 영적으로 충실하게 돌보아준 어머니였다. 아데오다투스는 이름 모를 아내가 낳았으나, 어릴 때 죽은 아들이었다.[74]

추가 연구를 위해

아우구스티누스의 글은 50권 분량 이상이기 때문에 그의 글의 완전한 목록을 작성하는 것은 이 책이 다루려는 범위를 훨씬 넘어설 것이다. 아우구스티누스가 해석학적 방법론을 설명하는 주요 저술은 『기독교 교양』이다. 미국 가톨릭 대학교 출판부가 출간한 교부 시리즈에서 존 가비간이 이 책을 번역했다.[75] R. P. H. 그린이 같은 책을 『기독교 가르침』으로 새로 번역했는데, 옥스퍼드 대학교 출판부에서 나왔다.[76] 아우구스티누스는 창세기 앞 장들을 주석했는데, 이는 그가 성경을 어떻게 읽고 해석했는지 아주 잘 보여준다. 독자는 『창세기에 관해 마니교도를 반박하는 두 권의 책』이나 『창세기의 문자적 해석: 미완의 책』에서 시작할 수 있다. 최근 "교부" 시리즈에서 롤란드 테스크가 두 책을 모두 번역했다. 폴리스트 출판사가 출간한 "고대 기독교 저술가" 시리즈에서 존 함몬드 테일러가 아우구스티누스의 『창세기의 문자적 의미』를 번역했다.[77] "고대 기독교 저술가" 시리즈에도 아우구스티누스의 두 권의 시편 설교가 있는데, 데임 스콜라스티카 헵긴과 데임 필리키타스 코리간이 번역했다.[78] 교부 시리즈가 아우구스티누스의 요한복음 강해와 요한일서 강해를 5권으로 출판했는데, 모두 존 레틱이 번역했다.[79] 어드만과 헨드릭슨이 펴낸 "니케아 교부와 니케아 이후 교부" 시리즈에 요한복음, 시편, 산상수훈에 대한 아우구스티누스의 설교가 있다. 불행히도 매우 헌신적이고 탐구심이 많은 학생이 아니면, 딱딱한 번역을 읽으려 하지 않을 것이다. 마지막으로, 조셉 트릭이 히에로니무스와 아우구스티누스가 주고받은 편지를 번역했다. 이 편지는 매우 매력적인데 주로 주석 문제를 다루었다.[80]

대 그레고리우스(540~604년)

우리는 아우구스티누스 시대에서 대 그레고리우스로 150년을 훌쩍 뛰어넘었다. 서방 교회의 삶에서 중요한 역할을 했던 그레고리우스의 생애는 섭리 가운데 준비된 것 같다. 그레고리우스의 증조부는 교황(펠릭스 2세, 483~492년)이었다. 친가 쪽의 또 다른 친척도 교황(아니케투스 1세, 535~536년)이다. 이는 그를 연구하는 데에 가치 있고 유명한 정보지만, 이 외에 그레고리우스의 삶에 대한 정보는 매우 적으며, 주로 그의 글에서 나온다.[81] 그의 편지는 "니케아 교부와 니케아 이후 교부" 시리즈에서 많이 출간되었는데, 그레고리우스에 관해 흥미로운 내용으로 가득 차 있지만, 그의 교황 시절만 다루고 있어 아쉽다.[82] 많은 사람이 알고 있듯이, 그레고리우스는 수도사가 되기 전에 공적으로 유명한 사람이었다. 그는 로마 장관이었다. 암브로시우스가 밀라노 주교가 되기 전에 공직에 있었던 것처럼 말이다.

그레고리우스는 공직에서 물러나자 개인 돈으로 로마와 시실리 섬에 수도원을 많이 세웠다. 그는 로마 장관에서 수도사가 되었다가 결국 수도원장이 되었는데, 이러한 변화는 분명 어울리지 않는 것처럼 느껴진다. 로버트 페인의 표현처럼, "그는 자줏빛 관복을 벗고 수도사의 거친 외투를 입었다. 철저한 금욕 생활을 시작했고, 생과일과 야채만 먹었다. 밤새 기도했으며, 고행자가 입는 내의를 걸쳤다. 그리고 수도원장의 많은 의무를 떠맡았다."[83]

그레고리우스가 콘스탄티노플을 대표하는 감독을 맡아야 한다는 교황 펠라기우스 2세의 요구에 따라, 그레고리우스는 수도사 생활을 중단하였다. 7년 동안 감독직을 수행하면서 그레고리우스는 동방의 신학과 영성, 교회 생활을 잘 알게 되었다. 그레고리우스는 콘스탄티노플에 머물면서 『욥기에 나타난 도덕 설교』라는 유명한 설교를 쓰기 시작했다. 깊은 숙고로 가득 찬 2천 쪽이 넘는 글인데, 19세기에 출판한 "옥스퍼드 교부 문고" 시리즈에서 읽을 수 있다.[84]

그레고리우스는 로마에 돌아와 성 안드레아에서 수도사 생활을 다시 시작하려 했다. 이 수도원은 그가 이전에 세웠던 수도원 가운데 하나였다. 교황 펠라기우스 2세가 흑사병 시대에 죽자, 그레고리우스는 그의 평판에 따라 교황의 역할을 대신하도록 선택되었다.[85] 그레고리우스는 그 직책을 원하지 않았다. 그는 교회 전체의 목자가 되기에 영적으로 준비되지 않았다고 여겼다. 또한 자신에게 자질이 없다고 생각했다. 교황의 바쁜 스케줄은 고요하게 기도하며 살기 원하는 그레고리우스의 소망을 앗아가는 것이었다.

그레고리우스가 로마 황제의 누이 테옥티스타에게 쓴 편지에서 표현하듯이 그는 교회의 공직 생활과 지도자로 되돌아가는 것에 대해 슬퍼했다. 그레고리우스는 "나는 세상으로 다시 끌려갔으며, 내가 평신도였을 때조차 생각해 보지 못했던 땅 위의 일을 돌보는 데 빠지게 되었다"고 한탄했다.[86]

해석의 사례

그레고리우스가 테옥티스타에게 쓴 편지는 흥미롭다. 그 편지는 그가 교황이 되지 않으려 했음을 보여준다. 그뿐 아니라, 그가 성경을 어떻게 읽었는지 이해할 수 있도록 우리에게 직접적인 도움을 준다. 그레고리우스가 교황이 되는 것을 슬퍼하는 이유를 테옥티스타에게 설명할 때, 그는 창세기 특히 야곱이 레아와 라헬과 결혼하는 것에 대한 설명에 끌렸다. 그레고리우스가 헌신된 삶에 끌리는 것은 라헬에 해당한다. 그녀는 "불임이지만, 사물을 또렷이 볼 줄 아는 아리따운"(창 29장) 여자였다. 그녀는 고요한 중에 있고 임신하지 못하긴 하지만, 빛을 더 날카롭게 본다. 하지만 레아는 "밤에" 그레고리우스와 "맺어졌다." "말하자면, 그녀는 적극적 삶을 뜻한다. 성과가 있지만, 시력이 약하다. 덜 보지만, 더 많은 것을 낳는다. "그레고리우스의 마음은 이제 갑자기 마리아와 마르다에게 끌린다. "나는 마리아와 더불어 주님 발 앞에 앉아 주님의 입에서 나오는 말씀을 마시고 싶었다. 오호라! 그런데 나는 마르다와 함께 바깥일을 할 수밖에 없게 되었다. 많은 일에 신경 쓰면서 번민할 수밖에 없다."[87]

나중에 보낸 편지에서 그레고리우스가 주장하듯이, "성경을 이해할 때 건전한 신앙에 반대되지 않는 것은 거부해서는 안 된다." 이를 통해 그는 자신의 주석을 옹호한다. 그레고리우스에 따르면, 그가 창세기 본문에서 끌어낸 원리는 분명히 기독교적이다. 그는 본문에서 황금 사슬을 만들어 내었는데, 다른 주석가는 "반지"나 "팔찌", "여러 장식물"을 만들어 낼 수도 있다. 오늘날 성경 해석가들에게는 낯선 태도겠지만, 그레고리우스는 다양한 주석을 기뻐한다. 다양한 주석은 성경이 풍부함을 보여주기 때문이다. "그래서 성경을 똑같이 알지만, 여러 주석가들은 성경을 수많은 방식으로 이해해서 다양한 장식물처럼 만들어낸다. 하지만 모든 장식물은 천상의 신랑을 꾸미는 데 사용된다."[88]

그레고리우스의 복음서 강해 40편을 데이빗 허스트가 번역해서 시스테르시안 출판사에서 펴냈다.[89] 이 설교집에서 그레고리우스의 성경 강해 기술과 주석 기술은 서로 풍부하게 얽혀있다. 몇 가지 예를 보면, 이 점이 잘 드러날 것이다.

마가복음 4장 23절. "들을 귀 있는 자는 들을지어다." 그레고리우스는 곧바로 주석을 붙인다. 예수의 말씀을 듣는 모든 사람에게는 분명히 신체적인 귀가 있다. 따라서 "분명히 예수가 말씀하시는 귀는 마음의 귀다. 그레고리우스는 듣는 사람이 다음과 같이 해야 한다고 충고한다.

> 받은 말씀이 여러분의 마음의 귀에 머물도록 신경 쓰시고, 씨가 길옆에 떨어지지 않도록 신경 쓰십시오. 그렇지 않으면, 악령이 와서 여러분의 기억에서 그 말씀을 가져갈 것입니다. 자갈밭이 씨앗을 틔우지 못한다는 것에 신경 쓰십시오. 그 밭에서는 씨앗이 뿌리를 내릴 수 없어서 선한 일이라는 열매를 맺을 수 없습니다. 그들이 듣는 것은 많은 사람을 기쁘게 하는 것입니다. 그들에게 선한 일을 시작하라고 제안합니다. 하지만 역경이 그들을 약하게 만들면 그들은 시작했던 일을 그만둡니다. 돌밭은 습기가 없어서, 제대로 된 열매를 맺지 못합니다.[90]

누가복음 18장 41절. 예수는 앞 못 보는 거지에게 물으셨다. "내가 너를 위해 무엇을 해주길 원하느냐?"

> 빛을 회복시켜 주실 분이신데, 장님이 원하는 것을 모르시겠습니까? 하지만 그분은 이미 알고 계신 것을 묻기 원하십니다. 우리가 요구하면, 그분이 주실 것입니다. 그분은 우리가 쉬지 말고 기도하라고 권하십니다. 그럼에도, "너희가 너희 아버지에게 요구하기 전에 너희에게 필요한 것을 너희 아버지께서 아시기 때문이다"(마 6:8)라고 말씀하십

니다. 그래서 그분은 우리가 요구할 수 있도록 그렇게 물으시면서, 우리 마음이 기도로 향하도록 일깨우시는 것입니다.[91]

마태복음 5장 13절. "너희는 땅의 소금이다."

우리가 소금이라면, 신자의 가슴에 맛을 내야 합니다. 목자인 여러분, 여러분이 하나님의 생명들에게 풀을 먹이고 있다는 사실을 생각하십시오.……우리는 한 덩어리의 소금이 야생 동물에 큰 힘을 발휘하는 경우를 자주 봅니다.……사제는 개인에 말하는 것에 주의해야 합니다. 사제와 어울리는 사람이 소금을 접한 것처럼 영원한 생명의 맛을 느끼도록 각 사람과 상담해야 합니다. 우리의 말을 듣는 사람의 가슴에 맛을 주지 못한다면 땅의 소금이 아닙니다. 설교를 계속하는 사람이라면, 이러한 맛을 이웃에게 주게 됩니다. 하지만 우리가 한 말이 행동에서 드러나고, 하나님의 사랑이 우리를 스며들며, 죄 없이 살 수 없는 우리가 매일 영향받는 인간 생활의 더러움을 우리의 눈물로 씻어준다면, 우리는 다른 사람에게 옳은 것을 참되게 설교하는 셈입니다.[92]

마가복음 16장 1-7절(부활 이후의 장면), 과거의 잘못 때문에 미래에 용서받지 못하고 그리스도와 교회를 섬길 수 없다는 유혹을 받는 사람이 있다. 그레고리우스가 이 구절에 대해 하는 말은 특히 그러한 사람에 관한 것이다.

"가서 제자들과 베드로에게 말하라. 그분이 너희보다 앞서 갈릴리로 가실 것이라고 말하라." 왜 베드로의 이름을 밝혀서 "제자들"과 구분하는지 물어보아야 합니다. 천사가 주님을 부정한 베드로의 이름을 부르지 않으셨다면, 그는 다른 제자들과 함께 올 생각을 감히 하지 못했을 것입니다. 그가 주님을 부인했다고 해서 희망을 잃지 않도록 하기 위해 천사는 그의 이름을 불러주셨습니다. 이와 관련해서, 왜 전능하신 하나님께서는 교회 전체를 맡기기로 하신 자가 여종의 목소리를 두려워하여 그분을 배반하도록 두셨는지 우리 자신에게 물어보아야 합니다. 우리는 교회의 목자가 될 사람이 다른 사람에게 어떻게 자비를 베풀어야 하는지 베드로의 잘못에서 배울 수 있도록 하신 신적인 선한 행동에서 그 사건이 이뤄졌다는 것을 확실히 알게 됩니다. 따라서 하나님은 먼저 그가 그 자신을 알도록 하시며, 그를 다른 사람 위에 두십니다. 그래서 그가 다른 사람의 약점을 어떻게 자비롭게 견디어야 하는지 자신의 약점을 통해 알 수 있도록 하십니다.[93]

이 설교를 통해 우리는 그레고리우스가 어떤 사람인지 잘 알 수 있다. 그는 신학적으로 빈틈없고, 목회자로서 민감한 사람이다. 다른 교부처럼 그의 마음도 성경에 흠뻑 젖어 있다. 그레고리우스는 예를 들어, 사도 베드로, 창세기에 나오는 무로부터의 창조, 부활한 몸의 본성 등과 같은 성경의 인물이나 주제들에 대해 거의 모두 분석하고 주석했다. 이때 그는 자신의 뿌리가 되었던 기독교 공동체의 주석 전통과 성경에 따르는 마음가짐으로 연마된 깊이 있는 영적 인식 가운데 작업했다. 2장에서 언급했던 데일 앨리슨의 은유를 사용하자면, 그레고리우스는 성경 본문에서 특유한 주제와 음색을 듣는다. 교회의 역사에서 교회가 성경을 읽으면서 들었던 음악에 조심스럽게 귀 기울였기 때문이다.

교부 시대에 교회가 듣고 만들어낸 주석 음악은 화음인가 아니면 불협화음인가? 이것은 오늘날 많은 해석가들이 궁금해하는 중요한 물음이다. 그러나 더 연구해야만 그 대답을 할 수 있을 것이다. 하지만 교부들은 성경에 대해 생각할 때 자주 떠올랐던 주석의 연결고리를 만들어내는 일을 당연하게 여겼다. 부정적인 측면에서 볼 때, 주석이 성경 본문과 너무나 느슨하게 연결될 위험은 상존했다. 긍정적인 측면에서 볼 때, 그레고리우스의 방법은, 본문 밑에 숨어 있어서 우리가 너무나 쉽게 지나칠 수 있는 것을 열어 보여줄 수 있다. 이러한 이유에서 로버트 페인은 그레고리우스를 옹호한다.

> 그레고리우스가 따른 방법을 중세에도 계속 따랐다. 이 방법에는 장점이 많다. 구약은 풍부한 은유의 원천을 제공한다. 구약을 인용하고, 구약과 신약의 연결점을 발견하며, 평범한 곳에서 신비를 보고, 구약의 풍부한 색깔을 신약에 덧입힐 때, 극적인 사건과 깊이를 얻는다. 윌리엄 버틀러 예이츠 같은 현대 시인은 비잔틴 제국을 시각적으로 불러내어 그 제국에 대하여 당대를 놀라게 할 정도로 정확하게 묘사하려 한다. 이처럼 교부는 그리스도를 구약의 배경에 비추어 봄으로써 그리스도를 더욱 가깝게 만들었다. 욥기의 구절은 원래 배경에서 떨어져 나와 새로운 의미를 담고 더 풍부해진다. 시적 과정이 작용하고 있으며, 최종 결과물에 나름대로 진정성이 있기 때문이다.[94]

그레고리우스의 마지막 사례는 페인의 논지를 드러내는 동시에, 그 논지에 있을 수 있는 위험을 잘 보여준다. 야훼 하나님께서 장막 성전의 커튼을 위해 모세에게 가르침을 주셨는데, 그 가르침을 생각하고 있는 그레고리우스를 상상해 보라, 야훼는 미세한 아마포로 커튼을 짜야 한다고 모세에게 말씀하신다. 커튼의 색도 중요하다. 진홍색과 파랑색은 하나님께서 커튼을 위해 짜신 청사진에 계속 다시 나타난다. 장막을 덮는 덮개는 염소 털로 만들어야 한다. 그레고리우스는 본문의 문자적 의미를 버리지 않지만 왜 빨간색과 파란색이 중요한지 자문한다. 그 색은 무엇을 상징하는가? 염소 털에 관한 본문에 대해서도 같은 물음을 던지고 있다. 왜 염소 털인가? 염소 털은 무슨 깊은 의미를 나타내는가?

그런데 성경 이야기에서 파란색이나 빨간색, 염소 털이 갖는 깊은 의미와 직접 연결되거나 그것에 걸려 있는 것은 내용은 아주 적다. 그레고리우스는 여기서 문제를 만났다. 그래서 그레고리우스는 장막의 이러한 성질을 상징적으로 주석했지만, 너무 심하게 주관주의에 빠졌다. 장막의 빨간색, 파란색, 미세한 아마포는 무엇을 나타내는가? "가냘프지만 뛰어난 거룩한 사람의 삶"을 나타낸다. 염소 털은 어떠한가? 염소 털은 장막 안에 있는 좀더 가냘픈 파란 커튼과 빨강 커튼을 보호한다. 이처럼 교회에는 세상에서 일하는 사람과 그렇지 않은 사람이 있다. 세상에서 일하는 사람이 그렇지 않은 사람을 보호하는 경우가 많다. 따라서 그레고리우스는 "교회에서 영적으로 밝게 빛나는 사람은 세상 일에 열심을 내는 연장자에 대해 투덜대지 말라……여러분이 진홍색처럼 안에서 은밀하게 빛난다면, 여러분을 보호하는 염소 털을 비난해야 할 이유가 무엇인가"라고 결론을 내린다.[95]

그레고리우스는 구약 본문을 교회 생활의 경건에 분명히 도움을 주는 주석으로 바꾸어놓았다. 그런데 모세도 하나님의 가르침을 이렇게 이해했을까? 분명히 그렇지 않다. 모세가 들었던 곡조가 좀더 복잡한 주제를 담는 구조로, 나중에 그레고리우스가 생각한 구조로 발전할 수 있는가? 교부들은 여기서 의견이 서로 달랐다. 알렉산드리아에서 훈련받은 주석가는 그레고리우스 같은 결론에 동의했던 것 같다. 반면에 안디옥에서 교육받은 사람들은 그렇게 극단적으로 성경 본문을 풍유화하는 것이 안전한지에 대해 크게 의심했다.

추가 연구를 위해

많은 교부의 경우처럼 그레고리우스의 편지를 모아놓은 책을 보아야 그를 가장 잘 알 수 있다. "니케아 교부와 니케아 이후 교부" 시리즈에서 그의 편지를 볼 수 있다.[96] 그 편지들은 그레고리우스가 성경을 어떻게 읽었는지 보여줄 뿐 아니라, 목회자 그레고리우스의 마음과 그의 열망을 드러낸다. 교회가 친구와 적에게 정의와 정직, 사랑을 통해 행하는 것을 보기를 바라는 열망이다. 그레고리우스는 분명 영혼의 목회자였다. 그는 히에로니무스 같은 학자와는 달랐다. 그의 편지는 목회자의 따뜻한 감수성을 드러낸다. 그의 유명한 『목회적 돌봄』에서 그의 목회적 통찰이 얼마나 깊은지 자세하게 살펴볼 수 있다. 폴리스트 출판사가 이 책을 현대어로 번역해서 출판했다.[97] 토머스 오든이 『고전 전통 속 영적 돌봄』에서 이 책에 대한 안내서를 제공하는데 매우 유익하다. 포트리스 출판사가 이 안내서를 출판했다.[98] 이 책이 분명하게 보여 주듯이, 교부의 목회적 지혜는 오늘날에도 유효하다. 그레고리우스의 주석 기술을 더 자세하게 연구하는 데 관심이 있다면, 그레고리우스의 복음서 강해를 정독하는 것이 좋다. 데이비드 허스트가 번역한 이 강해서는 시스테르시안 출판사에서 출간했다.[99]

맺는말

풍부한 라틴 전통은 네 명의 위대한 교부의 공헌에서 머물지 않는다. 사실 조셉 트릭의 주장처럼, 아우구스티누스와 같이 크게 존경받는 서방 교회의 지도적 인물들은 암브로시아스터와 같이 그리 알려지지 않은 해석가의 어깨를 딛고 우뚝 선 것이었다. 암브로시아스터는 아우구스티누스를 통해 "서방 교회 전체의 주석 전통과 교리 전통에……큰 영향을 미쳤다."[100] 암브로시아스터의 글을 연구하는 데 관심이 있는 독자라면, 트릭이 암브로시아스터의 로마서 7장 주석을 번역한 책에서 시작할 수 있다. 암브로시아스터의 글은 거의 대부분 번역되지 않았다.[101]

성경을 어떻게 해석해야 하는가? 우리는 8명의 교회 박사와 그들의 해석학적 전략을 논의했다. 이를 통해 앞의 물음에 대해 교부 사이에 일치하는 영역과 일치하지 않는 영역을 보았다. 암브로시우스나 대 그레고리우스와 같이 풍유를 정당한 해석 도구로 쓰는 것을 편하게 느낀 교부가 있었다면, 바실리우스나 요하네스 크리소스토무스와 같이 풍유 사용을 비판하고 보다 엄밀한 접근을 주창한 교부도 있었다. 이러한 핵심 인물들은 해석학적으로 서로 일치하지 않는다. 이는 고대 기독교 세계에서 해석의 중심지였던 두 곳, 알렉산드리아와 안디옥이 서로 일치하지 않는 것과 맞아떨어진다. 해석학적으로 알렉산드리아를 대표하는 오리게네스와 안디옥을 대표하는 몹수에스티아의 테오도루스와 같이 중요한 사람이 만든 서로 다른 관점을 다음 두 장에서 좀더 자세히 살펴볼 것이다.

주

1 Gerald Bray, *Biblical Interpretation: Past and Present* (Downers Grove, Ill.: InterVarsity Press, 1996), 91쪽.

2 Robert Payne, *The Fathers of the Western Church* (New York: Dorset Press, 1989), 60쪽.

3 Charles Kannengiesser, *Early Christian Spirituality* (Philadelphia: Fortress Press, 1986), 26쪽.

4 Maria Grazia Mara, "Ambrose of Milan", in *Patrology*, ed. Angelo Di Berardino (Westminster, Md.: Christian Classics, 1988), 4:144 참조.

5 Bertrand de Margerie, S.J., *An Introduction to the History of Exegesis*, vol. 2, *The Latin Fathers* (Petersham, Mass.: Saint Bede's Publications, 1995), 76쪽 각주 2.

6 같은 책.

7 Augustine, *Confessions*, trans. R. S. Pine-Coffin (New York: Penguin, 1961), 159쪽(8,2)

8 같은 책, 107쪽(5.13).

9 같은 책.

10 같은 책, 108쪽(5.14); 115-116쪽(6,4).

11 De Margerie, *Introduction to the History of Exegesis*, 2:79.

12 Ambrose, *Letters to Bishops*, FC 26 (Washington: The Catholic University of America Press, 1987), 77쪽.

13 같은 책, 78쪽.

14 같은 책, 79쪽.

15 같은 책, 264-265쪽.

16 같은 책, 227쪽.

17 Ambrose, *De Paradiso*, 10.47. de Margerie, *Introduction to the History of Exegesis*, 2:81에서 인용.

18 같은 책, 82쪽.

19 Ambrose, *Select Works and Letters*, NPNF Second Series, vol. 10 (Peabody, Mass.: Hendrickson, 1994).

20 Jan L. Womer, ed., *Morality and Ethics in Early Christianity*. Sources of Early Christian Thought (Philadelphia: Fortress Press, 1987).

21 Charles Kannengiesser, ed., *Early Christian Spirituality* (Philadelphia: Fortress Press, 1986).

22 Payne, *Fathers of the Western Church*, 90쪽.

23 오행속요(limerick)는 약약강격의 5행 희시를 뜻한다—옮긴이.

24 Payne, *Fathers of the Western Church*, 89쪽에서 인용. 페인은 원문 쪽수를 밝히지 않는다. 그래서 나는 원문의 위치를 확인할 수 없었다.

25 Jerome, Letter 107.4. Payne, *Fathers of the Western Church*, 131쪽에서 인용.

26 같은 책, 132쪽.

27 De Margerie, *Introduction to the History of Exegesis*, 2:115.

28 Jean Gribomont, "The Translations: Jerome and Rufinus", in *Patrology*, ed. Angelo Di Berardino (Westminster, Md.: Christian Classics, 1988), 4:226.

29 시대를 무시하고 말하면, 히에로니무스는 '문화에 대항하는 그리스도'라는 리처드 니버의 입장을 받아들였다.

30 Jerome, *The Letters of St. Jerome*, vol. 1, trans. Charles Christopher Mierow, ACW 33 (New York: Newman Press, 1963), 165쪽.

31 같은 책, 166쪽.

32 같은 책, 97쪽.

33 같은 책, 111쪽.

34 같은 책, 81쪽.

35 같은 책, 82쪽.

36 같은 책, 84쪽.

37 같은 책, 85쪽.

38 같은 책, 90쪽.

39 같은 책, 85-86쪽.

40 NIV나 NRSV는 모두 맛소라 사본(MT)에 근거를 둔다. 두 영어판과 같은 현대 번역을 사용하는 독자라면 세라핌의 날개가 자신의 발과 얼굴을 가리지 않고 하나님의 얼굴과 발을 가린다는 히에로니무스의 언급 때문에 혼동에 빠질 것이다. 이는 분명하다. 히에로니무스는 다음과 같은 라틴어 본문으로 작업하고 있다. "*Et duabus quidem velabant faciem et duabus velabant pedes et duabus volabant*(그들은 두 날개로 (그의) 얼굴을 가리며, 두 날개로 (그의) 발을 가리며, 두 날개로 날았다)."불가타 성경은 "*faciem*(얼굴)"과 "*pedes*(발)"에 모두 3인칭 단수 소유격 인칭대명사 "*ejus*(그의)"를 부여하는데, 이 인칭대명사는 혼동을 준다. 그것은 각각의 천사를 개별적으로 가리켜서 그들 각각의 발과 얼굴을 지시하는가? 그렇지 않으면 하나님의 발과 얼굴을 지시하는가? 이러한 라틴어 본문의 전통을 따르는 주석가들에 따르면, 이사야는 천사들이 자신들의 얼굴과 발 대신에 하나님의 얼굴과 발을 가렸다고 말하고 있다. 그러한 주석가들의 이해는 타당할 수 있었다. Jerome, *Letters of St. Jerome*, 215쪽 참조.

41 Jerome, *Letters of St. Jerome*, 86쪽.

42 같은 책.

43 같은 책, 86-87쪽.

44 Joseph W. Trigg, *Biblical Interpretation*, Message of the Fathers of the Church, vol. 9 (Wilmington, Del : Michael Glazier, 1988), 251쪽.

45 Jerome, *Letters and Select Works*, trans, W. H. Fremantle, NPNF Second Series, vol. 6 (Peabody, Mass.: Hendrickson, 1994).

46 Jerome, *The Letters of St. Jerome*, vol. 1, trans. Charles Christopher Mierow, with introduction and notes by Thomas Comerford Lawler, ACW 33 (New York: Newman Press, 1963).

47 Joseph W. Trigg, *Biblical Interpretation*, Message of the Fathers of the Church, vol. 9 (Wilmington, Del.: Michael Glazier, 1988).

48 Augustine, *Confessions*, 45쪽(2.3).

49 같은 책, 43쪽(2.2).

50 같은 책, 47쪽(2.4).

51 Augustine, *Confessions* 2.2. Benedict J. Groeschel, Augustine: *Major Writings* (New York: Crossroad, 1995), 21쪽에서 인용.

52 Augustine, *Confessions* 2.10. Groeschel, *Augustine: Major Writings*, 22쪽에서 인용.

53 Roland J. Teske, S. J., introduction to *On Genesis*, by Augustine, FC 84 (Washington: The Catholic University of America Press, 1991), 9쪽.

54 Peter Brown, *Augustine of Hippo* (Berkeley and Los Angeles: University of California Press, 1969), 42-43쪽.

55 같은 책, 42쪽.

56 Teske, introduction to *On Genesis*, 12쪽.

57 Augustine, *Confessions*, 62-63쪽(3.7).

58 영국 런던에서 가장 큰 왕립 공원으로, 공원 북동쪽 모퉁이 대리석 아치 옆에는 자유롭게 가두 연설을 할 수 있는 "연설자의 자리"가 있다-옮긴이.

59 Brown, *Augustine of Hippo*. 43쪽.

60 Teske, *introduction to On Genesis*, 8쪽.

61 Augustine, *Confessions*, 103쪽(5.10).

62 Pheme Perkins, "Mani, Manichaeism", in *Encyclopedia of Early Christianity* (New York: Garland Publishing, 1990), 563쪽.

63 같은 책.

64 같은 책, 562-563쪽.

65 Brown, *Augustine of Hippo*, 43-44쪽.

66 Augustine, *Confessions*, 108쪽(5.14).

67 같은 책, 114-115쪽(6.3-4).

68 Augustine, *Two Books on Genesis Against the Manichees*, trans. Roland J. Teske, S. J., 74-75쪽(1.17).

69 같은 책, 75-76쪽(1.17).

70 Augustine, *Confessions* 7.18. Groeschel, *Augustine: Major Writings*, 17쪽에서 인용. 나는 번역을 조금 고쳤다.

71 같은 책, 8.11. Groeschel, *Augustine: Major Writings*, 28쪽에서 인용.

72 Augustine, *Confessions*, 176쪽(8.11).

73 같은 책, 178쪽(8.12).

74 Payne, *Fathers of the Western Church*, 179쪽 참조.

75 Augustine, *Christian Instruction*, trans. John J. Gavigan, FC 2 (Washington: The Catholic University of America Press, 1947).

76 St. Augustine, *On Christian Teaching*, trans. R. P. H. Green (Oxford: Oxford University Press, 1997).

77 Augustine, *The Literal Meaning of Genesis*, 2 vols., trans. John Hammond Taylor, ACW 41-42 (New York: Paulist Press, 1982).

78 Augustine, *On the Psalms*, 2 vols., trans. Dame Scholastica Hebgin and Dame Felicitas Corrigan, ACW 29-30 (New York: Paulist Press, 1960, 1961).

79 Augustine, *Tractates on the Gospel of John*, trans. John W. Rettig, FC 78, 78, 90, 92 (Washington: The Catholic University of America Press, 1988, 1988, 1993, 1994,1995).

80 Joseph W. Trigg, *Biblical Interpretation*, Message of the Fathers of the Church, vol. 9 (Wilmington, Del. : Michael Glazier, 1988), 250-295쪽.

81 Grover A. Zinn Jr., "Gregory I the Great", *in Encyclopedia of Early Christianity*, 393-398쪽. 이 책은 다음 논의에 유익한 자료였다.

82 Gregory the Great, *Register of the Epistles of Saint Gregory the Great*, NPNF Second Series, vols, 12-13 (Peabody, Mass: Hendrickson, 1994).

83 Payne, *Fathers of the Western Church*, 201쪽.

84 같은 책, 203쪽.

85 Zinn, "Gregory I the Great", 394쪽.

86 Gregory the Great, *Register of the Epistles*, 12:75.

87 같은 책.

88 같은 책, 142쪽.

89 Gregory the Great, *Forty Gospel Homilies*, trans. Dom David Hurst (Kalamazoo, Mich.: Cistercian Publications, 1990).

90 같은 책, Homily 12:89.

91 같은 책, Homily 13:97-98.

92 같은 책, Homily 19:140-141.

93 같은 책, Homily 21:160.

94 Payne, *Fathers of the Western Church*, 213쪽. 나는 번역을 약간 현대화했다.

95 Moralia, 25, 39쪽. *Payne, Fathers of the western Church*, 213쪽에서 인용. 나는 그의 번역을 약간 바꾸었다.

96 Gregory the Great, *Register of the Epistles*, vols. 12-13.

97 St. Gregory the Great, *Pastoral Care*, trans. Henry Davis, ACW 11(New York: Paulist Press, 1978).

98 Thomas C. Oden, *Care of Souls in the Classic Tradition* (Philadelphia: Fortress Press, 1984).

99 Gregory the Great, *Forty Gospel Homilies*, trans, Dom David Hurst (Kalamazoo,Mich: Cistercian Publications, 1990).

100 Trigg, *Biblical Interpretation*, 42쪽.

101 같은 책, 223-238쪽.

6장
교부와 성경:
알렉산드리아의 주석

성경을 잘 읽고 해석하는 일은 쉬운 일이 아니다. 성경을 어떻게 해석해야 하는가? 지금까지 교회의 여덟 박사를 살펴보았다. 그들도 우리처럼 이 물음에 관해 의견이 일치하는 점과 일치하지 않는 점이 있었다. 성경은 영감이 있는 텍스트라는 데 모두 동의했다. 개인적 성향과 영적 건강이 성경을 잘 읽을 수 있는 능력에 영향을 준다는 데도 동의했다. 주석가가 성경 본문의 의미를 결정하고 가능한 적용을 충분히 이해한 다음에는, 본문에 들어 있는 신적 권위가 성경 해석자에게 순종하도록 명령한다는 데도 동의했다. 그리스도인의 공동 노력이 성경 해석이며, 주석가라면 그리스도의 몸인 교회라는 맥락에서 이러한 노력을 실천해야 한다는 데도 동의했다. 교회 박사는 대부분 교회사에서 다른 해석가가 주석하려고 노력한 것을 크게 존중했는데, 결론에 있어서 서로 의견을 달리할 때에도 마찬가지였다. 교부들은 역사와 전통, 공동체가 없는 텅 빈 상태에서는 결코 주석을 행할 수 없다고 보았다.

여러 층위를 가진 성경

지금껏 살펴본 교부들은 위 같은 점에서 서로 의견이 같았지만, 때때로 일치하지 않는 부분도 있었다. 좀더 구체적인 물음에 대해 그들은 간헐적으로 논쟁하곤 했다. 성경 본문에서 의미의 차원을 어떻게 확인하고 해석해야 하는가? 오늘날 많은 독자가 보기에, 이것은 이상한 질문 같아 보일 수 있다. 예를 들어, 오늘날 성경 해석학을 연구하는 복음주의 학생은 대부분 성경 본문의 문법적, 역사적 해석이 유일하게 타당한 하나의 의미, 즉 저자가 의도한 의미에 이른다고 인정할 것이다. 다른 의미 층을 더한다면, 해석학적 미궁에 빠질 것이다. 해석가는 그 미로에서 절망적으로 혼란스러워하며 길을 잃게 될 것이다.

하지만 교부는 본문의 문법적, 역사적 의미를 여러 가능한 의미 가운데 하나에 불과하다고 여겼다. 그들은 문법적, 역사적 의미를 본문의 "문자적" 의미라고 불렀을 것이다. 교부는 모두 성경 본문에서 여러 가지 의미 층을 발견하리라 기대했다. 이러한 층이 어떻게, 어느 정도까지 드러나는가? 그들이 서로에게 내놓은 물음이 바로 이것이다.[1]

정도의 차이는 있지만, 실질적으로 거의 모든 교부가 "히브리어 성경(구약성경)의 일부를 복음서 사건의 그림자와 예견으로 읽는"모형론적 해석을 선택했다.[2] 제임스 쿠겔과 로완 그리어의 정의에 따라, "성경의 인물과 사건이 추상적인 미덕이나 교리들을 대표하는 것으로 보는" 풍유적 해석을 열광적으로 받아들인 교부가 있었던 반면에 의심의 눈으로 본 교부도 있었다.[3] 일부 교부는 모형론과 풍유의 구분이 아주 모호하다고 생각했다.

사실 오늘날에는 초기 기독교 저자가 풍유법과 모형론이라는 구분을 알고 있었는지 의심하는 학자도 있다. 만리오 시모네티에 따르면, 사도 바울 같은 신약성경 저자는 구약성경의 핵심 본문을 "영적" 의미로 해석했다. "문자적이거나 직접적인 의미와는 다른 의미를 본문에서 파악했기 때문이다."[4] 보통 바울은 구약성경을 영적으로 읽을 때, 그 독해를 튀포스 즉 모형(롬 5:14; 고전 10:6에 나옴)이라고 불렀다. 그러나 바울은 적어도 한 번, 창세기에 나타난 하갈과 사라의 이야기는 알레고루메나, 즉 풍유로 언급한다. 시모네티가 주장하듯이, 바울이 튀포스를 알레고루메나와 동의어로 여겼을 가능성이 높다.[5]

고린도전서 10장 1~6절과 갈라디아서 4장 24절을 비교하는 경우 시모네티의 결론이 나오는 것 같다. 바울이 고린도 교회에 보낸 편지에서, 이스라엘이 이집트와 광야에서 겪은 경험은 그리스도인의 좀더 깊은 진실들의 모델이 된다. 모든 이스라엘이 "바다를 건넜다. 모두 구름과 바다에서 모세에게로 세례를 받았다. 모두 똑같은 영적 음식과 음료를 마셨다. 그들은 자신들을 따라온 영적 바위에서 물을 마셨는데, 그 바위가 그리스도였기 때문이다"(고전 10:1-4). 그리스도인의 더 큰 이야기가 구약성경의 핵심 본문에 감추어져 있었음이 드러난다.

갈라디아서 4장 24절에서 바울은 여종 하갈의 아들과 자유를 가진 여인 사라의 아들을 언급한다. 이삭과 이스마엘은 서로 다른 원리에 따라 태어났다. 이스마엘은 "육체" 를 따라, 이삭은 "약속"에 따라 태어났다. 분명히 바울은 두 여인을 각각 풍유화하고 있다. 하갈은 "노예가 될 아이를 낳는" 시내산과 "현재 예루살렘"을 대표하는 반면에, 사라는 "위의 예루살렘에 해당한다. 그녀는 자유롭고, 우리의 어머니이다"(갈 4:24-26).

다시 말하면, 구약성경의 이야기가 그리스도 안에서 성취되었기에, 바울은 하나님이 그리스도 안에서 행하신 구속 사역에 비추어 구약성경의 이야기를 해석할 수 있었다. 광야의 바위를 그리스도와 같이 여기는 것은 바로 이러한 토대에서 설명할 수 있다. 한 바위가 광야에서 옛 이스라엘을 먹였다. 그보다 큰 두 번째 바위는 지금 머무는 곳에서 새 이스라엘을 먹인다. 더 놀랍게도, 광야의 바위는 본성상 "영적"임이 드러나고,

정당하게도 때가 찼을 때 오신 바위와 같게 여겨진다.

우리가 모형론과 풍유법을 구분하든지 아니면 바울이 분명히 그랬듯이 둘의 의미가 유동적이라고 여기든지 간에, 둘 다 하나님이 그리스도 안에서 행하신 일에 비추어 볼 때 성경 본문에 더 깊은 의미가 있다는 근본적인 전제에 기초해 있다. 또는, 시모네티가 표현하듯이, 본문에 담긴 더 깊은 영적 의미는 "옛 율법이 위대한 그리스도 사건을 계속 가리키며, 그 결과 옛 율법을 기독론적 표현으로 해석한 사람에게만 그것이 참 의미를 드러낼 것이라는 굳건한 확신에 뿌리를 두었다."[6]

영지주의자와 마르키온이 구약과 신약의 가르침 사이에 쐐기를 박으려 할 적에, 2세기 후반 교부 이레나이우스는 구약과 신약이 하나라고 주장했다. "따라서 누구든 성경을 주의해서 읽는다면, 그리스도에 대한 설명을 성경에서 발견할 것이며, 새로운 부르심의 전조를 발견할 것이다." 어떻게 그럴 수 있는가? 밭이 "이 세상"이라면, 밭에 숨겨진 보배는 그리스도이기 때문이다(마 13:44). 그리스도는 "성경에 숨겨진 보배"시다.

그러나 그리스도가 이 세상에 나타나시기까지 그리스도를 가리키는 구약성경의 "모형과 비유"는 미지의 상태에 머물러 있었다. "모든 예언은 완성되기 전에 인간이 보기에 수수께끼와 모호함으로 가득 차 있다. 하지만 때가 이르러, 예언이 실현되었을 때, 예언들은 분명하고 확실한 해설이 된다." 따라서 이레나이우스는 당대 유대인이 율법을 읽는 것에 대해, "율법은 우화와 같다. 그들은 하나님의 아들이 오시는 일에 담긴 것에 대한 설명을 소유하지 못하기 때문"이라고 말했다.[7]

이레나이우스가 이런 말을 글로 표현하기 30여 년 전에 순교자 유스티누스는 유대인 트뤼폰과 논쟁하면서 거의 같은 말을 했다. 유스티누스와 트뤼폰은 이사야 7장 14절의 의미에 관해 논쟁했다. 유스티누스의 해석처럼 이사야는 "처녀"가 아이가 낳을 것이라고 예측하고 있었을까?

아니면 트뤼폰이 옹호하는 입장처럼, 이사야는 “젊은 여인”이 아이를 낳을 것이라고 예측하고 있었는가? 트뤼폰은 이사야 본문의 기독론적 의미를 파악할 수 없었다. 이레나이우스와 그 밖의 초기 기독교 주석가처럼, 유스티누스는 그 까닭을 영적으로 눈이 멀었기 때문이라고 했다.

> 내가 인간의 이론이나 논증을 통해 이를 증명하려……했다면, 그대는 내 말을 듣고 있지 못할 것이다. 하지만 만일 내가 성경 구절을 자주 인용하고, 그 많은 구절들이 이 점을 가리킨다면, 나는 그대에게 그 구절을 이해하라고 요청한다. 왜냐하면, 그대는 마음이 무뎌서 하나님의 마음과 뜻을 알지 못하기 때문이다.[8]

유스티누스, 이레나이우스, 그 밖의 사람들이 대조를 통해 주장하듯이, 그리스도인이라면 구약성경을 읽을 때 구약성경이 신약성경과 하나라는 사실을 쉽게 알게 된다. 이레나이우스의 설명에 따르면,

> 그것은 정말 밭에 숨겨져 있다. 하지만 그리스도의 십자가가 드러내며 설명해 주는 보화이다. 이것은 인간의 이해를 풍성하게 해 주며, 하나님의 지혜를 드러내 준다. 하나님께서 인간에게 꼭 있어야 함을 선포하며, 그리스도의 왕국을 앞서 이루신다.……그래서 주님께서 죽은 사람들 가운데서 부활하신 후에 제자들과 함께 논하실 적에, 구약성경을 사용하여 “그리스도께서 수난을 당하시고 그의 영광에 들어가셔야 하는 것과 모든 세계에 걸쳐 그분의 이름으로 죄 사함이 선포되어야 한다”는 사실을 그들에게 증명하셨다(눅 24:26, 47). 또한 제자는 완성될 것이며, “그의 보물창고로부터 새로운 것과 오래된 것을 가져오는 집주인처럼 묘사된다.[9]

이레나이우스는 하나님이 옛 언약과 새 언약에서 그분 자신을 드러내신다는 믿음을 사도의 증언을 불러들여 뒷받침한다. 옛 언약은 새 언약에서 완성되며, 새 언약을 통해 가장 깊게 설명된다.

> 모든 사도의 가르침에 따르면, 두 백성 가운데 두 가지 약속이 있었기 때문이다. 하지만 하나님을 믿으려는……백성을 위해 두 가지 약속을 정하신 분은 한 분이시며 같은 하나님이시다.……근거 없이, 목적 없이, 우연하게 첫 언약을 주지 않으셨다. 도리어……하늘의 일의 모형을 드러냈다. 사람이 하나님의 일을 직접 보는 수단을 통해 아직 볼 수 없었기 때문이다. 우리의 신앙을 확고하게 세울 수 있도록 하기 위해 실제로 있는 것의 모상을 지금 교회 안에 그림자로 나타냈다. 만물에 대한 예지가 하나님께 있음을 사람이 배울 수 있도록 하기 위해 앞으로 올 일에 대한 예언도 담았다.[10]

특히 알렉산드리아 학파에서 훈련받은 일부 교부들은 신약성경이 다른 층위들로 이야기할 것이라고 기대하면서 신약성경에 접근하는 것을 아주 적절하다고 보았다. 오리게네스는 풍유적 해석을 가장 옹호한 사람인데, 그는 성경의 드러난 측면과 감추어진 측면을 다음과 같이 설명한다.

> 그렇다면 우리는 성경이 하나님의 영으로 만들어졌으며, 성경에는 드러난 의미뿐 아니라 대부분의 사람들과 관련해서 감추어진 의미도 있음을 믿는다. 묘사된 것이 어떤 성례의 형태이며, 신적인 것들의 반영이기 때문이다. 이것에 관해 보편적 교회는 모든 율법이 영적이라는 데 의견을 같이한다. 하지만 율법이 무엇으로 가득 차 있는지가 모든 사람에게 알려진 것은 아니다. 지혜와 지식의 말씀 가운데 성령의 은혜를 받은 사람에게게만 알려져 있다.[11]

고대 문헌에 대해 풍유적 해석을 처음으로 주장한 사람은 오리게네스가 아니다. 고대 해석가들 중에는 풍유를 사용해서 그리스어 텍스트, 유대교 텍스트, 기독교 텍스트를 해석한 사람이 많았다. 시모네티는 그런 고대 해석가들에 대해 언급한다. 예를 들어, 호메로스의 『일리아스』와 『오뒷세이아』를 확장된 풍유로 이해한 그리스 해석가가 있었다. 오뒷세이아의 방황은 "고향으로 돌아가는 영혼을 풍유"한 것이다. 특히 사라들은 기원전 5세기부터 점점 더 호메로스의 이야기들을 "자연의 힘이나 다른 힘을 나타내는 상징"과 같은 좀더 깊은 실재들을 가리키는 것으로 해석하였다. 해석가들이 깨달았듯이, 이러한 이야기를 문자적으로 이해한다면, 신들은 분명히 비도덕적이고 약점과 어리석음에 있어서 인간과 너무 닮아 있다.[12]

여기서 풍유를 옹호하는 것은 나중에 오리게네스가 그의 풍유적 해석학을 옹호한 것과 비슷하다. 오리게네스는 일부 성경 본문의 문자적 해석이 이해할 수 없는 것이거나 자기모순적이라고 주장해야 했다. 특히 구약 성경에 나타난 하나님의 행위와 특성이 하나님답지 못해 보였다. 예를 들어 여호수아에서 여리고 성과 아이 성에 있는 남녀노소를 모두 죽이라는 하나님의 명령을 어떻게 해석해야 하는가?

> 알렉산드리아 사람들은 하나님께서 그와 같은 일을 요구하시리라고 믿을 수 없었다. 그래서 그들은, 여리고 백성은 우리의 죄를 나타낸다고 보았다. 그리고 하나님께서는 가장 작은 죄까지도 없애기를 원하신다고 보았다. 오늘날 이 해석은 억지처럼 들릴 것이다. 하지만 3세기 주석가가 보기에, 문자적 해석은 야만적이고, 풍유적 해석은 하나님을 자비로운 분이 되게 한다. 이 두 가지 해석 가운데 한 가지를 결정해야 했을 때, 풍유적 해석이 그리스도인을 위해 성경을 구하는 길이었다.[13]

필로

주석가이며 철학자이며 신학자였던 유대인 필로 같은 알렉산드리아 해석가들은 그리스 철학과 유대교 신학이 서로 밀접한 관계를 갖고 있다고 강조하여, 헬레니즘 시대의 청중들이 성경을 잘 이해할 수 있도록 풍유적 주석에 크게 기댔다. 그 외에도 필로는 "이방 문화의 맥락에서 볼 때 성경의 야만적인 측면"을 완화시키려 했다.[14] 시모네티가 지적하듯이, 필로의 풍유적 주석은

> 한편으로, 구약성경의 초기 문서에 나타난 많은 신인동형설을 만족스럽게 설명할 수 있도록 해 주었다. 그리스 신화처럼, 신인동형설은 교육받은 이방인의 감수성에 거슬렸다. 또 다른 한편으로, 해석 과정에서 철학적인 개념과 용어, 특히 플라톤적이고 스토아적인 개념과 용어를 많이 사용했던 필로는, 그리스 지성인에게 매우 낯설었던 종교적 관점을 그들에게 소개할 수 있었다.[15]

조셉 트릭은 필로가 유대 문서에서 그리스적인 사상들을 찾아내려고 노력했음을 보여 주려는 예로서, 창세기에 나타난 아브라함, 사라, 하갈의 이야기를 풍유적으로 해석한 것을 제시한다.

> 아브라함의 아내 사라는 철학을 상징하며, 그녀의 여종 하갈은 철학을 준비하는 교양 공부를 상징하며, 아브라함은 가르침을 통해 배우는 영혼을 상징한다. 사라는 아브라함에게 하갈을 준다. 영혼이 철학을 배울 준비가 되어 있지 않으면, 철학은 열매를 맺을 수 없기 때문이다.[16]

시모네티는 필로가 성경의 풍유를 파악하고 풀기 위해 사용하는 해

석의 열쇠를 확인한다.

> 이방인에게 이러저러한 신화가 중요했던 이상으로 필로에게는 성경이 중요하다. 그래서 필로는 성경 구절의 문자적 의미를 완전히 무시하지는 못한다. 그러나 그가 문자적 의미에 부여하는 가치는 부차적이다. 비록 다수 사람에게 알려져 있기는 하지만 말이다. 반면에 풍유적 접근을 통해 얻을 수 있는 감추어진 의미는 성령의 실재에 관심을 두는 소수의 사람을 위한 것이다.……빈틈 없는 주석가에게만 특별한 중요성을 가지는 어떤 지침들이 문자적 차원에서 풍유적 차원으로의 진전을 촉진시킨다. 이것은 여러 이유로 문자적 의미와 관련 없는 세부 내용을 담을 수 있다. 동물이나 특정 명사의 이름, 무엇보다도 사람이나 장소 등의 고유명사가 그러하다. 스토아 철학자가 그리스 신을 해석할 때 일반적으로 적용한 절차를 따라서, 이러한 것은 어원적으로 해석된다. 이것들이 우리가 알렉산드리아의 그리스도인들의 주석을 다룰 적에 상기해야만 하는 모든 절차들이다.[17]

필로가 사용하는 풍유적 해석의 예는 다음과 같다. 모든 풍유화에서 필로가 유대인의 관점을 확대해서 이방인 세계까지 폭넓게 포함할 수 있도록 했다는 점에 주목해야 한다.

> 예루살렘 성전 = 세상
> 성전의 부분 = 세상의 서로 다른 부분
> 유대 제사장의 의복의 네 가지 색 = 자연의 4원소
> 아담 = 인간의 지성
> 동물의 창조 = 인간의 정념
> 하와 = 인간의 감수성

아브라함과 사라의 결합 = 지성과 미덕의 결합[18]

오리게네스의 선배들

알렉산드리아 학파 출신 주석가들이 신약성경의 해석에서 처음으로 풍유를 넓게 사용한 사람들이었지만, 오리게네스가 성경 해석에서 풍유를 최초로 사용한 초기 기독교 주석가였던 것은 아니다.

순교자 유스티누스와 이레나이우스와 같이 2세기 초기 기독교 저술가는 수많은 성경 본문에서 문자적 의미와 모형적, 풍유적 의미를 확인했다. 유스티누스는 노아와 홍수가 중요한 기독론적 주제를 많이 나타낸다고 여겼다.

> 의로운 노아와 방주에 있던 다른 사람들 즉 그의 아내, 세 아들, 며느리는 모두 합해서 여덟 명이었다. 이것은 여덟째 날을 상징한다. 여덟째 날에 그리스도께서는 죽은 자들로부터 일어나 영원히 권력을 지닌 제1인자로 나타나셨다. 모든 창조물 가운데 처음 태어나신 그리스도께서 물과 신앙과 십자가의 비밀을 포함하는 나무를 통해 중생한 새로운 족속의 최고가 되셨기 때문이다. 마치 노아가 그의 가족과 함께 물 위에서 나무에 의해 구원받았던 것처럼.[19]

이레나이우스는 수많은 흥미로운 방식으로 성경을 읽었다. 그는 문자적 주석을 서로 다른 두 가지 유형의 풍유와 결합했다. 시모네티는 이를 "모형론적" 풍유와 "수직적" 풍유로 구분한다. 모형론적 풍유는 구약성경 본문에 그리스도의 행위와 말씀에서 성취된 더 깊은 의미가 있다고 전제한다. 이레나이우스는 성경 본문 가운데 가장 작은 부분이라도 그리스도께서 오심에 비추어 볼 때 새롭고 흥미로운 열매를 맺을 수 있다고 보았다. 시모네티는 레위기 11장 2절 이하의 음식 규범을 예로 들면서 이레나이우스 같은 주석가가 어떻게 이런 방법을 사용하는지 증명한다.

> 발굽이 쪼개지고 되새김질하는 동물을 먹는 것은 이방인이든 유대인이든 상관없이 그리스도인을 가리키는 것 같다. 깨끗한 동물이 그리스도인을 상징한다. 되새김질하며, 하나님의 율법을 밤낮으로 북상하기 때문이다. 발굽이 쪼개어진 것은 성부와 성자에 대해 안정된 신앙을 갖는다는 뜻이다. 되새김질하지도 않고 발굽이 갈라지지 않은 동물은 이방인을 상징한다. 그리스도인의 두 가지 특성이 이방인에게 없기 때문이다. 마지막으로, 되새김질을 하지만 발굽이 갈라지지 않은 동물은 유대인을 상징한다. 유대인은 하나님의 율법을 묵상하지만 그리스도를 믿지 않기 때문이다.[20]

수직적 풍유는, 성전이나 법궤와 같이 "거룩한 지상의 실재"나 구조물이 "하늘의 실재"를 나타낸다고 전제한다.[21] 이레나이우스는 수직적 풍유를 다음과 같이 설명한다.

> 산 위에서 모세에게 자신을 보여 주실 적에 나타났던 것처럼, 이제 사람들은 한 분이며 동일하신 하나님에게서 선물과 봉헌, 모든 희생물을 받았다. 그 하나님의 이름은 이제 모든 나라 가운데 있는 교회에서 영화롭게 된다. 그러나 우리 주변에 퍼져 있는 지상의 것들이 하늘의 모형이 되어야 함은 조화로운 것이다. 왜냐하면 이 둘 모두 동일한 하나님에 의해 창조되었으니까.[22]

이레나이우스는 영지주의 선생들의 공격으로부터 히브리어 성경과 그 안에 담긴 하나님의 지속적 가치를 보존하는 일에 크게 관심을 둔다. 많은 영지주의 주석가는, 창조의 실수를 책임져야 하는 구약의 신을 낮은 신, 이등급의 신으로 묘사했다. 시모네티에 따르면, "그들은 이원론을 주장했고, 물질 세계를 가볍게 여겼다. 그들은 구약성경을 창조의 하나님인 데미우르고스의 계시로 여기며, 신약성경과 대조시키며 경멸했다. 그들에겐 신약성경이야말로 최고로 선한 하나님의 계시였다."[23] 이레나이우스는 구약성경의 핵심 구절을 풍유로 해석했다. 그 방법으로 구약성경을 비난하는 사람으로부터 구약성경의 권위를 보존했다. 또한 그리스도가 세운 새 언약과 구약성경이 연결되어 있다는 점을 보다 완전하게 설명했다.

이레나이우스는 문자적으로 읽을 때 별로 의미가 없는 구절들을 풍유적으로 해석하는 경향이 있다. 이레나이우스는 다음과 같이 묻는다. 이삭이 야곱에게 축복할 때, 문자적 차원에서 어떻게 의미가 있을 수 있는가? 야곱은 이삭이 약속한 복을 문자적으로 받았는가? 만일 그렇지 않다면, 분명히 야곱에게 한 약속은 미래에 이루어질 훨씬 더 큰 복을 뜻한다.

> 이것이 약속된 왕국을 가리킨다고 받아들이지 않는 사람이 있다면, 분명히 그는 많은 모순과 반대에 빠진다. 이는 절대적인 당혹스러움에 처한 유대인에게서 볼 수 있다. 현세의 국가가 야곱에게 봉사하지 않은 것만이 아니라, 도리어 그는 복을 받은 후에 고향을 떠나 20년 동안 시리아인 외삼촌 라반을 섬겨야 했기 때문이다. 또한 그는 형제들의 주인이 되지 않았을 뿐만 아니라, 메소포타미아를 떠나 아버지에게 돌아왔을 때 형 에서 앞에서 무릎을 꿇고 그에게 많은 선물을 바쳐야 했기 때문이다. 더 나아가서, 정말로 그가 어떤 식으로든 많은 곡물과

> 포도주를 물려받았을까? 그가 살던 땅에 기근이 드는 바람에 그는 이집트로 이민 갔으며, 당시에 이집트를 통치하던 파라오에게 복종했다. 따라서 예견된 축복은 의심의 여지 없이 왕국의 시대에 속한다. 왕국의 시대는 의로운 사람이 죽은 사람 가운데서 부활하여 다스릴 시대이며, 창조물이 회복되며 자유로워지는 시대이다. 창조물이 하늘의 이슬에서, 기름진 땅에서 열매를 맺는 시대이며, 모든 종류의 식량으로 가득 차는 시대이다.[24]

영지주의적 성경 해석을 극복하려 했던 이레나이우스의 시도가 완전히 성공했는지는 의문스럽다. 그는 영지주의자가 행한 해석학적 접근, 즉 신학적으로 중요한 주장을 하기 위해 핵심 본문을 풍유적으로 해석했던 접근 방식을 택했다. 그렇다면 이레나이우스의 풍유가 그를 반대하는 영지주의자의 풍유보다 더 가치 있다고 누가 말할 수 있을까?

만리오 시모네티는 이레나이우스가 그의 풍유를 규제하는 해석학적 원리를 분명하게 표현하지 않았다고 했다. 이레나이우스는 그의 적수인 영지주의자를 비난했다. "하나님을 넘어서는" 상상을 발휘했기 때문이다. "그들은 그들 마음에서 주인이신 하나님을 넘어섰으며, 생각에 있어서 하나님보다 높아지려고 했다. 그 결과 실제로 한 분이신 참된 하나님에게서 돌아서고 말았다."[25] 하지만 시모네티에 따르면, 이레나이우스도 같은 비판을 받게 되었다.

시모네티의 관점에 따르면, 이레나이우스는 권위의 원리에 기댈 때만 유일하게 옹호될 수 있다. "성경 해석에서 진리의 시금석은 보편교회뿐이다. 보편교회가 권위 있는 사도의 전통을 보관하기 때문이다."[26]

알렉산드리아의 주적

알렉산드리아에서 풍유적 방법과 실행은 오리게네스에 의해 절정에 이르렀다. 오리게네스는 알렉산드리아의 성경 해석법을 대표하는 인물이다. 오리게네스 주석의 구체적 사례를 살펴보기 전에, 알렉산드리아 학파를 더 넓게 살펴보아야 할 것이다.

알렉산드리아는 왜 풍유에 관심을 보였는가? 알렉산드리아 주석가들은 변증을 가장 중요하게 여겼다. 헬라화된 세계에서 복음을 어떻게 효과적으로 전달할 수 있는가? 이미 필로와 이레나이우스를 통해 이를 살펴보았듯이, 유대교 해석가와 기독교 해석가들은 그런 물음에 부딪쳤다. 필로는 풍유를 사용해서 헬라화된 유대인에게 다가가서 구약성경이 여전히 적용성을 가진다는 것을 확신시켰다. 알렉산드리아에 있던 기독교 해석가들의 첫 번째 과제는 복음을 갖고서 그리스적 지성과 가슴에 이르는 것이었다. 다음 과제는 여러 도시에 번성한 영지주의와 싸우는 일이었다.

영지주의적 성경 해석은 유대교나 기독교 관점 모두에게 위협이 되었다. 대체로 영지주의적 선생은 구약성경을 열등한 신의 작품으로 여겨 낮게 평가했다. 영지주의자들의 핵심적인 확신은 창조는 크게 잘못되었으며, 열등하고 잘못 인도된 신의 작품이라고 보았던 것이다. 물질은 너무나도 자명한 악이었다. 사실상 영적 삶의 목표는 그노시스, 즉 지식을 얻어, 육체를 덧입은 실존의 오염된 영향에서 벗어나는 것이었다. 구약성경에서 창조가 선하다고 찬양하는 거룩한 글은 기만이라고 여기고 피하든지, 아니면 사실상 본문에 나타나는 문자적 의미와는 근본적으로 다른 실재를 가리키는 것으로 해석하든지 해야 했다.

영지주의 선생은 신약성경도 극단적으로 해석했다. 그들은 영지주의의 지나치게 과장된 풍유적 접근을 통해서 신학과 우주론을 강화했다.

영지주의 선생은 기독교 영지주의를 추구할 때 신약성경을 유지하면서도 그것을 영지주의적 우주론에 맞게 해석하려 했다. 풍유는 그렇게 할 수 있는 주석 도구를 주었기에 영지주의 선생들의 관심을 끌었다.

따라서 알렉산드리아의 기독교 주석가는 구약의 하나님과 성경이 신약의 하나님과 성경과 하나임을 증명함으로써, 영지주의의 위협에 설득력 있게 반응해야 했다. 더 나아가서 이러한 증명은 그리스적 지성에도 타당하다고 인정받아야 했다. 그리스인은 태어날 때부터 문학 텍스트와 실재 자체에서 여러 층의 의미를 추구하도록 훈련받았다. 그러한 그리스인에게 유대인의 문서가 그들과 연관된다는 사실을 어떻게 확신시킬 수 있었는가? 알렉산드리아의 기독교 학자는 변증, 전도, 교육, 설교라는 과제를 이루기 위해, 핵심 전략이 되는 해석학 방법에서 풍유를 활용했다.

오리게네스

오리게네스는 알렉산드리아 주석가의 가장 강한 측면과 가장 약한 측면을 모두 나타낸다. 아마도 평범한 신동이었던 오리게네스는 어린 시절부터 지적으로 조숙했고, 살아 있는 신앙도 보여 주었다. 오리게네스에게서 우리는 칼프리드 프뢸리히가 "초기 기독교 시대에 가장 영향력 있었던 신학자이자 위대한 지성 가운데 한 사람"으로 묘사한 사람을 만난다.[27] 조셉 트릭에 따르면, 오리게네스는 "초기 기독교에 영향을 가장 크게 주었던 성경 해석가"이다. 그는 "방대한 양의 글을 썼다. 그는 지금까지 남아 있는 초기 3세기 기독교 문헌 가운데 가장 많은 양의 작품을 썼다."[28] 오리게네스의 해석학에 대한 앞으로의 분석에 우리가 동의하든 그렇지 않든 상관없이, 그는 많은 교부들에게 깊은 영향을 끼친 작품을 남긴 영향력 있는 인물로 남아 있다.

성경은 평생 동안 오리게네스의 존재의 중심이었으며, 그의 영적 양식이며 영적 음료였다. 오리게네스는 히브리어 성경과 신약성경을 매우 존중했다. 그는 학생들에게 매일 중요한 시간을 따로 떼어 연구와 명상, 기도에 힘쓰라고 역설했다. 해리 갬블에 따르면, 오리게네스는 성경 본문이 유용하다고 전제했으며, 성경 본문을 주의 깊게 살펴야 할 책임이 학생에게 있다고 전제했다.

> 오리게네스는 집에서 성경을 읽는 것이 중요하다고 여러 설교에서 말한다. 적어도 매일 몇 시간은 성경을 읽으라고 권한다. 그가 그렇게 권면했던 까닭은 일부 사람들이 성경을 개인적으로 읽는 일에 무관심하고 사실상 성경을 싫어했기 때문이다. 그들은 "성경의 개인적 연구는 따분하다"고 불평했다. 오리게네스는 읽고 쓰는 능력이 모든 그리스도인에게 있다고 생각하지는 않는다. 그러나 읽을 수 있는 사람에게 텍스트가 유용하다고 전제한다. 성경 읽는 것이 힘들다고 여기는 사람을 위해, 그는 일종의 점진적 진도표를 내놓았다. 이를 통해 우리는 가장 이해하기 쉬운 책(에스더, 유디트 , 토비트, 솔로몬의 지혜)에서 출발해서, 복음서, 서신서, 시편으로 옮겨간다. 나중에야 비로소 신명기나 민수기같이 어렵고 보람 없어 보이는 본문을 다룬다.[29]

오리게네스는 생애 대부분을 바쳐 교회가 성경 전체를 이해할 수 있도록 했다. 오리게네스는 구약성경을 문자적으로 해석하려 할 때 어려움을 많이 겪었다. 하지만 그는 영지주의의 반대에 맞서 성경 전체가 교회의 책이라고 인정했다. 그래서 오리게네스는 히브리어 성경의 텍스트 전통과 내용을 연구하는 데 삶의 대부분을 바쳤다. 교회사가 에우세비우스는 오리게네스의 끊임없는 수고에 감동을 받았다.

> 오리게네스는 하나님의 말씀에 대한 연구를 너무나 진지하고 열정적으로 수행했기에, 그는 히브리어를 배웠고, 유대인의 손에 있던 히브리어 성경 원문을 자신의 수중에 넣었다. 그는 70인역 외에도 거룩한 성경의 다른 번역본도 연구했다. 그래서 잘 알려져 있던 아퀼라스와 쉼마쿠스, 테오도티온의 번역문 외에도 다른 번역문을 발견했다. 그 번역문은 내가 알지 못하는 아주 외딴곳에 오랫동안 감추어져 있었다. 오리게네스가 그 번역문을 찾아내었기 때문에 그 번역본이 빛을 보았다.[30]

신뢰할 수 있는 성경 본문을 수중에 얻는 일은 오리게네스에게 시작에 불과했다. 그는 다음과 같이 물었다. 이러한 거룩한 텍스트를 어떻게 경건하게 해석할 수 있는가? 어떻게 해야 분별력 있고 신뢰할 수 있는 해석이 될 수 있는가? 오리게네스는 『제1원리』의 유명한 구절에서 그의 해석학 전략을 설명한다.

먼저 오리게네스는 다음과 같이 주장한다. 하나님의 말씀인 그리스도가 성경에 기록된 성경 이야기를 통해 말씀하신다. 그분의 말씀은 "그분께서 인간이 되시고 육체의 장막에 거하실 때 말씀하신" 것에만 그치지 않는다. "그 이전에 하나님의 말씀인 그리스도께서 모세와 예언자 가운데 계셨기 때문이다. 모세와 다른 예언자들의 말씀은 "그리스도의 성령으로 성취되었다."[31] 그 말씀이 구약성경과 신약성경에서 계시를 전하셨는데, 이제 그 계시가 교회를 통해 한 세대에서 다음 세대로 충실하게 보존되고 전달되었다. 그러한 까닭에 하나님의 계시의 의미에 대한 다양한 해석과 견해들에 대한 타당성을 측정하기 위해 계시가 사용될 수 있다.

> 그리스도의 생각을 갖고 있다고 여기는 사람이 많다. 그러나 이러한 사람 가운데 일부는 선배들과 다른 생각을 한다. 하지만 교회의 가르

침은 사도로부터 질서 있는 계승 가운데 전달된다. 또한 오늘날 교회 안에 아직도 남아 있어 보존된다. 따라서 교회와 사도의 전통에서 볼 때 아무 차이가 없는 것만 진리로 받아들여야 한다.[32]

오리게네스는 독자들에게 묻는다. 사도는 어떻게 청중에게 이야기했는가? 오리게네스는 사도의 계시를 3단계로 내놓았다. 해석자의 열정과 식별력과 지혜에 따라 각 단계에 대한 접근성을 측정할 수 있다. 오리게네스는 성경의 깊은 의미를 "대부분의 사람은 보지 못 한다"고 말한다.

첫 단계에서 사도는 모든 그리스도인이 이해해야 하는 주제에 관해 "매우 분명하게 말했다. "하나님의 지식을 탐구하는 데 다소 우둔해 보인 사람에게조차 분명하다."성경의 이러한 의미는 기본적이고 보편적으로 접근할 수 있는 의미이다. 오리게네스는 이 의미를 "성경의 '육체'라고 묘사한다. 우리는 분명한 의미를 그렇게 명명한다."[33] "내가 성경의 '육체적' 부분이라고 부르는 영적 진리의 외피는 모든 경우에 유익이 되며, 각 사람의 능력에 따라 대중들을 개선할 수 있는 능력이 있도록 의도되었다."[34]

"언어, 지혜, 지식의 재능을 얻은 사람에게 성경 의미의 두 번째 단계가 열린다. 이 단계는 재능을 갖춘 보다 제한된 집단에게 드러난다. 특히 성령의 능력을 통해 텍스트의 더 깊은 의미를 분별하는 은사를 받은 사람들에게 드러난다. 오리게네스는 성경 저자가 성경에 서로 다른 의미의 층을 심어 놓았다고 한다. 그래서 "성경 저자의 제자라면 지혜를 사랑해야 한다. 더욱 열심을 내는 제자에게는 재능의 열매를 보여주는 연습 주제가 있다. 내가 생각하기에 이러한 사람은 지혜를 받아들이는 사람이 될 수 있도록, 또한 그렇게 되기에 적합하도록 준비해야 한다."[35]

기록된 이 말씀은 어떤 신비의 형태이며 하나님의 일의 모상이기 때문이다. 그것을 존중하기에, 교회 전체에는 하나의 의견이 있다. 율법 전체는 정말 영적이지만, 율법이 전하는 영적 의미가 모든 사람에게 알려지는 것은 아니며 지혜와 지식의 말씀 가운데 성령의 은혜를 받은 사람에게만 알려진다는 것이다.[36]

바울이 고린도전서 2장 6-7절에서 표현하듯이, 세 번째 단계에서, 성경은 "완전한" 사람에게, "성숙한"사람에게 말한다. "그러나 우리는 성숙한 사람들 가운데서는 지혜를 말합니다. 그런데 이 지혜는 이 세상의 지혜가 아니고 멸망할 운명을 지닌 이 세상 통치자들의 지혜도 아닙니다. 우리는 은밀하게 감추어져 있는 하나님의 지혜를 말합니다. 그것은, 하나님께서 우리를 영광스럽게 하시려고, 영세 전에 미리 정하신 지혜입니다."

바울은 인간을 육체와 혼, 영으로 나누었다. 오리게네스는 이 구분으로부터 비약해서 성경도 비슷하게 구분을 한다. 그는 "영적 율법"을 성경의 가장 깊은 의미의 절정으로 여긴다. "사람이 영, 혼, 육으로 이루어지듯이, 하나님이 인간의 구원을 위해 주신 것으로 준비하신 성경도 그렇기 때문이다."[37]

오리게네스는 풍유적 해석을 통해 성경에 있는 더 깊은 의미를 추구해야 하는 이유를 적어도 세 가지 정도 내놓는다. 첫 번째 이유는, 유대 해석가들이 인식했던 것처럼, 예수가 메시아에 관한 많은 예언을 문자적으로 이루지 않았다는 데에 있다. 예를 들어, 이사야는 늑대가 양과 함께 누워 있다고 예언한다. 그리스도가 오셨을 때 이 예언이 문자적으로 이루어졌는가? "우리는 그분을 그리스도라고 믿는데, 그분이 오신 동안 이러한 일은 전혀 이루어지지 않았다. 그래서 그들은 그분을 받아들이지 않았다."[38] 오리게네스는 구약성경의 예언을 읽을 때 하나님이 심어놓으신 보다 깊은 의미를 파악하라고 한다. 그래야 유대교가 기독교의 성경 해석을 반박한 것을 제대로 극복할 것이다.

둘째 이유로, 유대교 주석가는 히브리어 성경을 완전히 문자적으로 해석하는 바람에 예수를 보지 못했고, 이와 반대로 영지주의 해석가는 구약성경을 열등한 신 데미우르고스의 작품이라고 보았기에 구약성경을 낮게 평가했기 때문이다. 영지주의자의 비난에 따르면, 구약 본문에 나타난 신은 질투하고 복수하고 변하기 쉬운 신이며 악 자체에 책임이 있는 신이다. 기독교 해석가는 영지주의자의 이런 비난에 제대로 대응할 수 있었는가?(예를 들어 렘 15:14; 출 20:5; 삼상 15:11; 사 45:7; 암 3:6; 미 1:12; 삼상 16:14; 18:10). 교회 안에 있는 많은 이들은 "너무나 정의롭지 못하고 잔인해서 인간의 일이라고 믿어지지 않을 일"을 하나님이 하실 수 있다고 생각했다. 하지만 오리게네스는 이런 생각은 영지주의자처럼 잘못 생각한 것이라고 보았다. 오리게네스는 많은 성경 본문을 액면 그대로 받아들일 때 이런 판단을 할 수 있다고 여긴다.[39] 이 장 끝에서 오리게네스의 해석학을 평가할 때 다시 이 부분을 다룰 것이다. 이것은 논쟁이 매우 치열한 논점이다.

풍유적 해석이 있어야 한다고 오리게네스가 여긴 세 번째 이유는, 그가 앞서 영지주의 주석을 논의한 것과 밀접하게 관련되어 있다. 오리게네스에 따르면, 많은 성경 본문은 모호하고, 이성적으로 볼 때 일관되지 않으며, 도덕적으로 볼 때 비난받을 만한데 이는 의도적인 것이다. 그래야 해석자는 그 본문의 깊고 참된 의미를 발견할 수 있을 것이기 때문이다.

> 만일 율법의 유용성과 역사의 연속성과 아름다움이 그 자체로 보편적으로 명백하다면, 우리는 명확한 것 외에 성경에 나타나는 다른 것들은 이해할 수 없다고 생각해야 할 것이다. 그러나 하나님의 말씀은, 어떤 걸리는 돌들과 거슬리는 것들과 불가능한 것들을 율법과 역사의 한가운데 집어넣고 있다. 그리하여, 우리가 언어의 단순한 매력적 성질에 이끌려 모든 방향으로 분산될지라도, 전체적으로 참된 교리에서

> 멀어져 하나님의 말씀이 무가치하다고 생각하거나, 문자에서 떠나지 는 않더라도 더욱 신령한 것을 얻지 못하는 일이 생기지 않도록 하고 있다.[40]

오리게네스에 따르면, 성경 이야기는 역사, 율법과 계명, 복음, 서신, 예언이라는 다양한 실로 직조된 천이다. 오리게네스는 성경 저자가 역사로 묘사한 사건이 모두 실제로 일어난 것은 아니라고 주장한다. 때로 "일어나지 않은 사건, 즉 일어날 수 없었던 사건이거나, 일어날 수 있었지만 일어나지 않았던 사건에 대한" 설명이 진짜 역사에 스며있다.

하나님의 영이 왜 그렇게 말씀하시는 것일까? 왜 깊은 진리를 역사적 외투에 감추면서 말씀하시는 것일까? "보다 재주 있고 호기심 많은" 주석가가 성경 본문을 더 조심스럽고 경건하게 연구하도록 하기 위해서이다. 확실히, 오리게네스는 구약과 신약의 많은 성경 본문은 문자적으로 해석할 때 거의 의미가 없다고 주장한다. 그는 다음과 같이 묻는다. 해와 달, 별이 아직 창조되지 않았다면, 어떻게 창세기의 첫째 날과 둘째 날이 문자적 의미의 날일 수 있는가? 하나님은 아담과 하와를 찾기 위해 정원을 "걷고 계셨다"고 하는데 이는 하나님이 진짜 걸으셨다는 말인가? 오리게네스는 그렇지 않다고 주장한다. 도리어 "이런 것들은 신비를 가리킨다. 겉으로 일어났지만 문자적으로 일어나지 않은 역사이다."[41]

오리게네스는 창세기, 모세의 율법, 복음서에서 사례가 되는 본문들을 함께 엮는다. 이 본문들은 문자적으로 해석할 때 거의 의미가 없다. 그러나 때로 오리게네스는, 그가 제시한 예들이 저자가 과장법과 같은 잘 알려진 문학 장치를 사용하고 있다는 것을 인식하면 쉽게 해결될 수 있다는 가능성에 대해 일부러 눈 감고 있는 것 같다. 오리게네스가 올바로 가르치듯이, 오른눈을 빼어버리는 것에 관한 예수의 말씀을 "문자 그대로 받아들일 수 없다." 하지만 우리는 이 본문의 "문자적" 해석이 과장을 인정하고 있을 것이라고 주장할 수 있는데, 오리게네스는 이 가능성을 말하지 않는다.

오리게네스의 방법론을 채택한다면, 성경 이야기는 언제 참된 역사이며, 언제 이야기 자체를 넘어서도록 고안된 걸림돌인가? 어떻게 그 답을 알 수 있는가? 여기서 "걸림돌"은 해석자에게 더 깊이 묵상을 하라고 촉구하는 역할을 한다.

우리가 오리게네스의 방법론을 채택한다 할 때, 언제 성경 이야기가 진짜 역사이며, 언제 그 이야기가 역사를 넘어가도록 의도되어, 해석자로 하여금 더 깊은 묵상을 하라고 몰아가는 "걸림돌"이 되고 있는지, 우리는 어떻게 알 수 있을 것인가?

> 하지만 주의 깊은 독자라면, 어떤 점에 대해서 의심할 것이다. 오래 연구하지 않으면, 이러한 역사가 문자적으로 일어났는지 또는 이 율법의 문자적 의미를 준수해야 하는지 여부를 보여줄 수 없다. 엄밀한 독자라면 "성경을 찾으라"(요 5:39)는 구세주의 권위 있는 명령에 순종해야 한다. 문자적 의미가 어디까지 참인지, 어디까지 참일 수 없는지 주의 깊게 확인해야 한다. 할 수 있는 한, 비슷한 진술을 통해 문자적 의미로 이해할 수 없는 것의 의미를 성경 전체에서 추적해야 한다.[42]

오리게네스가 선한 사마리아인의 비유(눅 10:25-37)에 대해 주석한 내용을 보다 자세하게 살펴보면, 그의 접근 방법을 잘 알 수 있다. 또한 이와 관련되는 강점과 약점이 드러날 것 같다. 먼저 오리게네스는 비유의 문자적 의미를 인정한다. 그에 따르면, 문자적 의미는 그 구절에 있는 여러 가지 의미 가운데 하나다. "예수의 가르침에 따르면, 내려가던 사람의 이웃은 계명을 지키는 사람이었다. 도움이 필요한 모든 사람에게 이웃이 되려는 사람이었다."[43]

오리게네스는 비유의 문자적 의미를 간단히 요약한 후에, 이전의 풍유적 해석을 언급하고, 그것을 약간 고친다. 풍유에서 일치하는 사항은 다음과 같다.

> 여리고로 내려가는 사람 = 아담
>
> 예루살렘 = 낙원
>
> 여리고 = 세상
>
> 강도 = 적대하는 권세
>
> 제사장 = 율법
>
> 레위인 = 예언자
>
> 사마리아인 = 그리스도
>
> 부상 = 불순종
>
> 짐승 = 주님의 몸
>
> 여관 = 교회
>
> 두 데나리온 = 성부와 성자
>
> 여관 주인 = 교회의 수장
>
> 돌아오겠다는 사마리아인의 약속 = 주님의 재림[44]

오리게네스에 따르면, "이것은 모두 이성적으로 아름답게 이야기되었다." 하지만 그는 그 비유를 조금 고치길 원했다. 예루살렘에서 내려가는 사람이 모든 사람을 나타낼 수는 없다. 오리게네스에 따르면, 모든 사람이 예루살렘(낙원)에서 여리고(세상)로 가지는 않기 때문이다. "이스라엘의 집에서 잃어버린 양 때문에 보냄을 받은" 사람도 내려갔다. 부상은 무엇에 대한 비유인가? 그렇다. 부상은 불순종이다. 특히 심각한 "악과 죄"를 나타낸다.

오리게네스가 예수를 사마리아인과 같게 여기는 이유가 호기심을 크게 불러일으킨다. 예수의 대적자들은 예수를 사마리아인으로 부르기까지 했다(요 8:48), 또한 어원적으로 볼 때, 사마리아인은 지키는 자와 연결될 수 있다.

> 그분은 "이스라엘을 지키실 때 졸지도 않으시고 주무시지도 않는" 분이시다. 강도 만나 거의 죽어 있는 사람 때문에, 사마리아인이 제사장과 레위인이 내려갔듯이 그렇게 "예루살렘에서 여리고로" 출발한 것은 아니다. 혹은 그가 내려갔다 해도, 그는 죽어가는 사람을 구하고 돌보기 위해 내려갔다. 유대인은 "당신은 사마리아인이며, 당신은 귀신들렸다"고 그에게 말했다. 예수께서는 귀신이 있다는 말을 부인하셨지만 자신이 사마리아인이라는 말은 부정하지 않으셨다. 그분은 자신이 지키는 사람임을 아셨기 때문이다.[45]

오리게네스는 비유에 나오는 풍유를 철저하게 부풀린 후에 비유를 설교로 옮길 수 있는 가능성을 발전시킨다. "멀리 떠나간 사람은" 모두 사마리아인의 도움을 받아야 한다. 사마리아인이 가지고 간 기름과 포도주는 어려움에 빠진 한 사람을 위한 것일 뿐 아니라 "여러 가지 이유 때문에 상처 입어 붕대와 기름과 포도주가 필요한" 다른 사람을 위한 것이기도 하다. 사마리아인은 부상당한 여행자를 그의 동물에 싣는다. "즉 그 자신의 몸에 싣는다. 그분은 친히 인간을 입으셨기 때문이다." 그래서 사마리아인은 "우리의 죄를 지시며" "우리를 위해 슬피 우신다."

그는 쓰러진 사람을 여관에 데려갔다. 여관은 피난처인 교회를 나타낸다. "교회는 모든 사람을 받아들이며, 도움을 청하는 사람을 거절하지 않는다. 예수께서 모든 사람을 교회로 부르신다. 그분은 말씀하신다. "수고하고 무거운 짐 진 자들아, 다 내게로 오라. 내가 너희를 쉬게 하리라"(마 11:28). "마지막으로, 사마리아인은 여관 주인에게 두 데나리온을 주고 떠난다. 오리게네스는 여관 주인은 섬기는 자이며 천사라고 본다. 두 데나리온은 성부와 성자를 나타낸다. 사마리아인이 없을 때 성부와 성자가 그 사람을 돌볼 것이다.[46] 오리게네스는 주석을 마치며 다음과 같이 주장했다.

> 사마리아인은 말이 아닌 행동을 통해 자신이 그 사람의 이웃임을 보여주었다. "내가 그리스도를 본받는 것처럼, 나를 본받는 자가 되라"(고전 4:16 참조)는 구절이 있다. 이 구절에 따르면, 우리는 그리스도를 본받을 수 있다. "강도 만나 쓰러진" 사람을 불쌍히 여길 수 있다. 우리는 그 사람들에게 다가가서, 그들의 상처를 감쌀 수 있다. 기름과 포도주를 부을 수 있으며, 자신의 짐승 위에 태울 수 있다. 그들의 짐을 질 수 있다. 하나님의 아들은 우리가 이와 같은 일을 하도록 격려하신다.[47]

오리게네스의 설교는 매우 흥미로우며, 설교의 적용이 풍부하다. 하지만 오리게네스의 예수 비유 해석은 정확한가? 궁극적으로 만족스러운 것인가? 이는 해결해야 할 문제다. 예를 들어, 예수가 비유를 풍유적으로 해석하기를 원하셨는지 우리가 어떻게 안단 말인가? 만일 그렇다고 증명된다 해도, 오리게네스의 풍유가 그리스도의 풍유인지 우리가 어떻게 알 수 있는가? 사마리아인을 통해 예수를 나타내려 했다는 것을 어떻게 알 수 있는가? 또한 여관이 교회를 나타내고, 여행자의 상처가 죄와 악을 나타내려 했다는 것을 어떻게 알 수 있는가?

오리게네스는 성경 주석가에게 수많은 역설, 가능성, 원리, 문제를 내놓았다. 예를 들어 오리게네스의 영감설에 대해 생각해 보자. 오리게네스는 성경의 수와 문자, 행과 문장이 모두 하나님의 영감을 받았다고 확신하고 성경을 높이 여겼다. 그래서 성경에서 가장 놀랍고 전망이 없어 보이는 곳에서까지 하나님의 진리를 찾으려 했다. 그는 성경이 영감을 받은 책이라고 확신했다. 따라서 그는 성경 이야기를 마치 호두를 깨는 것처럼 들추어낸다. 각 이야기와 인물은 감추어진 보물을 담고 있음이 분명하다. 독자가 그리스도와 그분이 나타내는 모든 것에 비추어 성경 본문을 읽는다면 찾아낼 수 있는 보화다.

로날드 하이네에 따르면, 오리게네스는 하나님의 영감을 아브라함 이야기와 연결해 확신한다.

> 창세기 본문이……전하는 말에 따르면, 아브라함은 나무 아래에 서 있었다. 오리게네스는 성령이 우리에게 아브라함이 어느 곳에 서 있는가를 간단히 말씀하시는 데만 관심을 두셨다고 생각하지 말라고 한다. 또한 오리게네스는 리브가가 매일 우물로 갔다는 이야기를 들을 때, 그러한 세부 내용이 중요하다고 말한다. 성령은 성경에서 이야기만 하시는 것이 아니기 때문이다. 성령은 아브라함의 자리와 리브가의 일상적 의무와 같이 사소한 세부 내용까지 성경에 두셨다. 성경 본문에서 말씀하시는 분은 언제나 성령이시라는 기본 사항을 놓친다면, 오리게네스가 성경을 읽는 방식을 이해하지 못할 것이다.[48]

처음 보기에, 오리게네스는 복음주의자와 근본주의자의 친구이자 동맹자인 것 같을 것이다. 그들도 하나님의 영감이 성경에 있다고 확고하게 주장하기 때문이다. 하지만 하이네가 올바로 언급하듯이, 보수주의 개신교 세계가 일반적으로 성경을 높게 여기는 생각은 "성경에 있는 역사적, 과학적 정보가 정확하다는 사실"을 보장한다고 이해했기 때문이다. 오리게네스도 이와 비슷하게 성경이 영감의 책이라고 주장했다. 하지만 그는 성경에는 역사적으로 부정확한 것이 있다고 보았다. 그는 그것 때문에 괴로워하지 않았다. 그는 성경 본문의 영감을 긍정하는 동시에 성경 본문이 역사적 세부 내용과 과학적 정확성에서 때로 어긋난다고 주장한다. 그는 이런 부분에서 어려움을 겪지 않는 것 같다.

오리게네스에 따르면, 우리가 이미 주목했듯이 성경에는 역사적 사건에 대한 일부 설명이 일치하지 않는 점이 있다. 예를 들어, 오리게네스는 요한복음에서 말하는 예수의 성전 청결 사건이 공관복음서 기자가 쓴 묘사와 조화되지 않는다고 지적한다.[49] 또한 성경의 과학적 진술에 대해 무슨 말을 해야 하는가? 그러한 진술이 정말 과학적 진리를 전달한다고 해석해야 하는가? 오리게네스는 성경이 과학적 의미로 이야기할 수 있는 가능성을 열어 두지만 과학적 오류도 있을 수 있다고 허용한다. 예를 들어, 그는 창세기의 창조 이야기가 과학적으로 정확한지에 대해 크게 의심한다. 하지만 오리게네스는 성경의 설명이 진리라는 확신을 갖고 있다.[50] 역사적으로나 과학적으로 이야기에 흠이 있을 수 있다. 그렇다면 그는 그러한 이야기에서 성령이 참되심을 어떻게 증명하려 했을까?

오리게네스는 영적 진리와 역사적 진리를 구분하려 했다. 이것이 바로 그의 중심 전략이었다. 이 전략은 자유주의 전통에서 많은 신학자가 사용하는 해석학적 전략과 같다. 그렇다. 성경은 역사적이고 과학적인 진리를 담고 있다. 그렇지만 성경 저자는 "이 시점에 일어난 일을 다른 시점에 일어난 것처럼, 다른 시점에 일어난 일을 이 시점에 일어난 것처럼" 말한다. 분명히 오리게네스가 성경을 읽은 것에 따르면, "그들은 이렇게 보고된 내용을 어느 정도 왜곡을 담아 만들었다."[51]

오리게네스는 성경을 의도적으로 왜곡한 것의 핵심을 무엇이라고 보았을까? 성령은 의도적인 왜곡을 통해 어떻게 진리를 틀림없이 전달하실 수 있는가? 성경 저자들은 정확한 역사가 그들이 전달하려는 영적 진리를 전할 수 없다고 깨닫기도 했다. 오리게네스에 따르면, 이때 그들은 영적 진리를 전달하기 위해 역사를 자유롭게 고칠 수 있다고 느꼈다. 하이네에 따르면, 사실 오리게네스는 때로 다음과 같이 주장할 것이다. "우리는 문자적 의미에 기대지 말고 영적 의미를 찾아야 한다. 독자가 이를 깨닫도록, 역사적으로 문제 있는 내용들이 때로 성경 본문으로 슬며시 들어간다."[52]

오리게네스는 성경 읽기를 어떻게 가르칠 것인가? 오리게네스는 오늘날 주석가에게 어떤 조언을 해 줄 수 있는가? 오리게네스의 해석학적 접근 때문에 복음주의와 그 밖의 보수주의 주석가들이 그를 낮게 평가하는 것은 온당한가?

무엇보다 먼저, 우리는 오리게네스가 우리에게 말하고 싶은 말에 주의 깊게 귀 기울여야 한다. 오리게네스는 모든 그리스도인에게 무엇보다 먼저 우리의 마음을 성경으로 채워야 한다고 충고한다. 우리는 기도와 예배라는 맥락에서 성경을 우리 마음속에 채워야 한다. 오리게네스는 우리가 성경 이야기에 빠져들고 성령님께서 성경의 진리를 드러내 달라고 기도하지 않으면, 해석학은 안전하게 기능할 수 없다고 주장한다. 오리게네스는 매일 성경을 암송하면서 시간을 보냈다고 한다. 오리게네스가 학문을 시작했을 무렵, 그의 마음은 참된 성구 사전이었다. 하이네는 "오리게네스는 생을 마칠 때에 대다수의 그리스도인을 비판했다. 그리스도인들이 근면하게 성경을 경험하지 못했기 때문이다"라고 말한다.[53]

기억 속에 잘 저장된 성경은 오리게네스가 석의를 준비하기 위해 구상하고 있었던 조건 가운데 하나일 뿐이었다. 성경적 통찰은 기도와 예배라는 자궁 속에서 잉태된 지식을 통해서만 나올 수 있다. 오리게네스가 기적 행사자 그레고리우스에게 편지를 보냈는데, 이 유명한 편지에서 오리게네스는 그레고리우스에게 성경을 연구할 때 기도에 그 토대를 두라고 촉구한다. 기도는 "하나님의 성경을 이해하기 위해 꼭 필요하다…… 구세주께서 "문을 두드리라, 그러면 너희에게 열릴 것이다"와 "찾으라, 그러면 찾을 것이요"라고 말하셨다. 그뿐 아니라, "구하라 그러면 주실 것이요"라고도 말씀하셨다(마 7:7)."[54]

오리게네스는 성경에 깊은 의미가 있는데 성령으로 충만한 사람은 그

의미를 알 수 있다고 보았다. 바울은 고린도전서 2장 10절에서 "하나님께서 그의 성령을 통해 우리에게 계시를 주셨습니다. 성령께서 모든 것을 살피시며, 하나님의 깊은 경륜까지 살피시기 때문입니다"[55] 라고 가르쳤다. 그렇다면, 성경 주석가는 성경을 열어주는 성령을 의지해야 한다.

> 그의 말씀에 따르면, 성령은 "만물을 찾을 수 있는 분이시다. 인간의 영혼은 만물을 찾을 수 없다. 보다 높은 성령이 오셔서 우리 가운데 계셔야 한다. 만물을 찾으시는 분이 오셔서 우리 가운데 계시며 우리와 하나가 되실 때 그분과 하나가 된 우리는 "만물을, 하나님의 깊은 경륜까지도" 살필 수 있다.[56]

논쟁이 될 만한 해석 전략 안에서, 오리게네스는 모든 그리스도인이 성경의 깊은 진리를 분별할 통찰력이 있는 것은 아니라고 주장한다. 그래서 성경의 깊이에 들어갈 준비가 된 사람을 "단순한 사람"과 구분해야 한다. 성령도 교회에 여러 신자가 있다는 것을 아셨다. 교회에는 성경의 깊이에 이를 수 있는 신자와, 단순하고 보다 문자적인 차원에서만 이해할 수 있는 신자가 있다.[57] 오리게네스는 성경 해석자를 광부로 묘사했다. 이들은 성경에 숨겨진 보화를 찾기 위해 성경의 깊은 바닥까지 내려가, 자신이 찾아낸 깊은 진리를 교회 사람들에게 알기 쉽게 소개하는 사람들이다. 하이네는 오리게네스가 설교를 하면서 이런 일을 많이 했다고 한다. 오리게네스는 설교를 통해 "'단순한 사람'들도 기독교 신앙의 높은 차원을 이해하도록 했다. 이를 위해 오리게네스는 단순한 사람에게 가장 적절하게 적용되는 요점들을" 그의 생각 가운데에서 골라 대중적으로 표현했다.[58]

이제 핵심이 되는 두 가지 물음을 보다 자세하게 탐구해야 한다. 왜 오리게네스는 성경의 문자적 의미 안에 더 깊은 진리가 담겨 있다고 믿었을까? 이러한 보다 깊은 진리를 발견하기 위해 그는 어떤 해석학을 사용했는가?

하이네는 오리게네스의 해석 방법을 형성하는 데 근간이 되는 바울의 텍스트의 한 부류를 언급한다. 로마서 7장 14절, 고린도전서 2장 10-16절, 9장 9-10절, 10장 11절, 고린도후서 3장 6절, 3장 15-16절, 갈라디아서 4장 24절이다. 특히 오리게네스가 고린도전서 2장 10-16절을 이해한 것을 보면, 그의 해석 방법론의 규칙성과 이유를 알 수 있다.[59] 바울은 13절에서 "이것이 우리가 말하는 내용입니다. 우리는 사람의 지혜에서 배운 말로 하지 않고 성령이 가르쳐 주시는 말로 합니다. 곧 신령한 것으로 신령한 것을 표현합니다."

바울의 말은 "본문에 있는 영적 의미를 분별하는 기술을 오리게네스에게 준다. 이는 오리게네스가 많이 사용하고 중요하게 여긴 기술이다. 이것은 나중에 '성경을 통해 성경을 해석하는 원리' 라고 불린다."[60] 오리게네스는 성령이 성경 전체에 영감을 주셨다고 확신한다. 그래서 그는 분리된 개별 구절을 전체에 비추어 자유롭게 분석할 수 있다고 보았다. 그가 크게 기대하듯이, 좀더 분명한 진리가 다른 본문에 담겨 있을 때, 그 진리가 특정한 본문의 신비를 조명해 줄 것이다. 하이네에 따르면,

> 오리게네스는 어떤 유대교 선생에게서 그 원리를 배웠다고 주장한다. 그 선생은 성경을 잠긴 방이 많은 집에 비유했다. 방문 앞마다 열쇠가 있지만 그 문에 맞는 열쇠가 아니다. 성경에 있는 모호성을 이해하기가 어렵다. 각 방에 맞는 열쇠를 찾으려 할 때 어려움을 겪듯이 성경도 마찬가지다. 성경 구절에 있는 신비를 푸는 올바른 방법은 다른 구절에서 그 열쇠를 찾는 것이다. 성경 "자체에 설명이 있기" 때문이다. 오리게네스는 이렇게 말했다. "'우리는 인간의 지혜가 가르친 말로 하지 않고 성령께서 가르치신 말로 그것을 말합니다. 영적인 것을 영적인

> 것에 비교합니다'라고 사도가 말씀하신다. 이 때 사도는 하나님의 말씀에 대한 지식에 다가갈 수 있는 방법을 우리에게 제시한다"[*Selecta in Psalmos* (PG 12: 1080C)].[61]

해석자는 성령의 영감을 받은 텍스트를 비교해야 한다. 그래야 성령을 통해서 텍스트들에 담긴 진리를 알고 풀 수 있다. 해석자는 비슷한 용어를 담고 있는 서로 다른 성경 본문을 비교함으로써 본문의 의미에 이르러야 한다. 이때 해석자에게 문제되는 본문의 의미를 가르쳐주시는 분은 보조 본문에서 말씀하시는 성령이시다."[62]

오리게네스는 성경의 깊은 의미를 결정할 때 지나친 해석학적 상상이 풍유를 남용할 수 있다고 보았다. 이 때, 이를 막아줄 해석학적 원리가 바로 위에서 말한 원리이다. 다시 말하자면, 해석자는 그의 마음을 성경 이야기 전체에 젖어들게 해야 상징적 의미의 저장고를 건설할 수 있다. 그래서 성경 자체가 성경의 가장 깊은 의미를 분별하고 이해하는 데 필요한 상징의 틀을 제공해 주는 것이다.

> 이러한 상징주의가 한 번 정립되면, 비교되는 본문으로부터 만들어진 상징의 그물망을 계속 반복하지 않고서도 기능할 수 있을 것이다. 성경에 나타나는 특정 인물과 장소, 사건은 본문의 표면 아래에서 벌어지는 구속의 드라마에서 핵심 인물과 장소, 사건을 상징하게 되었다. 본문에 이러한 지침이 나타났을 때, 영적 독자는 곧바로 이러한 상징적 의미에 주목하게 되었다.[63]

그래서 오리게네스와 하이네가 생각하듯이, 더 깊은 상징적 의미나 풍유적 의미를 성경 본문에서 살피는 일은 자유롭게 낙하하는 해석이 아니다. 자유롭게 낙하하는 해석에서는 모든 것이 모든 것을 의미할 수 있다. 창세기에서 요한계시록에 이르기까지 성경 이야기는 오리게네스의 상징적이고 풍유적인 저장고를 채운다. 그래서 본문과 본문을 비교함으로써 드러나는 상징적 단서를 사용할 때, 그의 해석이 나온다. 오리게네스는 성령이 성경의 모든 글자에 영감을 주셨다고 확신한다. 바로 이런 확신 위에 그의 방법론이 세워진 것이다. 하이네의 주장처럼, "오리게네스의 풍유적 성경 읽기는 일관되고 통제된 읽기였다. 그는 고린도전서 2장 13절을 근거로 성경 본문을 비교하는 원리를 삼았다. 그의 성경 읽기는 일관되며 통제되었는데, 이 원리가 여기서 일차적인 요소였다."[64]

알렉산드리아에서 오리게네스의 선배였던 알렉산드리아의 클레멘스도 성경을 해석할 때 그와 비슷한 방법을 사용했다. 오리게네스처럼 클레멘스도 성령이 성경 전체에 영감을 주셨다고 확신했다. 분명히 같은 성령이 전체 본문 배후에 계시기에, 한 부분이 다른 부분을 밝힐 수 있다. 클레멘스는 숙련된 주석가를 꿀벌에 비유한다. 주석가는 "듣는 사람의 영혼에 순수한 지식을 생산하기 위해" 이 꽃 저 꽃으로 날아다니면서 "예언자와 사도의 목초지에서" 꿀을 모은다.[65]

클레멘스는 그의 해석학 덕분에 성경이 특정 주제나 개념에 관해 가르치는 내용을 따로 모을 수 있었다. 그러나 클레멘스도 오리게네스처럼 맥락의 중요성을 간과하는 경향이 있었다. 그들은 모든 성경을 복음에 비추어 읽으려 하다가, 그 구절을 문맥의 배경에서 빼어내는 경향이 있었다. 클레멘스에게 있어 주석은 체로 걸러내는 일이었다. 그리스도가 뿌려놓은 금을 찾기 위해서 성경의 강바닥을 걸러내는 일이 주석인 것이다. 기독교 주석가라면 분별력 있는 해석을 통해 진리라는 숨겨진 금맥을 발견할 수 있다. 에릭 오스본이 클레멘스가 실천했던 이러한 해석학을 상세히 다듬었다.

그는 성경을 매우 신학적으로 사용한다. 모든 지식이 예수 그리스도 안에서 한 번에 전달되었다고 추측했기 때문이다. 예수 그리스도라는 이 유일한 진리를 숨겨진 곳 모두에서 발견해야 한다. 그가 다른 전거에서 끌어낸 인용문처럼 수천 개의 성경 구절이 예전의 맥락에서 떨어져 나오는데, 그 구절은 그리스도라는 새로운 맥락에 자리 잡을 수 있다. 클레멘스의 신학 방법의 목표는 진리의 서로 다른 요소를 다시 모음으로써 그리스도 안에서 단일성과 진리를 회복하는 것이다. 그는 진리 전체의 통일성에 대해 관심을 보였다. 이 관심은 그 부분을 파악하는 것을 전제한다(「잡록집」, 2.22에서처럼). 클레멘스는 심미적 감수성을 발휘해 세심한 독자가 잡아낼 수 있을 인용문들을 모았다. 이렇게 관계와 연결을 잡아내는 감각은 오리게네스처럼 클레멘스도 또 훨씬 이후의 루터처럼 그가 성경 가운데 살았기 때문에 나온 것이다.[66]

우리가 앞서 보았듯이, 오리게네스가 본문의 상징적 의미를 찾는다고 해서, 많은 성경 구절의 문자적 의미를 보지 못한 것은 아니었다. 오리게네스는 문자적 의미를 파악하기 위해 가능한 모든 도구를 사용하는 것이 그의 책임이라고 느꼈다. 그는 "다양한 본문들, 팔레스타인의 지리, 단어의 어원, 전체 문맥, 문법, 논리를 주의 깊게 연구했으며, 복음서를 다룰 때는 병행구들도 연구했다."[67]

하지만 오리게네스는 신학적 촉수를 성경 본문의 문자적 의미를 넘어서까지 뻗쳐나갔다. 또한 한 본문이 문자적 독해에서 그를 만족시키지 못하거나 의미를 주지 못한다면, 오리게네스는 깊고 풍유적인 의미를 파악하기 위해 성경 전체에서 골라낸, 더 큰 상징 영역을 사용할 것이다. 그리스 철학자들은 호메로스를 연구하면서 그렇게 해 왔다. 오리게네스는 성경 자체를 연구할 때 그리스 철학자들처럼 큰 상징 영역을 사용했다. 하이네는 이것을 "오리게네스가 그리스 철학에서 빌려 온 가장 중요

한 것 가운데 하나"라고 부른다.[68]

오리게네스는 성경에 영감이 있다고 확신했다. 그래서 성경 자체의 상징적 범위 때문에 성경의 깊은 의미를 찾을 때 한계를 넘어서지 않을 것이라고 확신했다. 그 외에도 오리게네스의 주장에 따르면, 바로 성경 자체 때문에 그는 이렇게 깊은 의미를 찾았다. 오리게네스는 성경에는 문자적으로 해석되지 않는 본문이 너무 많다고 했다. 그러면서 그런 본문은 설명될 수 없는 본문, 무의미한 본문, 도덕적으로 비난받는 본문이 된다고 보았다. 그런데 성경의 상징 영역은 "본문 의미의 가능한 범위를 통제하는 일"을 한다. 이 상징 영역은 성경 본문을 주의 깊게 비교함으로써 이루어지는 영역이다.

오리게네스에 따르면, 성경 주석가의 목표, 사실상 모든 그리스도인의 목표는 그리스도의 마음으로 성경을 읽는 것이다. 그것은 그리스도의 영인 성령으로 가득 찬 마음(고전 2:12-16)이다. 그러나 모든 사람이 성경을 이렇게 읽는 것은 아니다. 성경을 제대로 읽으려면 훈련을 받아야 한다. 특히 "단순한" 신자가 성경의 깊은 의미를 찾아내도록 도우려면, 그들을 지도하고 인도해야 한다.

하이네의 설명처럼, 결국 분석해 보면, 오리게네스의 성경 해석은 상호 교차하는 수많은 해석학적 동심원을 담고 있다는 결론이 나온다.

> 그러한 동심원에서 전체는 세부 내용을 통해 이해되며, 세부 내용은 전체를 통해 이해된다……단어나 사상을 공유하는 텍스트를 함께 모으기 위해 문자적 용어가 사용되는 본문들의 비교가 이뤄지는 좀더 작은 원이 있다. 문제 되는 본문에 나타난 단어나 개념의 영적 의미를 푸는 열쇠가 이 본문에서 세워진다. 이어서 이 의미는 그 용어가 나타날 수 있는 모든 곳에서 상징적 의미를 준다. 이 원에는 그 자체와 관계되는 본문이 들어간다. 그다음으로 큰 원은 독자와 텍스트를 담는

다. 오직 영적인 사람만이 본문의 숨겨진 의미를 분별할 수 있다. 그러나 이런 영적인 사람을 형성하는 데 있어, 본문의 숨겨진 의미가 그 자체로 중요한 역할을 한다. 마지막으로, 성령과 텍스트, 독자가 들어가는 원이 있다. 텍스트와 영적 독자는 결국 성령께서 만드신다. 성령께서 영감을 통해 텍스트 가운데, 기도를 통해 독자 가운데 독립적으로 일하신다. 성령도 텍스트들의 비교를 통해 독자를 조명하심으로 독자와 함께 일하시는 것이다.[69]

앞으로 살펴보겠지만, 오리게네스의 해석학에 있는 위험성과 약점을 지적한 교부들이 많았다. 주석이라는 측면에서 볼 때 안디옥 학파는 오리게네스와 경쟁 관계에 있었다. 안디옥 학파를 대표하는 학자들은 알렉산드리아의 풍유적 방법론을 날카롭게 비판했다. 디오도루스, 요하네스 크리소스토무스, 대 바실리우스, 몹수에스티아의 테오도루스는 풍유를 피하는 해석학을 옹호했다. 안디옥의 주석에서 성경 본문의 "문자적" 의미를 깊이 파헤칠 것이다. 그러나 안디옥의 교부들도 역시 본문의 문자적 의미 가운데 구현되어 있는 깊은 의미에 대해서 열려 있었다. 이제 우리는 안디옥 교부가 알렉산드리아에게 던진 비판과, 그들이 대안으로 내놓은 성경 접근법을 다룰 것이다.

주

1 Boniface Ramsey, *Beginning to Read the Fathers* (New York: Paulist Press, 1985), 25쪽.

2 James L. Kugel, Rowan A. Greer, *Early Biblical Interpretation* (Philadelphia: Westminster Press, 1986), 80쪽.

3 같은 책, 81쪽.

4 Manlio Simonetti, *Biblical Interpretation in the Early Church: An Historical Introduction to Patristic Exegesis* (Edinburgh: T&T Clark, 1994), 12쪽.

5 같은 책.

6 같은 책.

7 Irenaeus, *Against Heresies*, 4.26.1. *The Church Fathers on the Bible*, ed. Frank Sadowski (New York: Alba House, 1987), 38쪽에서 인용.

8 Justin Martyr, *Dialogue with Trypho* 68. Sadowski, *Church Fathers on the Bible*, 15쪽에서 인용. 번역을 조금 고쳤다.

9 Irenaeus, *Against Heresies* 4.26.1. Sadowski, *Church Fathers on the Bible*, 38-39쪽에서 인용.

10 Irenaeus, *Against Heresies* 4.32. Sadowski, *Church Fathers on the Bible*, 44쪽에서 인용.

11 Origen, *De principiis* 1, praef. 8, Ramsey, *Beginning to Read the Fathers*, 25쪽에서 인용.

12 Simonetti, *Biblical Interpretation in the Early Church*, 2-6쪽.

13 Joseph F. Kelly, *The World of the Early Christians*, FC 1 (Collegeville, Minn,:Liturgical Press, 1997), 119쪽.

14 Joseph W. Trigg, "Allegory", in *Encyclopedia of Early Christianity* (New York: Garland, 1990), 23쪽.

15 Simonetti, *Biblical Interpretation in the Early* Church, 7쪽.

16 Trigg, "Allegory", 24쪽.

17 Simonetti, *Biblical Interpretation in the Early Church*, 7쪽.

18 같은 책.

19 Justin Martyr, *Dialogue with Trypho*, ANF 1 (Grand Rapids, Mich.: Eerdmans, 1987), 268쪽.

20 Simonetti, *Biblical Interpretation in the Early Church*, 21쪽; Irenaeus, Against Heresies, 5.8.3. 참조.

21 같은 책, 22쪽.

22 Irenaeus, *Against Heresies* 4.19.1, ANF 1 (Grand Rapids, Mich.: Eerdmans, 1987), 486쪽.

23 Simonetti, *Biblical Interpretation in the Early Church*, 14-15쪽.

24 Irenaeus, *Against Heresies* 5.33.3, 562쪽.

25 같은 책, 4.9.1, 486-487쪽.

26 Simonetti, *Biblical Interpretation in the Early Church*, 24쪽.

27 Karlfried Froehlich, ed., *Biblical Interpretation in the Early Church* (Philadelphia: Fortress Press, 1984), 16쪽.

28 Joseph W. Trigg, *Biblical Interpretation, Message of the Fathers of the Church*, vol. 9 (Wilmington, Del. : Michael Glazier, 1988), 23쪽.

29 Harry Y. Gamble, *Books and Readers in the Early Church: A History of Early Christian Texts* (New Haven, Conn.: Yale University Press, 1995), 232쪽.

30 Eusebius, *Ecclesiastical History* 6.16. Sadowski, *Church Fathers on the Bible*, 105쪽에서 인용.

31 Origen, *On First Principles*, Preface. 1. Sadowski, *Church Fathers on the Bible*, 108쪽에서 인용.

32 같은 책, Sadowski, *Church Fathers on the Bible*, 109쪽에서 인용.

33 같은 책, 4.11. Sadowski, *Church Fathers on the Bible*, 116쪽에서 인용.

34 같은 책, 4.14. Sadowski, *Church Fathers on the Bible*, 120쪽에서 인용.

35 같은 책, Preface 4. Sadowski, *Church Fathers on the Bible*, 109쪽에서 인용.

36 같은 책, Preface 8-9, Sadowski, *Church Fathers on the Bible*, 111-112쪽에서 인용.

37 같은 책, 4.11. Sadowski, *Church Fathers on the Bible*, 116쪽에서 인용.

38 같은 책, 4.8. Sadowski, *Church Fathers on the Bible*, 114쪽에서 인용.

39 같은 책, Sadowski, *Church Fathers on the Bible*, 115쪽에서 인용.

40 같은 책, 4. 15, Sadowski, *Church Fathers on the Bible*, 121쪽에서 인용.

41 같은 책, 4. 16, Sadowski, *Church Fathers on the Bible*, 122쪽에서 인용.

42 같은 책, 4.19. Sadowski, *Church Fathers on the Bible*, 125쪽에서 인용.

43 Origen, *Homilies on Luke*, trans. Joseph T. Lienhard, S.J., FC 94 (Washington: The Catholic University of America Press), Homily 34:138.

44 같은 책.

45 같은 책, Homily 34:139.

46 같은 책, 139-140쪽.

47 같은 책, 141쪽.

48 Ronald Heine, "Reading the Bible with Origen", in *The Bible in Greek Christian Antiquity*, ed. Paul M. Blowers (Notre Dame, Ind.: University of Notre Dame Press, 1997), 132쪽. 여러 가지 방식으로 다음 면들은 하이네의 논문을 내가 요약한 것이다. 나는 그의 논문에 큰 덕을 보았다.

49 Heine, "Reading the Bible with Origen", 133쪽.

50 같은 책.

51 Origen, *Comm, in Joannem*, 10.19-20. Heine, "Reading the Bible with Origen", 133쪽에서 인용.

52 Heine, "Reading the Bible with Origen", 133쪽.

53 같은 책, 131쪽.

54 Origen, Ep. *ad Gregorium* 4 (*Origenis Philocalia* 13, ed. J. A. Robinson (Cambridge: Cambridge, 1893)), 67쪽. Heine, "Reading the Bible with Origen",144쪽에서 인용.

55 Heine, "Reading the Bible with Origen" , 140쪽에서 인용.

56 Heine, "Reading the Bible with Origen" , 140쪽에서 인용.

57 Heine, "Reading the Bible with Origen", 134쪽.

58 같은 책.

59 같은 책, 136쪽.

60 같은 책.

61 같은 책, 137쪽.

62 같은 책.

63 같은 책, 137-138쪽.

64 같은 책, 139쪽.

65 Clement of Alexandria, Strom, 1.1.11, Eric Osborn, "The Bible and Christian Morality in Clement of Alexandria", in *The Bible in Greek Antiquity, ed. Blowers*, 113쪽에서 인용.

66 Eric Osborn, "The Bible and Christian Morality", 113-14쪽.

67 Heine, "Reading the Bible with Origen", 135쪽.

68 같은 책.

69 같은 책, 144-145쪽.

7장
교부와 성경:
안디옥의 대응

알렉산드리아에서 인기를 끌었던 풍유적 해석법을 비판한 교부들이 있다. 당연한 비판이었다. 풍유를 확장해서 사용하는 것은 해석학적 다이너마이트이기 때문이다. 아무리 잘 사용한다 해도, 풍유적 해석은 대단한 조심성과 통제력이 요구된다. 풍유적 해석 사용을 조절하고 남용을 감지해 내기 위해 분명하게 규정된 규칙이 꼭 있어야 한다. 이런 안전장치가 없다면, 주석가는 성경 본문을 그들의 상상으로 해석할 수 있다. 그들의 환상적 해석은 본문을 통해 하고 싶은 말을 모두 본문에 집어넣을 수 있다. 이러한 풍유적 해석가에 따르면, 성경은 밀랍 덩어리가 될 수 있다. 그 덩어리는 이상한 형태로, 심지어 자신의 이미지대로 만들어낼 수 있는 덩어리이다.

이레나이우스와 클레멘스는 풍유 사용을 제어하는 엄격한 규칙이 있어야 한다고 생각했다. 하지만 그들은 해석학을 안전하게 사용할 수 있는 적절한 틀을 만들지 못했다. 따라서 이러한 해석학을 남용할 여지가 생겼다. 경쟁 관계에 있던 안디옥 학파의 해석이 등장함으로써, 생생하게 논쟁할 수 있는 무대가 준비되었다. 안디옥 학파는 알렉산드리아에서 행해졌던 풍유적 주석을 거의 피했다.

주석가는 성경을 해석할 때 풍유를 사용해야 하는가? 풍유와 모형론은 서로 다른가? 풍유가 너무 주관적인 해석법이기에 쓰지 않는다면, 성경 본문이 한 가지 의미만 전달한다는 뜻이 되는가? 본문은 한 차원의 의미 이상을 담을 수 있는가? 만일 그렇다면, 이렇게 깊은 의미를 어떻게 식별해 낼 수 있는가? 만일 그렇지 않다면, 우리는 성경 본문의 문자적 의미에 어떻게 이를 수 있으며, 그 의미를 그리스도인의 일상생활을 위해 어떻게 적용할 것인가? 우리는 알렉산드리아 해석가들이 이 물음들에 대해 어떻게 대답하는지를 살펴보았다. 이제는 안디옥 교부들이 같은 물음에 어떻게 대답하는지 살펴보려고 한다. 그들은 알렉산드리아의 관점을 완전히 거부했는가? 아니면 조셉 트릭의 주장처럼, 알렉산드리아와 안디옥이 모순되고 경쟁하는 관계가 아닌, 서로 보완하는 관계였는가?[1] 이 물음에 제대로 대답하기 위해 우리는 넓은 영역을 탐구할 것이다.

조셉 트릭이 확인해 주듯이, 2세기 후반의 학자 안디옥의 테오필루스의 글에서 안디옥 학파의 독특한 방법이 처음으로 나타난다. 하지만 안디옥의 해석학이 크게 꽃을 피운 시기는 4세기 후반과 5세기 초반, 그러니까 타르수스의 디오도루스, 요하네스 크리소스토무스, 몹수에스티아의 테오도루스, 퀴루스의 테오도레투스와 같이 유명한 교부의 글이 나왔을 때였다.

칼프리드 프룈리히의 관찰에 따르면, “안디옥 학파의 해석 이론은 알렉산드리아 영성주의의 과도한 점을 겨냥했음이 너무나 분명하다.” 그는 덧붙여서 말하기를, 안디옥은 “조심스러운 본문 비평, 문헌학적이고 역사적인 연구, 고전 수사학의 배양”에 정통한 해석자들을 낳은 것으로 유명한 학문 환경이었다.[2] 하지만 그는 알렉산드리아 주석과 안디옥 주석을 날카롭게 구분한다면, 사안을 지나칠 정도로 단순하게 만들 수 있다고 경고한다. 그 구분 때문에 알렉산드리아 교부가 풍유적 해석만 하고, 안디옥 주석가는 본문의 문자적 의미에만 단단히 매달리는 것처럼 보이기 때문이다.

오리게네스는 탁월한 풍유적 해석가였으며, 성경 본문의 문자적 의미를 잘 깨닫고 있었다. 이와 마찬가지로, 안디옥의 해석학적 방법을 사용한 주석가들은 성경을 여러 층을 지닌 본문으로 여기는 일을 적대적으로 보지 않았다. 그들도 성경을 신비적으로 해석할 수 있었다. 프뢸리히의 설명처럼, "성경 본문은 독자를 영적 진리에로 이끌고 간다. 그런데 그 진리는 곧바로 분명하게 이해할 수는 없다. 하지만 하나님의 구원의 섭리를 더 잘 이해하도록 해 준다."[3] 안디옥 주석의 창시자 타르수스의 디오도루스가 옹호한 해석 방법이 그 예다.

타르수스의 디오도루스(390년경 사망)

타르수스의 주교 디오도루스는 『묵상과 풍유의 차이는 무엇인가?』라는 책을 썼다. 그는 풍유를 의심했는데, 그것이 성경 본문에 낯선 의미를 집어넣는 것 같았기 때문이다. 디오도루스는 "테오리아" 즉 "관상"을 옹호했다. 이는 풍유적 접근과 대조되는 방법이다. 조셉 트릭의 정의에 따르면, 묵상은 본문의 영적 의미를 확인해 주는 해석학적 성향이자 도구다.

> 본문의 영적 의미는 역사적 틀에 있는 동시에 성경 독자의 마음을 더 높은 수준의 묵상으로 이끈다.……테오리아는 마음의 성향, 즉 통찰이다. 이러한 통찰 덕분에 예언자가 첫 번째로 환상을 받을 수 있었다. 그래서 테오리아는 성경의 필요조건인 동시에 성경의 최고 해석이었다. 그래서 디오도루스는 교회에서 오랫동안 독해의 표준이었던 구약

성경의 모형론적 해석을 인정하면서도 풍유적 독해를 받아들이지 않을 수 있었다.[4]

프뢸리히에 따르면, 이는 알렉산드리아와 안디옥의 차이가 강조와 우선순위의 차이일 수 있다는 주장일 것이다.

> 안디옥에서는 철학의 전통이나 영적 실재에 대한 철학적 분석보다는, 헬레니즘의 수사학 전통과 그에 따른 성경 언어의 이성적 분석을 강조했다. 더 나아가서, 알렉산드리아에서 역사는 더 높은 의미에 종속되었다. 문자적 차원의 역사적 지칭은 저자인 하나님께서 의도하시는 영적 가르침에 비해 부차적이었다. 안디옥에서 더 높은 테오리아는 사건을 충실하게 (때로는 허구적으로) 기술하는 근본적인 역사에 종속되어 있었다. 영혼을 인도하는 더 깊은 진리는 인간의 역사를 재구성하고 영감받은 저자들의 인간적인 언어를 이해하려는 학문적인 관심에 비하면 부차적이었다.[5]

디오도루스가 시편을 어떻게 다루는지 자세하게 살펴보자. 그러면 프뢸리히의 말을 이해할 수 있을 것이다. 디오도루스는 시편 주석 서문에서 다음과 같이 썼다. "성경은 무엇이 쓸모 있는지 가르치며, 무엇이 죄인지 드러내며, 부족한 것을 바로잡아 준다. 그래서 완전한 인간이 되게 해 준다."[6] 디오도루스가 옳게 강조하듯이, 시편 기자가 처했던 상황을 다시 체험하는 사람에게 시편을 적용할 수 있도록 해 준다. 그러나 시편을 음미하지 않고 노래만 한다면 그 사람에게는 성경의 가치는 드러나지 않는다. 따라서 디오도루스에 따르면,

> 우리 영혼이 하나님 앞에 가지고 가려는 관심사를 가장 잘 표현한 내

> 용을 시편에서 발견한다. 이때 우리 영혼은 시편이 놀라울 정도로 적합한 치료약임을 깨닫는다. 성령께서 온갖 종류의 인간 상황을 미리 보셨기 때문이다. 성령은 가장 복받은 다윗을 통해서 우리 고통에 대해 적합한 말씀을 하신다. 고난 받는 사람은 이를 통해 치유받을 수 있다.[7]

그리스도인이 실존적으로, 영적으로 곤혹스러운 상태를 만날 때, 하나님께서 이를 치료하신다. 시편이 이러한 치료약을 줄 수 있다. 그래서 디오도루스는 시편을 잘 이해하기 위한 건전한 해석 원리를 설명하려고 노력했다. 그는 시편의 "평이한 본문"을 논의할 것이라고 특별히 강조했다. 그는 그의 독자가 "노래할 때 단어에서 멀어지거나, 의미를 이해하지 못해서 마음이 다른 일에 사로잡히기" 원하지 않았다. 그 대신에 독자가 "말의 논리적 정합성"을 파악하기를 원했다.[8]

디오도루스는 시편을 분류하며 큰 제목과 소제목을 달아서 유익을 준다. 어떤 시는 본성상 윤리를 표현하고, 어떤 시는 교리를 나타낸다. 또한 윤리를 나타내는 시를 "개인의 행위를 교정해 주는" 시와 이스라엘 전체에게 말하는 시로 나눌 수 있다.[9]

디오도루스가 확인해 주듯이, 바벨론 유수, 이스라엘이 애굽에서 겪은 경험, 이스라엘의 광야 여행은 중요한 사건이다. 시편은 그러한 사건들을 자주 다루며, 어떤 의미에서 그 사건을 배경 주제로 빨아들인다. 이러한 기본 악장에서부터 매우 다양하고 새로운 화음과 멜로디가 만들어진다.

> 시편에는 추방에 직면한 백성이 부르는 시들, 포로가 된 백성이 부르는 시들, 귀향을 소망하는 백성이 부르는 시들, 이미 귀향한 백성이 부르는 시들이 있다. 또한 후세대를 위한 유익이 되도록 과거 사건을 묘사하는 시들도 있다. 거기서는 예언자가 애굽이나 광야에서 일어났던

> 일들을 회상한다. 마카비 시대의 시들도 있다. 이 시들은 오니아스나 그와 같은 지도자들이 개인적으로 지은 시이다. 그 외에도 자기 시대의 고난을 참는 모든 이스라엘을 대표하는 집합적인 한 사람이 부른 시도 있다.[10]

디오도루스는 성경 예언의 본질에 관해 "좀더 기본적인 논점"을 다룬다. 그는 "예언 장르 전체는 미래, 현재, 과거라는 세 가지 구분에 들어간다"고 말한다. 모세는 아담과 그 밖의 태초 역사에 관한 사건을 기술했다. 이는 과거 사건이 독자에게 신적인 내적 의미를 설명해 주는 유형의 예언이다. 베드로는 아나니아와 삽비라가 속이려는 것을 알았다. 이는 사도행전에 나타난 교회의 상황과 직접 연결된다. 또한 미래에 관한 예언이 "가장 두드러지는데, 때로 많은 세대를 앞지른다."[11]

분명히 디오도루스는 시편을 그 자신의 역사적 맥락에서 설명하려 한다. 그가 본문에 대해 던지는 물음이 이러한 관심을 드러낸다. 예를 들어, 시편은 시간 순서대로 배열되어 있는가? 디오도루스는, 적어도 개별 시의 제목을 신뢰한다면, 그렇지 않다는 것이 분명하다고 결론 내린다. 시편 3편의 제목은 다윗이 압살롬을 피해 도망갈 때 기록한 것으로 되어 있다. 이에 반해, 디오도루스가 편집한 책에서 시편 143편의 제목은 "골리앗에 대항하는 노래"이다. 디오도루스가 분석한 바에 따르면, 시편은 연대기적으로 순서가 맞지 않다.

> 시편은 자리바꿈을 많이 겪었다. 바벨론 유수 기간에 우연히 분실됐기 때문이다. 그 이후 에스라 시대 무렵에 다시 발견되었는데, 그것도 책 전체가 아니라, 한 편, 두 편, 혹은 세 편 정도가 조금씩 발견됐다. 이렇게 발견된 시편들은 처음에 배열된 순서가 아니라, 발견된 순서에 따라 다시 모아졌다. 따라서 각 장에 붙인 이름도 정확하지 않다. 때때로

시편을 모은 사람들은 그 맥락을 추측하려 했지만, 학문적 방법으로 다루지는 못했다.[12]

디오도루스는 시편에 대한 서문을 끝맺을 때, 본문의 역사적 실체인 히스토리아*historia*와 평이한 문자적 의미인 렉시스*lexis*, 문자적 의미를 주의 깊게 해석하여 얻은 고양된 의미인 테오리아*theoria*, 그리고 풍유를 구분했다. 디오도루스는 풍유를 피하려 했다. 풍유가 성경의 문자적, 역사적 의미와 동떨어져 있기 때문이다. 주석가가 근거도 없이 의미를 창조할 때, 본문의 역사적 실체는 망가진다. 풍유를 해석의 도구로 끌어들이는 사람은 "역사적 실체에 관해 주의를 기울이지 않거나, 그러한 실체를 남용한다." 그러한 사람은 "헛된 상상을" 지니며, "어떤 것 대신에 다른 것을 가지라고 독자에게 강요한다."[13]

디오도루스는 풍유를 거부하지만 본문의 문자적, 역사적 의미가 더 높은 의미에 이를 수 있다는 사실을 부정하지는 않는다. 안디옥 주석가들은 이러한 교훈적 의미를 '테오리아'(관상)라고 불렀다. 디오도루스에 따르면, "역사는 테오리아에 반대되지 않는다. 그와 반대로, 역사가 더 높은 의미의 토대이며 원천이라는 사실이 드러난다." 하지만 테오리아의 핵심적 측면은 바탕에 깔리는 문자적, 역사적 의미를 없애거나 부정하지 않는다는 데 있다. 만일 그것을 없애거나 부정한다면, "더 이상 테오리아가 아니라 풍유일 것이다. 토대가 되는 의미와 떨어져서 뭔가가 이야기되는 곳에는 테오리아가 아니라 풍유가 있기 때문이다."[14]

테오리아와 풍유를 근본적으로 구분한 덕분에 디오도루스는 성경 이야기 자체에 생긴 모형론을 파악할 수 있었다. 예를 들어, 가인과 아벨은 이스라엘과 교회의 모형이 된다. "가인의 희생처럼 유대 회당은 거부되었다. 반면에 하나님께서 아벨의 제사를 받으셨듯이, 교회의 제사는 잘 받아들여지고 있다." 이와 마찬가지로, 유월절 양식인 희생양은 그리스

도가 된다.[15]

디오도루스는 성경을 이렇게 서로 참조한다고 해서 성경의 의미가 망쳐지는 것은 아니며, 도리어 성경의 더 높은 의미가 드러난다고 보았다. 이런 해석법은 자유롭게 낙하하는 해석법인 풍유로 빠져드는 것을 막아준다. 그리하여 해석자의 해석 렌즈는 유대교의 셔터 스피드보다 빠르게 작동한다. 그리스도 안에서 하나님의 위대한 구속 활동인 복음 자체는 성경을 더 넓은 관점에서 읽으라고 우리에게 요구한다.

> 이 방법은 역사를 제쳐놓지도, 테오리아를 거부하지도 않는다. 도리어 현실적으로 그리고 중도에 따라 접근함으로써 역사와 테오리아를 모두 설명한다. 그래서 한편으로, 우리는 하나를 대신하여 다른 것을 말하며, 낯선 주제를 도입하는 헬레니즘에서 벗어난다. 또 다른 한편, 이 접근은 유대교를 따르지 않으며, 우리가 주의를 기울이고 존중해야만 하는 본문의 문자적 독해에만 주목하게 한다. 그러면서도 문자를 넘어서는 높은 의미의 탐구를 허용하지 않음으로써 우리를 억제한다.[16]

바울은 갈라디아서에서 알레고루메나, 즉 '풍유적으로 말하기'라는 용어를 사용한다. 이는 어떻게 받아들여야 하는가? 디오도루스는 바울이 그 용어를 사용한 것을 인정한다. 하지만 바울이 그 용어를 고전적 의미로 사용했다고 보지 않았다. "바울은 그 용어를 알았다. 하지만 '풍유'라는 용어를 그 개념이 담고 있는 내용에 따라 판단한다면 테오리아의 의미로 받아들여야 한다. 바울은 역사적 실체의 본성을 어떻게든 훼손하지 않아야 한다고 가르친다."[17] 그는 시편 118장을 주석할 때도 서문에서 비슷한 주장을 한다.

> 무엇보다도 우리는 내가 시편 서문에서 매우 분명하게 밝힌 점을 생

> 각하고 있어야 한다. 성경은 "풍유"라는 용어를 알지만, 그 적용은 알지 못한다. 복받은 바울도 그 용어를 사용한다. "그것은 풍유를 통해서 말해진다. 그것들은 두 언약이기 때문이다(갈 4:24)." 하지만 바울의 단어 사용과 그 적용은 그리스인들과는 다르다.[18]

안디옥 학자들은 풍유와 테오리아를 구분하는데, 이는 매우 중요한 구분이다. 디오도루스는 헬레니즘이라는 용광로에 녹아 있는 풍유를 테오리아와 근본적으로 다르게 여긴다. 테오리아에는 역사적 근거가 있다. 그리스 신화는 풍유적 해석을 요구하는 경우가 많았다. 그리스 신화는 그리스 신을 매력적이지 않고 이상하게 묘사했기 때문이다. 디오도루스는 제우스가 황소로 변하여, 에우로파를 잡아서 바다 건너편 낯선 지역에로 그녀를 데려가는 이야기를 전해 준다. 이는 그리스의 가장 위대한 신을 매력적으로 만들거나 돋보이게 하는 이야기가 아니다. 디오도루스가 강조하듯이, 그 이야기를 문자적으로 해석한다면 의미가 안 통한다. 예를 들어, 진짜 황소가 그렇게 먼 거리를 헤엄칠 수 있단 말인가?[19] 그 이야기는 개연성이 없기 때문에 풍유적으로 해석해야 한다.

우리는 오리게네스가 성경의 문자적 의미와 싸웠다는 점을 알고 있다. 성경 본문을 문자적으로 읽을 때 성경은 개연성이 너무 없고, 혼란스럽고 도덕적으로 비난받는 구절이 된다. 그래서 오리게네스는 해석을 구출해 내기 위한 작전으로서 풍유에 기댔다. 사실 오리게네스는 성경을 문자적으로 받아들이는 경우, 참이 아니며 역사적 토대가 없으며 도덕적으로 의문스러운 구절이 있다고 주저하지 않고 말했다. 그러나 안디옥의 주석가들은 이러한 해석학적 도피 기구를 받아들이지 않으려 했다.

다시 갈라디아서 4장에 나오는 바울의 "풍유"의 예를 들어보자. 디오도루스에 따르면, 바울이 이 본문을 다룬 것은 참된 풍유가 아니다. 주석가가 하갈과 사라의 창세기 이야기의 문자적 의미를 모른다면, 바울의 비교가 이해되지 않을 것이기 때문이다. 테오리아 즉 본문의 더 높은 의미를 보는 것은, 문자적이고 역사적인 의미 위에 세워지며, 그것을 무시하지 않는다.

> 이삭과 이스마엘, 그들의 어머니들인 사라와 하갈에 대한 역사적 이야기에 근거를 두고서, 바울은 더 높은 테오리아를 아래와 같이 발전시킨다. 그는 하갈을 시내산으로 이해하며, 이삭의 어머니를 자유로운 예루살렘으로, 모든 신자의 미래의 어머니로 이해한다. 사도가 이러한 식으로 "본다"고 해서 그가 역사적 이야기를 부정한다는 뜻은 아니다. 누가 바울을 설득해서 하갈과 사라의 이야기가 참이 아니라고 말하게 할 수 있단 말인가? 바울은 역사적 설명을 확고한 토대로 삼으며, 그 위에서 그의 테오리아를 발전시킨다. 그는 바탕을 이루는 사실을 높은 차원의 사건으로 이해한다. 사도가 풍유라고 부르는 것은 이렇게 발전된 테오리 아이다.[20]

디오도루스의 시편 118장 해석은 풍유적 접근과는 대조되며, 시편의 문자적, 역사적 맥락을 넘어서는 일을 거부한다. 오히려 그는 정말로 시편이 "이후에 오는 사람뿐 아니라 처음 그 시를 말한 사람"의 맥락에 들어맞으리라고 기대한다. "이것은 풍유가 아니다. 오히려 그 진술에 능력을 주시는 분의 은혜에 따라 많은 상황에 적용될 수 있는 진술이다."[21]

이렇게 중요한 시점에서 디오도루스는, 구약이 지금의 기독교 청중에게 계속 연관될 것이라고 기대하는 오늘날 목사들과 같은 생각을 한다. 문법적이고 역사적으로 주석하도록 훈련받은 보수적 성경 해석자는 역사적이고 문화적인 맥락, 정치적이고 신학적인 배경, 사전적이고 문법적인 고려를 자세히 들여다볼 것이다. 그들은 본문이 원래 청중에게 했을 말을 듣기 위해 힘써 연구할 것이다. 하지만 그들은 정말로 구약성경 본문이 오늘날에도 계속 이야기하리라 기대한다. 성경 전체의 영감과 권위를 높게 여기는 바로 그 이유 때문이다. 디오도루스는 이 마지막 단계, 즉 구약 본문을 새로운 언약에 비추어 읽고 현재 그리스도인과 연관성을 찾는 일을 아마도 테오리아라고 묘사했을 것 같다.

결국 디오도루스는 시편 85편 1-2절(70인역으로는 시 84:1-2)에 깔려있는 의미를 발견한다. "여호와여, 주께서 주의 땅에 은혜를 베푸사 야곱의 포로 된 자로 돌아오게 하셨으며, 주의 백성의 죄악을 사하시고 저희 모든 죄를 덮으셨나이다."

> 확실히 이 말은 이스라엘이 바벨론에서 귀환하던 시기에 적합한 말이다. 그러나 부활에 훨씬 더 적합할 것이다. 부활의 때에 우리는 죽을 수 밖에 없는 운명에서 벗어나며, 훨씬 더 확실하게 모든 죄로부터 자유하게 된다……이와 같이 시편 118장은 그 시편을 처음 노래한 사람에게 적용된다. 그러나 이는 그들 이후에 오는 사람에게도 적용된다……그 진술은 능력을 주시는 분의 은혜에 따라 많은 상황에 적용될 수 있다.
>
> 그렇다면, 이것이 이 시편의 주제이며, 시편 118장이 모든 곳에 있는 성도에게 적합하며, 바벨론의 포로였던 이스라엘 사람이 예루살렘으로 귀환하기 위해 기도했듯이 우리가 일반적 부활을 위해 언제나 하나님께 기도해야 한다고 누군가가 말한다면, 그것은 타당성을 어기는 것이 아니다. 시편은 넘치도록 풍부해서 바벨론의 포로였던 이스라엘 백성이 요구하고 기도하기에 적합했다. 하지만 보편적인 부활을 열망했던 사람에게 훨씬 더 적합하다.[22]

몹수에스티아의 테오도루스(428년 사망)

몹수에스티아의 테오도루스도 주목할 만한 안디옥 주석가다. 그는 알렉산드리아 학파와 그들의 풍유적 해석에 의존하는 것은 문제가 있다고 확신했다. 테오도루스가 갈라디아서 4장 21-31절을 주석한 내용은 매우 계몽적이다. 그 덕분에 우리는 안디옥 주석가가 풍유에 대해 진저리를 치는 동시에 테오리아의 가능성을 긍정하게 된 이유를 이해할 수 있다.

먼저 테오도루스는 바울이 하갈과 사라를 다룬 본문에서 좀더 넓은 문맥에 대하여 주의를 기울인다. 겉으로 볼 때에 바울은 이 본문에서 풍유를 옹호한 듯이 보인다. 하지만 테오도루스에 따르면, 갈라디아서는 서로 다른 두 원리가 작용한다. 율법의 원리는 "듣는 사람의 순종을 요구하며", 그 요구들을 "이루는 사람에게 이러한 유익을 주겠다고 약속하는 것을 보면……의로움을 주는 것 같다." 하지만 실제로 "많은 사람들을, 더 정확하게 말하자면 실제로 모든 사람들을 속인다." 왜냐하면 "율법을 이루려는 사람은 그렇게 할 수 없음을 발견하기 때문이다."[23]

두 번째 원리는 은혜의 원리이다. 이 원리는 "주는 사람이 관대함"을 강조한다.

> 바울은 시종일관 은혜의 원리를 확고하게 세우려……노력했다. 그래서 그는 우리가 얻고자 하는 유익과 함께 신앙과 약속을 단숨에 언급했다.……따라서 바울은 은혜를 통해 오는 의로움이 율법을 통해 오는 의로움보다 더 낫다고 아주 많이 강조한다. 하나님은 본성이 관대하시기 때문에 의로움을 주신다. 우리의 본성이 무력하다고 해서 우리를 배제하시지는 않는다.[24]

하갈과 사라의 이야기를 갈라디아서에 나오는 두 가지 근본 원리와 어떻게 연결할 수 있는가? 여종 하갈에게서 태어난 아들 이스마엘은 "자연적 질서"를 나타낸다. "자연에 따라 태어나는 것에 참여하는" 질서다. 자유로운 여인의 아들 이삭은 그와는 다른 원리에 따라 태어났다. "그는 은혜에 따르는 약속에 따라 태어났다. 일반적으로 은혜가 모든 약속을 낳기 때문이다." 테오도루스에 따르면, 어떤 식으로든 이삭의 출생을 참된 탄생이라고 여기는 것도 잘못이다. 결국 사라는 "불임"으로 고통받았고, "아이를 낳기에는 너무 늙었다." 하지만 이삭은 약속과 은혜의 원리에 따라 태어났다. 이 원리는 "약속을 주시는 분에게만 있는 능력과 관대함 덕분에 주어지는 것으로, 모든 기대와 자연의 질서에 반대되는 것이다.[25]

자신의 논점을 분명하게 하기 위해 하갈과 사라의 이야기를 사용했기 때문에, 바울은 방법론적 문제를 만날 수밖에 없다. 그는 구약성경의 이야기를 제대로 읽고 해석했는가? 그는 풍유를 내놓고 있다고 주장한다(24절). 하지만 테오도루스에 따르면, 바울은 실제로 하갈과 사라의 이야기를 풍유화하지 않았다. 오히려 그 이야기를 타당한 비교라는 의미에서 사용한다. 테오도루스의 바울 옹호는 풍유 사용에 반대하는 논증에서 나온다.

> 하나님의 말씀의 의미를 비틀어서 그 안에 기록된 것을 모두 자신의 목적에 맞게 만들려고 몹시 애쓰는 사람이 있다.……그들은 자기 머릿속에서 어리석은 우화를 꿈꾸었으며, 그들의 어리석음에 풍유라는 이름을 지어주었다. 그들은 하나님 말씀의 모든 의미를 없애는 백지 수표를 받은 것처럼 사도의 표현을 잘못 사용했다.[26]

테오도루스에 따르면, 바울은 성경을 해석자의 기발한 생각에 따라 만들어지는 밀랍 코와 같이 다루지 않았다. 바울은 처음부터 끝까지 의미를 창조해 낸다는 그런 뜻에서 풍유를 쓰지 않았다. 그 대신 바울은 창세기를 독해할 때에 역사와 문맥에 근거를 두었다. "사도는 역사를 없애지 않으며, 오래전에 일어난 사건을 다듬지도 않는다. 사도는 사건을 일어난 그대로 말한다. 그런 다음에 거기서 일어난 사건에 대한 역사적 이야기를 자신의 이해에 적용한다."[27]

테오도루스는 바울이 하갈과 "현재 예루살렘"을 비교하면서 "…처럼"이란 말을 사용한 것에 독자들이 주목해야 한다고 말한다. 만일 바울이 구약성경의 이야기의 역사적 배경과 동떨어진 풍유라는 도구를 사용했다면, 이런 비교가 뜻이 통할 것인가? "왜냐하면 그가 '…처럼'이라고 말할 때 유사성을 지적했기 때문이다. 그런데 관련된 요소가 존재하지 않는다면 유사성이 성립할 수 없다."

테오도루스에게 성경 이야기의 역사적 근거가 왜 그렇게 중요한가? 그에 따르면, 풍유적 해석가는 "하나님 말씀의 역사적 설명 전체가 밤에 꾸는 꿈과 전혀 다르지 않은 것처럼" 행동한다.[28] 예를 들어, 풍유적 해석가는 성경을 "영적으로" 해석할 때, 아담 같은 인물을 어떻게 다룰까? 테오도루스에 따르면, 갑자기 "아담이 아담이 아니고, 낙원은 낙원이 아니고, 뱀은 뱀이 아니게 된다." 이때 역사라는 실재는 완전히 사라진다.

> 나는 그들에게 다음과 같이 말하고 싶다. 그들이 역사를 자신들의 목적에 맞춘다면, 그들에게 남아 있는 역사란 없을 것이다. 그런데 이것이 그들이 하는 일이라면, 다음 질문에 그들이 어떻게 대답할 수 있는지 우리에게 말해 줬으면 한다. 누가 최초의 인간으로 창조되었는가? 그의 불순종은 어떻게 일어났는가? 죽음이 어떻게 들어왔는가?……그들의 주장이 참이라고 해 보자. 성경이 실제 사건의 이야기를 보존하지 않고 다른 것을 가리킨다고 해 보자. 그렇다면, 그들은 그러한 지식

> 을 어디에서 얻는가? 실제 사건과 다른 것은 심오해서 특별히 이해해야 하는 것인데, 그들은 그것을 "영적인" 것이라고 부를 것이다. 그들은 그들 자신이 영적이기 때문에 그것을 발견했다고 주장한다.[29]

분명히 이는 핵심이 되는 질문이며, 풍유적 해석을 옹호하는 사람이 설득력 있게 대답하기에 너무나 어려운 질문이다. 풍유 사용을 통제하는 중심된 해석 원리는 무엇인가? 풍유적 해석자가 해석하는 근거는 신비적이고 환상적이다. 그뿐 아니라, 더 깊은 "영적" 의미를 추구하면서 역사를 넘어서면, 복음 자체를 위협하게 된다. 테오도루스는 묻는다. 창세기 첫 장에서 말하는 사건에 역사적 근거가 없다면, 왜 하나님이 성육신하셨는가?

> 이러한 사람이 주장하듯이 그 사건을 말해 주는 역사적 이야기가 실제 사건을 뜻하지 않고 다른 것을 뜻한다고 해 보자. 그렇다면, 하나님께서 말씀하시는, 머나먼 과거에 있었던 사건은 무엇인가? 그 사건은 어디에서 일어났는가? 뱀이 없고, 하와도 없고, 그 밖의 곳에서 아담과 관련된 유혹이 없다고 해 보자. 그렇다면, "뱀이 그 간계로 하와를 미혹게 한 것같이 될까봐……나는 두려워하노라"(고후 11:3)라는 사도 바울의 말씀을 어떻게 해석할 수 있는가?[30]

테오도루스에 따르면, 바울은 역사를 무책임하게 다루지 않는다. 그는 역사의 사건을 사용해서 그가 추정해 내려는 더 깊은 의미의 토대로 삼는다. "많은 경우에 사도는 분명히 고대 저술가의 역사적 이야기를 진리로서, 오직 진리로서 사용한다. 이 본문에서 사도는 쓰여진 기록뿐 아니라 실제 사건도 그의 주장을 입증하는 근거로 삼으려 한다."[31]

이어서 테오도루스는 하갈과 사라에 관한 사건이 더 큰 사건과 의미에, 즉 그리스도의 사역을 통한 성취에 어떻게 적절히 비교되는지 설명한다. 바울이 두 여자를 비교하는 근본 목적은 "지금도 그리스도에게서 오는 칭의는 은혜로 얻기 때문에, 다른 것보다 훨씬 더 좋다는 것"을 보여주려는 데 있다.[32]

하갈은 옛 언약을 대표한다. 옛 언약이란 모세를 통해 주어진 율법이다. 사람들은 율법을 통해 "엄청나게 노력하고 땀을 흘려" 의를 얻는다.

테오도루스에 따르면, "모든 계명을 엄격하게 실행하는 기준을 적용한다면, 이것은 정말 어려우며 사실 불가능하다. 땅 위에서 인간이 죄를 짓지 않고 살아갈 수는 없기 때문이다."[33] 하갈은 "자연의 질서에 따라" 출산하는데, 이는 "율법을 통한 칭의"를 나타낸다. 그녀는 "율법이 규제하는 행위가 적절해 보이는 현세의 삶"에서 사는 사람에 해당한다.[34]

하갈의 아이 이스마엘은 노예로 태어났다. 하갈의 영적 자녀도 이와 마찬가지다. "율법 아래 사는 사람은 계명과 율법을 노예 계급을 부과받는 것처럼 경험하기 때문이다." "그들은 죄를 지을 때 무자비한 처벌을 받는다. 반면에 율법을 모두 다 순종했다면 칭찬을 받는다. 이는 노력을 매우 많이 기울여야 하는 벅찬 과제이다."[35] 이는 자녀의 삶이 아니라 노예의 삶이다.

바울의 비교가 이어진다. 하갈-시내산-옛 언약-현재의 예루살렘, 즉 현세 삶의 유리한 관점에서 보는 예루살렘이다." 요약하면, 하갈은 옛 에온aeon, 즉 옛 세대를 나타낸다. 복음보다 율법을, 자유보다 노예 상태를, 초자연적 은총의 영역보다는 자연적인 영역을 나타낸다. 하갈은 사라가 의미하는 자유를 향하지만, 그 자유를 얻지 못한다.[36]

사라는 새 언약, 새 시대를, "불멸하는 본성을 지닌 새로운 존재"를 나타낸다.[37] 하갈은 자연법칙에 따라 이스마엘을 낳는다. 이와는 달리, 사라는 전혀 기대하지 못했던 이삭을 낳는다. 율법은 자연적으로 태어난 사람을 "통제한다." 이와는 달리, 사라가 지시하는 은혜는 칭의를 나타낸다. 칭의는 "한 번에 그리고 영원히 살아난 사람들, 전혀 기대하지 못했지만 은총을 통해 거듭남을 기대하는 사람들 사이에서 정말 참되게 실현된다."[38]

바울의 풍유를 옹호하는 근거가 여기에 있다. 테오도루스에 따르면, 이 풍유는 매우 적절한 비교에 불과하다는 사실이 드러난다. 풍유와는 달리 비교는 실재에 뿌리를 둔다. 따라서 그 실재와 분리될 수 없으며, 더 높은 차원에서 실재를 나타낸다. 비교는 "과기 사건과 현재 사건을 나란히 놓는 것이다."[39]

그럼에도 불구하고, 테오도루스는 놀랍게도 때때로 구약 이야기에 나타난 부정확한 역사를 기꺼이 확인하려 한다. 적어도 그러한 역사가 그리스도 안에서 더 온전하게 성취되는 것과 떨어져 있는 경우에 그렇다. 테오도루스에 따르면, 스룹바벨에 관한 말은 "직접적인 역사 이야기로는 사실이 아니다. 하지만 주님 그리스도와 관련되어 해석되면 그것은 참이 된다.[40] 성경은 하나님이 장차 그리스도 안에서 이루실 목적과 행동에 비추어서, 스룹바벨에 대해 "매우 부풀린 방식으로" 과장법을 써서 말한다. 테오도루스에 따르면, 과장법 같은 형식의 말을 인정해야 얼핏 보면 신비스럽거나 혼란스러워 보이는 텍스트를 분명하게 밝히는 데 도움을 받는다. 스가랴를 주석할 때 그는 구약에서 과장된 언어의 예를 구체적으로 세 가지 내놓는다. 아브라함에게 하신 약속에 관한 것이 한 예다. 나머지 둘은 다윗에 관한 것이다.

창세기의 네 본문에서(12:3; 22:18; 26:4; 28:14) "땅의 모든 족속이 너를 인하여 복을 얻으리라"는 약속이 여러 가지로 나타난다. 테오도루스는 본문이 아브라함을 가리키고 있다고 말한다. "분명히 이것은 그의 직계 후손을 가리킨다. 하지만 테오도루스는 이 말을 한 후에, "그리스도 이신 주님과 관련해서 그 말의 진리를 이해해야 한다"는 말을 덧붙인다. "그리스도 안에서 족속들이 실제로 복을 받았다.[41] 다시 말하자면, 창세기 저자는 아브라함에 대해 "과장되게" 말했다. 모든 세계가 아브라함을 통해 복을 받았는가? 아브라함에 대한 약속이 아브라함 자신보다 더 넓다는 사실을 깨닫기만 해도 좋을 것이다. 사실 구약 본문에 의미가 있으려면, 그 약속은 아브라함을 넘어서야 한다.

시편 89장은 하나님이 다윗의 혈통을 영원히 세우시리라는 말을 세 번 반복한다. "또 그 후손을 영구케 하여 그 위를 하늘만큼이나 장구하게 하리로다"(29절). "그 후손이 장구하고 그 위는 해같이 내 앞에 항상 있으며, 또 궁창의 확실한 증인 달같이 영원히 견고케 되리라"(36-37절). 이 예언은 "그것이 직접 가리키는 역사"에서 성취되었는가? 테오도루스가 인정하듯이, 이 예언은 "그의 후손을 말하는 것 같으며", 그 왕의 직계 후손을 가리키는 것 같다. 하지만 시편 기자는 과장법적 언어를 사용한 것이고 따라서 "사안의 진리는 그리스도이신 주님 안에서 드러난다."[42]

시편 16장 10절은 이와 같은 점을 설명한다. "이는 내 영혼을 음부에 버리지 아니하시며 주의 거룩한 자로 썩지 않게 하실 것임이니이다." 이 구절은 다윗에게 적용되지 않았다. 그는 과장되게 말하고 있었기 때문이다. "복받은 다윗이 이스라엘 백성에 대해 과장되게 이야기할 때 진짜로는 그리스도이신 주님을 가리키고 있음이 드러났다. 어떤 의미에서 볼 때, 복받은 베드로가 그 말씀을 제대로 인용한다. '그의 영혼이 음부에 버림이 되지 않고 육신이 썩음을 당하지 아니하기 때문이다.(행 2:31).'"

성경 저자는 하나님이 미래에 이루실, 더 큰 사역에 비추어 의도적으로 과장한다. 테오도루스는 과장법적 언어를 그렇게 이해한다. 다윗의 육체는 썩어 버렸다. 시편 16장에 나오는 그의 말은 맞지 않는 것 같다. 하지만 테오도루스의 가르침에 따르면, "그 말씀은 그리스도이신 주님에 관한 것인 한 참된 것으로 드러난다."[43]

테오도루스는 과장법 사용을 스가랴 9장을 이해하는 열쇠로 여긴다. 한편으로, 그 구절은 스룹바벨에 대해 말한다. "다윗 혈통의 사람이며, 하나님의 목적에 따라 유대인의 지도자가 됐던 사람이었다." 그런데 이 구절에는 과장된 의미가 있다. 스가랴는 훨씬 큰 분을 가리킨다. "그 진리는 그리스도이신 주님을 가리키는데, 이는 논의할 여지가 없는 실재다."

> 스룹바벨이 나라들에 대해 복수하는 것은 가벼웠고, 그 땅의 거주자를 위해 이루어진 구원은 하찮았다. 따라서 "그분이 에브라임의 전차와 예루살렘의 전투마를 막으실 것이다"는 말씀을 일관되게 해석하면, 스룹바벨이 그 백성들에게 전쟁을 걸어오는 자를 제거해서 그들에게 도움을 주었음을 뜻한다는 결론이 나올 것이다. 하지만 참된 메시지는 그리스도이신 주님에 관한 말이다. 그분에 관해서는 정말 확고하고 지속적으로 기뻐할 수 있다. 그뿐 아니라 그분이 전 세계를 심판하시고 구원하신다는 사실을 볼 때 그분은 진정 의로우신 분이다. 정말 그분은 모든 사람을 파멸에서 벗어나게 하셔서, 지속적이고 확고한 구원을 주신다.[44]

스가랴가 과장법적 언어를 사용하여 말한 것을 주석가가 적절히 인식한다면, 스가랴가 스룹바벨과 관련해서 말한 것과, 복음서 기자가 같은 예언을 예수께 적용하여 말한 것은 옳은 것이다. 결국 테오도루스는 다른 교부들처럼 성경을 여러 층의 텍스트로 여긴다. 하지만 그의 방법은 오리게네스 같은 주석가의 방법과 매우 다르다. 오리게네스는 텍스트의 더 깊은 의미를 찾으려다가 역사를 넘어서는 경향이 있다. 하지만 테오도루스는 역사와 복음을 모두 보존하면서 해석했다. 그는 스가랴의 예언을 조각내어서, 한 조각을 스룹바벨과 연결하고 다른 조각은 그리스도와 연결하지 않았다.

> 그 부분은 그리스도에 관한 이야기이다. 하지만, 포로에서 귀환하는

> 자가 스룹바벨로 변해야 하며, 그로부터 그리스도로 변해야 하며, 그리스도이신 주님에서 스룹바벨로 변해야 한다고 보자. 이는 그 예언을 완전히 엉뚱하게 계시하는 것과 같다. 기록된 말씀을 종과 주인에게 똑같이 나누어주는 셈이다. 말해진 것이 스룹바벨에 해당하는 것이 아니라는 증명을 사용한다면, 하나님의 성경을 해석할 때 정말 말도 안 되며 기술이 없음을 나타낼 것이다. 예언자는 "올 것이다"고 말했다. 그러나 스룹바벨은 나머지 사람들과 함께 이미 포로에서 돌아왔으니 말이다.[45]

테오도루스는 "더 일관되고 더 타당한" 주석이 있다고 말했다. 여기서 그는 본문의 역사적 의미와 모형론적 의미를 모두 인정했다. 조금 달리 표현하자면, 테오도루스는 스가랴의 메시지와 비전을 모두 구출했다. 그 메시지는 스룹바벨이 바벨론 유수 이후 남왕국의 지도자로서 수행한 핵심 역할과 직접 연결된다. 물론 "그 의미는 제한된 것이다." 비전은 그리스도 안에서 이루어질 완성을 미리 내다본다. "예언자는 스룹바벨에 관해 말하고 있으며, 그에 관해 현재의 일을 예언하고 있다. 또한 그는 예언자로서 다가올 일에 대한 어떤 비전을 가지고 있다."[46]

분명히 10절에서 스가랴의 말씀은 이러한 깊은 범주에 들어간다. "그의 지배는 바다에서 바다에 이를 것이며, 그 강에서 땅끝까지 이를 것이다." 테오도루스는 스가랴가 아직 오셔야 할 더 위대한 인물을 의도적으로 가리키기 위해 스룹바벨에 관해 과장되게 이야기한다고 이해한다.

알렉산드리아와 안디옥: 부유함과 가난함에 관해

자기 시대의 어려운 주제를 언급할 때 사용한 주석들을 비교함으로써 안디옥과 알렉산드리아의 성경 해석에서 같은 점과 다른 점을 매우 잘 설명할 수 있다. 아래와 같은 비교에서 우리는 히에로니무스, 아우구스티누스, 암브로시우스 같은 서방 주석가의 통찰도 볼 수 있다.

부유함과 가난함의 문제는 초기 기독교 공동체에서도 뜨거운 논쟁거리였다. 그리스도인에게 재산이 있어야 하는가? 재산을 갖는 것은 합법적인가 아닌가? 얼마나 있어야 너무 많은 것인가? 부유한 그리스도인이라는 개념은 모순인가? 그리스도를 온 마음으로 따르면서도 자신의 소유를 가난한 사람에게 주지 않을 수 있는가? 가난한 사람에 대한 그리스도인의 책임은 무엇인가?

이러한 물음은 매우 풀기 어려웠다. 성경 자체가 모호한 것 같았기 때문이다. 한편으로, 예수는 부유함이 위험하다고 경고하셨다. 개인들에게 가진 것을 모두 버리고 그를 따르라고 요구하셨다(막 10:17-22). 부유함은 분명 하나님의 나라를 볼 수 있는 능력을 흐리게 할 수 있기 때문이다. "얘들아, 하나님의 나라에 들어가기가 어떻게 어려운지, 약대가 바늘귀로 나가는 것이 부자가 하나님의 나라에 들어가는 것보다 쉬우니라"(막 10:24-25).

다른 한편, 예수는 부자들과 함께 자유롭게 먹고 마셨다. 그분은 유복한 친구의 재정적 지원을 받아들이는 데 적대적이지 않으셨다(눅 8:13). 조셉 켈리가 묻는다. "돈이 있는 그리스도인이 없었다면, 어떻게 교회가 가난한 자를 도왔겠는가?"[47] 그렇다면 교부는 성경을 어떻게 해석하여 부유함과 가난함이라는 어려운 문제를 다루었는가? 이 문제에 대해 알렉산드리아의 주석은 안디옥의 주석과 매우 달랐는가?

알렉산드리아의 클레멘스는 알렉산드리아 최초의 위대한 주석가였다. 그는 마태복음 19장 24절을 주석하면서 부유함과 가난함이라는 문제를 설교했다. 이 구절은 부자의 곤경에 관한 예수의 말씀이 담긴 것인데, 이해하기가 어렵다. "다시 너희에게 말하노니 약대가 바늘귀로 들어가는 것이 부자가 하나님의 나라에 들어가는 것보다 쉬우니라." 클레멘스가 묻는다. 만일 그렇다면, 부자에게는 무슨 소망이 있겠는가? 예수의 가르침에 따르면, 부자는 복음을 연구하는 일조차 못하는가? 이 말씀을 듣는 일부 부자는,

> 영원한 생명을 얻으려는 소망을 모두 버릴 것이다. 또한 자신을 완전히 세상에 내맡길 것이다. 현세의 삶을 유일하게 남겨진 것으로 여기고 그 삶에 매달릴 것이다. 또한 장차 다가올 생명으로 나아가는 길에서 더 멀어질 것이다. 주님과 주인께서 누구를 부유하다고 부르시는지, 또는 사람에게 불가능한 것이 어떻게 하나님에게는 가능한지 더 이상 연구하려 하지 않을 것이다……주석가는 먼저 타당한 근거를 갖고서 그들을 근거 없는 절망에서 구해야 한다. 또한 주님의 말씀을 제대로 설명해 주어야 한다. 그래서 그들도 하나님 나라의 유업을 받을 수 있다는 것을 보여 주어야 한다.[48]

적어도 부유한 청중 가운데 상당수에게 그리스도의 명령이 불가능해 보였다. 그러나 클레멘스는 본문의 문자적 의미를 넘어섬으로써 이 문제를 해결한다. 일부 사람은 "그 본문을 조급하게 해석해서" 문자적 명령에 국한해서 해석한다. "그래서 부자는 소유를 버려야 하며 재산을 포기해야 한다"는 명령으로 받아들인다. 그들은 문자적 의미를 고수하고, 더 중요한 의미를 간과한다. "그가 영혼에서 없애야 한다고 말하는 것은 재산에 대한 생각과 집착, 재산을 지나치게 원하는 욕구, 재산 때문에 병적으로 흥분하는 것, 그리고 재산 때문에 생기는 근심이다. 실존의 이러한 가시가 참된 삶의 씨앗을 숨 막히게 하기 때문이다.[49]

클레멘스에 따르면, 가난함이 건전한 성품을 보장하는 것은 아니며, 하나님의 나라와 우선순위에 대해 열린 기질을 보장하지 못한다. 가

난 자체가 칭송할 만하거나 "매우 바람직하다면", 길가의 가난한 거지가 "최소한의 생필품이 없고 살림살이 수단이 없다는 이유만으로 가장 복 있는 사람, 하나님의 사랑을 가장 많이 받는 사람, 영원한 생명을 유일하게 지닌 사람일 것이다."[50] 그러면 더 가난해지는 것이 기독교의 독특한 품성을 갖춘 미덕을 나타내는 표시인가? "구세주께서 오시기 전에 많은 사람이 이러한 일을 했다. 죽은 지혜를 얻기 위해 여가를 내는 사람이 있었으며, 헛된 명성과 영광을 얻은 사람도 있었다. 아낙사고라스, 데모크리토스, 크라테스가 그러한 사람이었다."[51]

그렇다면, 그리스도는 왜 그런 계명을 주셨을까? 소유를 버리면, 그리스도 왕국의 본질을 파악할 수 있는 문이 열리는가? 클레멘스는 그렇지 않다고 여긴다. 이전의 다른 사람들이 소유를 버렸지만 영적 분별과 이해를 한 뼘도 늘리지 못했다. 재산을 없앤다고 해서 "재산에 연연해하고 재산을 갈망하지" 않는 것은 아니다.[52] 따라서 클레멘스의 생각으로는, 본문의 문자적 의미를 적절히 이해하지 못한다면, 본문의 배후를 살펴보아야 한다. 우리는 무엇을 발견하는가?

> 새로운 창조물인 하나님의 아들이 계시하시고 가르치신 특별한 것이 있다면, 그분이 명령하시는 것은 외적 행위일 수 없다. 다른 사람들이 그러한 일을 했기 때문이다. 그 명령을 통해 지시되는 것은 다른 것이어야 한다. 더 위대하고 신적이고 완전한 것이어야 한다. 그것은 영혼 그 자체와 영혼의 성향에서 정욕들을 벗겨내는 일이다. 적합하지 않은 것을 모두 마음에서 뿌리 뽑아서 제거해야 한다.[53]

클레멘스가 묻는다. 우리의 내적인 삶이 황폐하다면, 재산을 버리는 것에 무슨 유익이 있겠는가? 부자가 마음의 진정한 가난을 경험하는 데 반해, 가난한 사람이 시기와 탐욕에 사로잡히는 일이 있을 수 없단 말인가? 가난은 가난한 사람을 계속 유혹해서 어떤 수단을 써서라도 필요를 채우라고 한다. 그의 주장에 따르면, "생필품이 없는 사람은 영적으로 무너질 수밖에 없기 때문이다. 더 좋은 일을 할 시간이 그에게 없을 것이다. 그에게 필요한 것을 할 수 있는 한 어떻게든 언제든지 손에 넣으려고 애쓸 것이기 때문이다."[54] 클레멘스의 풍유적 주석은 예수의 가르침에 담긴 참된 의미를 드러내 주었다.

오리게네스는 알렉산드리아 학파에서 그 다음으로 위대한 주석가였다. 그는 먼저 마태복음 본문을 문자적 차원에서 살펴본 뒤에 풍유적 독해로 넘어간다. 오리게네스가 독자에게 훈계한 것은, 예수는 부자가 하나님의 나라에 들어가지 못할 것이라고 말씀하시지 않는다는 점이다. 예수가 그렇게 말씀하셨다면, 부자는 배제되었을 것이다. 그런데 예수는 부자의 구원이 "어렵다"고 분명하게 밝히신다. 왜 그러한가? 부자가 "정념과 죄악 된 성향을 물리치고 부의 지배를 받지 않기"가 매우 어렵기 때문이다.[55]

그런 다음에 오리게네스는 그 구절의 "상징적 의미"를 탐구한다. 부자를 상징적으로 해석한다면, 그의 구원은 왜 어려운가? 왜 그러한 어려움을 약대가 바늘귀로 지나가는 일의 어려움에 비유했는가?

> 바늘귀는 하늘나라를 나타내는 비유다. 바늘귀는 부자가 하늘나라에 들어가는 것이 얼마나 좁고 빡빡한지를 보여 주는 비유다. 주님의 말씀에 따르면, 약대는 바늘귀로 들어갈 수 없다. 그러나 하나님은 모든 일을 하실 수 있다. 그래서 하나님께서는 감히 입에 담을 수 없는 그분의 능력으로 뚱뚱한 악을 떼어내시거나 좁은 입구를 넓히신다. 그래서 바늘귀로 들어가게 하신다.[56]

복음의 능력은 더 많은 것을 얻으려는 무절제한 욕구와 부자의 정욕을 벗어버리게 한다. 그렇게 할 때 부자는 하늘나라에 들어갈 수 있다. 물론 어려운 일이지만 말이다.

다른 주석가들은 이 문제를 어떻게 다루었을까? 히에로니무스의 해석에 따르면, 그리스도가 부자에게 소유물을 모두 버리고 하늘의 보화를 얻으라고 명령하신 것은 "조심스러운 청지기"가 되라는 요구다. 자신의 소유를 버리는 선택은 개인에게 달려 있다. "선택은 남녀노소를 막론하고 모든 개인에게 완전히 자유롭게 주어져 있다."[57] 히에로니무스는 그리스도의 이 명령이 완전을 추구하는 사람에게 주어진 것으로 여긴다.

> 그분의 의도는 이렇다. 나는 너희에게 강요하지 않으며, 너희에게 명령하지 않는다. 도리어 나는 너희 앞에 승리의 상을 놓으며, 너희에게 상급을 보여 준다. 그곳에 들어와 왕관을 얻을지 결정하는 일은 너희의 몫이다……또한 너희가 소유물을 팔았다면, 그 다음에 무엇을 해야 하는가? "가난한 자에게 주라." 부자에게나 친척에게나 방종하는 성직자에게 주지 말라. 다른 사람의 필요를 덜어주어라……너희에 대한 칭송이 굶주린 사람의 위장에서 나오게 하며, 배부른 사람의 풍성한 향연에서 나오지 않도록 하라……가난한 사람 가운데 계신 그리스도에게 옷을 입히고, 병든 사람 가운데 계신 그리스도를 방문하고, 굶주린 사람 가운데 계신 그리스도를 먹이고, 거처 없는 사람 가운데 있는 그리스도에게 잘 곳을 주어야 한다. 이것이 너희의 일이다.[58]

히에로니무스는 그리스도의 명령이 주는 실제적인 문제에 관해 그리 생각하지 않은 것 같다. 그 명령이 자유롭게 선택해서 완전을 추구할 사람에게 주어진 것이라고 여김으로써 그 어려움을 해결하기 때문이다. 히에로니무스는 그 명령을 완전을 기하는 권고라고 여김으로써, 그 구절을 풍유적으로 해석해야 할 필요성을 피해 간다.

아우구스티누스도 그리스도가 부자 청년에게 요구하신 것을 "완전하라"는 더 높은 요구로 받아들인다. 이렇게 더 높은 요구에 응답하지 못하는 부자라도 계명을 충실하게 지킨다면 하나님의 나라에 들어갈 수 있다. "부자는 완전하지는 못하다. 하지만 계명을 지키고, 받을 수 있기 위해 주며, 용서받을 수 있기 위해 용서한다면, 왜 그가 생명으로 들어가는 것을 인정하지 않는다는 말인가?" 한 사람을 천국으로 향하게 하느냐 아니면 지옥으로 향하게 하느냐는 재산에 달려 있지 않다. 재산에 대한 우리의 내적 성향에 달려 있다. 예를 들어, 그 부자는 대문 앞에 있는 거지의 필요를 무시하며, 자만으로 눈멀었다. "부자를 지옥의 형벌로 데려가는 것은 그의 재산이 아니라 자만이었다. 문 앞에 있는, 선하지만 가난한 사람을 경멸했기 때문에 그는 지옥에 간 것이다."[59] 그리스도의 명령은 불가능해 보였다. 하지만 아우구스티누스에 따르면, 이는 하나님의 은총이 필요함을 강조한 것이다.

> 그들은 재산을 유지하면서 재산을 통해 선한 일을 할 수 있다. 그렇지 않다면, 재산을 팔아 가난한 자의 필요를 채우기 위해 재산을 나누어 줄 수 있다. 어떠하든 간에, 그들이 하나님의 은혜로 선한 일을 하며, 그들의 능력으로 하는 것이 아니라고 여기게 하라. 사람들에게 불가능한 일이, 사람에게는 아니지만, 하나님에게는 쉽다.……사람들이 이러한 일을 할 수 있는 이유를 자신들의 능력에서 찾지 않고 동일한 하나님의 은혜에서 찾도록 하자. 사람에게는 불가능한 일은 부자들에게도 쉽지 않다. 그들도 사람이기 때문이다. 그러나 하나님에게는 쉽다.[60]

그리스도의 명령이 이해되도록 만들 때, 아우구스티누스와 다른 교부는 풍유에 의존하는가 아닌가에 있어서 서로 다르다. 하지만 본문에서 끌어낸 적용에서는 일치한다. 예를 들어, 그들 모두는 우리가 베푸는 일에 있어서 하나님께 충실하다면 하나님이 우리에게 물질의 복을 주시겠다고 약속하신다는 생각에 충격을 받을 것이다. 아우구스티누스는 이런 생각에 불만을 나타내면서 다음과 같이 말한다. "재산을 늘리고 땅 위의 기쁨을 늘리는 데 기독교가 이바지해야 한다고까지 생각하는 그 따위 사람들이 많다."[61]

암브로시우스는 그리스도의 명령에 접근할 때 다른 방법을 택한다. 과연 부자가 재산을 가난한 사람에게 주라고 하신 그리스도의 명령에 슬퍼해야 할까? 그 대신 그는 부자에게 "죽음이 네 재산을 빼앗고 더 큰 자의 능력이 네 재산을 강탈할 수 있다는 사실을" 기억하라고 손짓한다. "많은 것을 위해 얼마나 적은 것을, 영원한 것을 위해 얼마나 일시적인 것을, 영원한 은혜의 보화를 위해 썩어질 돈의 보화를 내어놓으라는 요구를 받았는지도 생각해 보라."[62]

암브로시우스는 다음과 같이 묻는다. 부자는 방종에 빠져 균형감각을 잃은 게 아닌가? 부자는 재산 때문에 가난한 사람의 필요를 보지 못했다. 가난한 사람이 날마다 부자의 코앞을 지나갔는데도 말이다.

> 너희는 벽을 장식하면서도 정작 사람은 헐벗게 한다. 헐벗은 사람이 네 집 앞에서 외쳐대지만 너희는 주목하지 않는다. 너희의 동료가 집 앞에서 헐벗은 채 외치고 있다. 하지만 너희는 너희 바닥을 덮을 대리석을 고르느라 고민하고 있다. 가난한 사람이 돈을 달라고 하지만 주지 않는다. 너희 동료가 그곳에서 빵을 구걸하고 있다. 그런데 너희 말은 이빨로 금을 씹고 있다. 다른 사람에 메는 곡식이 없다. 하지만 귀한 장식물이 너희의 상상을 사로잡는다. 너희는 너희 자신에 대해 어떤 판단을 내려야 한단 말인가! 사람들이 굶어 죽어가고 있지만 너희는 곳간을 닫아걸었다. 사람들이 신음하고 있지만, 너희는 손가락에 보석을 올려놓고 장난치고 있다. 불행한 사람이로다. 많은 영혼을 죽

음에서 구할 능력은 있으면서도 그러한 의지가 없으니, 보석이 박힌 가락지의 값이라면 전체 주민의 삶을 구할 수 있는데도 말이다.[63]

안디옥에서 훈련받은 주석가는 부자 청년의 이야기를 어떻게 해석할 것인가? 요하네스 크리소스토무스의 주석을 살펴보자. 십중팔구, 요하네스는 알렉산드리아 학파의 풍유적 경향을 피하려 할 것이다. 하지만 그렇다고 해서 그가 본문에서 끌어내는 적용이 본질적으로 다를까?

크리소스토무스는 왜 부자 청년이 결국 그리스도를 떠났는지를 묻는다. 왜 그는 소유를 버리지 못했을까? 크리소스토무스에 따르면, 젊은이에게 "너무 많은 소유물이 있었다"는 것이 문제였다. 그는 자신의 소유물에 사로잡혔다. 딱딱한 NPNF 번역에 따르면, 그는 "풍요에 휩쓸린 사람과 같다. 그는 풍요를 사랑하는 것에만 관심이 있었기 때문이다."[64] 청년은 많은 소유를 사랑했다. 그 사랑이 그를 완전히 지배하며, 그의 눈을 멀게 했다. 그래서 그리스도를 따라가야만 얻을 수 있는 보화를 보지 못했다.

예수가 청년에게 말씀하시듯이, 땅 위의 재산에 대해 집착을 버려야만 하늘의 보화를 받을 것이다. "그는 그것을 보화라고 불렀다. 이는 보상이 풍성하며 지속적이며 안전하다는 사실을 보여 준다. 인간과 비슷하기 때문에 듣는 사람은 그 보화를 친숙하게 느낄 수 있다."[65]

하지만 청년은 많은 소유 때문에 영적으로 귀가 멀어서 그리스도의 초대를 듣지 못했다. 사실 그의 부유함은 가난이다. "나는 다음과 같은 사실을 쉬지 않고 계속해서 말하려 한다. 즉 늘어나는 소유는 그 불길을 더 타오르게 하며, 소유하는 사람을 더 가난하게 만든다. 더 원하도록 해서 그들의 필요를 더 느끼게 하기 때문이다."[66] 크리소스토무스에 따르면, 문제는 부유함 자체가 아니다. "부유함이 지배하는 사람"이 문제다.

부자도 하나님의 나라에 들어갈 수 있는가? 하나님의 은혜를 통해서 들어갈 수 있다. "스스로에게 부과한 명령을 실천할 수 있는 부유한 사람에게 일상적인 보상이 없다는 결론이 나온다. 따라서 그분은 그것이 하나님의 일이라고 인정하셨다. 이를 이루려고 하는 사람에게 큰 은혜가 있어야 함을 보여 주기 위해서이다."[67]

지금까지 크리소스토무스는 이 구절을 설명할 때 풍유를 피했다. 하지만 그의 해석은 알렉산드리아 교부들의 해석과 약간만 다르다. 그와 그들 모두에 따르면, 예수는 부자가 영적으로 위험인물이라고 청중에게 경고하신다. 부자에게 돈과 소유는 지배적인 관심사가 되어 헌신과 충성의 대상이 되기가 너무 쉽다. 우리가 무절제하고 무제한적으로 갈망해야 할 대상이 있다면 다른 것이 아닌 하나님이 그 대상이 되셔야 한다.

아마도 크리소스토무스가 모든 교부 가운데 이 본문에서 끌어온 적용을 가장 실천적이고 구체적으로 한 사람일 것이다. 예수의 불가능한 명령이 어떻게 그리스도인에게 가능할 수 있는가? 재산을 얻기 위해 주변을 맴도는 삶을 사는 사람이 어떻게 부자 청년에 대한 예수의 권고를 따를 수 있는가? 크리소스토무스는 단계적으로 일을 밟아가라고 충고한다. 요하네스는 다음과 같이 충고한다. 우선 "불필요한" 것을 없애라. 이렇게 우리는 "좀더 나아갈" 수 있다. "그 이후에는 우리의 여정에서 더 쉽게 달려갈 수 있다……모든 것을 한 번에 하려 하지 말고 부드럽게 하라. 조금씩 이 사다리를 올라가라. 그러면 하늘에 이를 것이다."[68]

돈과 소유를 더 많이 얻으려는 욕구는 부유한 사람을 괴롭힌다. 이것은 채울 수 없는 욕구이다. 요하네스는 우리가 이미 소유하고 있고 꼭 필요하지는 않는 것을 쌓는 일을 일부러 그만둠으로써, 더 많은 것을 원하는 욕구를 서서히 억누르도록 제안한다. 시간이 흘러감에 따라 재산에 대한 욕구가 점점 줄어들며, 욕구의 불길이 가물거릴 것이다. 산소 공급이 끊어진다면 결국 불길이 죽을 것이다. 요하네스에 따르면, 사랑의 초점을 한 형태의 보화에서 다른 형태의 보화로 옮길 때 욕구는 바뀔 수 있다.

따라서 불필요한 슬픔이 우리에게 없으려면, 돈을 사랑하지 않도록 하자. 돈을 사랑하는 것은 언제나 고통스럽다. 참는다 해도 평화롭지 않다. 행복과 큰 능력을 얻을 수 있는, 다른 사랑으로 가자. 또한 위에 있는 보화를 바라보자.[69]

요하네스가 청중에게 환기시키듯이, 하나님은 우선순위를 희생하면서 부를 추구하는 사람을 심판하실 것이다. 그들에게는 지옥이 기다릴 것이다. 사실 부를 추구하는 것은 땅 위에서 이미 일종의 지옥이 아닌가? 얼마나 많은 가족이 무절제하게 부를 추구하다가 "무너졌는가?" 탐욕이 얼마나 많은 전쟁을 불러 "일으켰는가?" 시기와 질투가 얼마나 많은 영혼을 망쳤는가? 그렇다. "은은 빛난다." 부자는 "많은 노예를 소유하며 커다란 집에서 산다. 시장의 모든 사람들이 그를 바라본다." 부자는 그 시대의 유명 인사다. 하지만 이러한 존경을 얻기 위해 그들은 많은 대가를 치른다.

어떻게 이것이 너희 영혼에 영향을 주는지 생각해 본다면! 그러한 것이 영혼을 얼마나 어둡고 외롭고 더럽게 만드는지 생각해 본다면! 이러한 것을 얻기 위해 얼마나 많은 악을 저질렀는지 생각해 본다면! 이러한 것을 유지하기 위해 얼마나 많은 수고를 해야 하는지, 얼마나 많은 위험을 감수해야 하는지 생각해 본다면! 그러한 것을 유지할 수 있는가? 죽음이 너희에게 다가와서 그것을 모두 빼앗을 것이다. 그것은 너희 원수의 손에서 끝장날 것이다.……멋진 옷을 입고 수행원을 거느리고 겉으로 화려한 사람을 볼 때, 그의 양심을 보아라. 너는 그 안에 있는 많은 거미줄과 먼지를 볼 것이다.[70]

그리스도의 왕국에서 배제되는 것과 비교할 수 있는 소유나 보화가 있을 것인가? 땅인가, 금인가, 산인가, 노예인가, 욕조인가, 금과 은으로 덮인 마차인가, 세계 전체인가? 그리스도의 왕국에 비교해볼 때 이것은 모두 "똥 무더기"일 뿐이다. 요하네스의 농담에 따르면, 사실 똥은 밭에 거름을 주거나 욕조를 데우기 위해서라도 쓸 수 있다. 그러나 땅속에 묻혀 있는 금이 무슨 가치가 있는가? 그 금은 가치가 없을 뿐 아니라, 소유자에게 해를 줄 수 있다. 재산을 조심스럽게 다루고, 하나님 나라에 영원한 보화를 쌓는 것이 가장 좋다.

주

1 Joseph W. Trigg, *Biblical Interpretation*, Message of the Fathers of the Church, vol. 9 (Wilmington, Del : Michael Glazier, 1988), 31쪽.

2 Karlfried Froehlich, ed., *Biblical Interpretation in the Early Church* (Philadelphia: Fortress Press, 1984), 20쪽.

3 같은 책.

4 Trigg, *Biblical Interpretation*, 32쪽.

5 Froehlich, ed. , *Biblical Interpretation in the Early Church*, 20-21쪽.

6 Diodore of Tarsus, *Commentary on the Psalms: Prologue, in Biblical Interpretation in the Early Church*, ed. Froehlich, 82쪽.

7 같은 책, 82-83쪽. 저자 강조.

8 같은 책, 83쪽.

9 같은 책.

10 같은 책, 84쪽.

11 같은 책, 84-85쪽.

12 같은 책, 85쪽.

13 같은 책, 86쪽.

14 같은 책.

15 같은 책.

16 Diodore of Tarsus, *Preface to the Commentary on Psalm 118*, in: *Biblical Interpretation in the Early Church*, ed. Froehlich, 87쪽.

17 같은 책.

18 같은 책, 88쪽.

19 같은 책, 93쪽.

20 같은 책.

21 Theodore of Tarsus, *Preface to the Commentary on Psalm 118*, in *Biblical Interpretation in the Early Church*, ed. Froehlich, 87쪽.

22 같은 책.

23 같은 책, 88쪽.

24 같은 책, 93쪽.

25 같은 책.

26 Theodore of Mopsuestia, *Commentary on Galatians* 4:22-31, in *Biblical Interpretation in the Early Church*, ed. Froehlich, 95쪽.

27 같은 책.

28 같은 책, 96쪽.

29 같은 책.

30 같은 책.

31 같은 책, 97쪽.

32 같은 책.

33 같은 책.

34 같은 책, 97-98쪽.

35 같은 책, 99쪽.

36 같은 책, 98쪽.

37 같은 책, 99쪽.

38 같은 책, 100쪽.

39 같은 책.

40 같은 책, 98쪽.

41 같은 책, 99쪽.

42 Theodore of Mopsuestia, *Commentary on Zechariah*. Trigg, *Biblical Interpretation*, 168쪽에서 인용.

43 같은 책.

44 같은 책.

45 같은 책.

46 Theodore of Mopsuestia, *Commentary on Zechariah*. Jeseph F. Kelly, *The World of the Early Christians*, Message of the Fathers of the Church, vol. 1 (Collegeville, Minn.: Liturgical Press, 1997), 169-170쪽에서 인용.

47 Kelly, The World of the Early Christians, 167쪽.

48 Clement of Alexandria, *Who Is the Rich Man That Is Saved?*, in Peter C. Phan (ed.), *Social Thought*, Message of the Fathers of the Church, vol. 20 (Wilmington. Del : Michael Glazier, 1984), 71쪽.

49 같은 책, 72쪽.

50 같은 책.

51 아낙사고라스는 주전 500년경~428년, 데모크리토스는 주전 460~437년경에 살았던 철학자들이다. 아테네의 크라테스는 플라톤(주전 427~347년)이 세운 아카데미아를 이끌었던 사람 중 하나로, 대략 주전 268년까지 아카데미아의 운영을 맡았다-옮긴이.

52 같은 책, 73쪽.

53 같은 책, 72쪽.

54 같은 책, 73쪽.

55 Origen, *Commentary on Matthew* 15.20. Phan (ed.), Social Thought, 78쪽에서 인용.

56 같은 책, 79쪽.

57 Jerome, Letter 130.14. Phan (ed.), *Social Thought*, 187쪽에서 인용.

58 같은 책.

59 Augustine, Letter 157 to Hilarious. Phan (ed.), *Social Thought*, 211쪽에서 인용.

60 같은 책, 212쪽.

61 같은 책, 213쪽.

62 Ambrose, *On Naboth* 58. Phan (ed.), *Social Thought*, 175쪽에서 인용.

63 같은 책.

64 John Chrysostom, *The Gospel of St. Matthew*, Homily 63.2, NPNF First Series, vol. 10 (Grand Rapids, Mich. : Eerdmans, 1986), 388쪽.

65 같은 책.

66 같은 책, 저자 강조.

67 같은 책, 389쪽.

68 같은 책.

69 같은 책, 390쪽.

70 같은 책, 나는 번역을 약간 수정했다.

8장
교부의 성경 해석 이해하기

앞서 다섯 장을 통해 교부와 함께 성경을 읽었다. 이제 다음 단계로 넘어가 교부들의 성경 해석에 대해 어떻게 반응해야 할지 알아보아야 한다. 교부의 성경 읽기를 전면적으로 수용하는 것은 지혜로워 보이지 않는다. 알렉산드리아과 안디옥의 성경 해석을 비교해 살펴보았듯이, 교부들조차 서로 의견이 강하게 부딪히는 경우가 있었다. 교부들이 성경 본문에 담긴 것보다 깊은 의미를 계속해서 추구하기 때문에, 그들의 주석을 완전히 거부하려는 사람도 있다. 그래서 교부들의 성경 해석을 버리는 것이 성경을 타당하게 읽는 일이라고 여기는 사람도 있을 것이다.

교부의 모든 성경 해석을 무비판적으로 순진하게 받아들이는 것과, 그 주석을 단호하게 거부하는 것 사이에는 우리가 따를 수 있는 중간 길이 있지 않을까? 만일 있다면, 그 중간 길을 택하는 해석가는 어떤 특징이 있을까?

들어가는 물음

성경 연구가와 해석 역사가들이, 교부를 가장 잘 해석하기 위해 연마해야 할 태도와 성향이 있을까? 교부에 대한 건전한 반응을 뒷받침할 수 있는 신학적 토대는 있을까? 로마 가톨릭이든 동방 정교회든 개신교든 상관없이, 오늘날 그리스도인이 교부와 함께 성경을 읽을 때 어떤 독특한 걸림돌들을 만나게 될까? 현대적 환경에서 목회자나 일반 성도들이 교부의 세계와 마음에 효과적으로 들어가려고 할 때 그들의 능력을 무력하게 만들 수 있는 특별한 영향이 있는가? 교부에 대한 접근을 좀더 현대적인 해석학과 연결하거나 연관시킬 수는 없을까? 현대 신학의 망막에 있는 해석학적 맹점을 교부를 통해 개선할 수는 없을까?

지식, 태도, 성향

이러한 중요한 질문들에 답하기에 가장 좋은 자리를 잡기 위해서 우리의 해석학적, 신학적 배경을 더 자세히 살펴야 한다. 우리가 성경을 읽고 이해하는 데 가장 큰 영향을 끼친 사람은 누구일까? 누가 핵심 인물일까? 부모, 친구, 목회자, 학자, 지도자, 저술가, 심지어 적일 수 있다. 헤롤드 브라운이 우리에게 떠올려주듯이, 칼뱅과 루터 같은 위대한 종교개혁가를 포함해서 어느 누구도 "성경을 있는 그대로 냉정하게 대하지 않았으며, 모두 성경 본문에 의해 '개혁되기' 이전에 기독교 메시지와 기독교적 삶의 형식 앞에 이미 노출되어 있었다."[1] 따라서 우리가 어떻게 오늘날의 방식으로 성경을 읽고 이해하게 되었는지 알아야 한다.

'우리'라고 표현하는 습관에서 한 걸음 물러선다면, 우리의 신학과 영성을 형성하는 데 영향을 끼친 핵심이 되는 목회자, 학자, 가족과 친밀한 영향력들에 관해 자각하는 수준이 높아질 것이다. 나는 내가 하나님에 관해 믿는 것을 왜 믿는가? 나는 성경 읽기를 어떻게 배웠는가? 나에게 성경을 주로 해석해 준 사람은 누구였는가? 어느 정도의 범위에서 나는 그들의 성경 읽기를 받아들여야 하는가? 나는 잘 이해했는가, 그렇지 못했는가? 성경의 진리 그 자체에 대해 반응할 때, 나는 비판적이었는가, 아닌가? 나는 선생과 성경 본문에 대해 질문해도 되었던가? 나는 신학과 교회에서 더욱 열린 환경에서 자라났는가, 아니면 더욱 닫힌 환경에서 자라났는가?

성경, 신학, 교회사에 대해 우리가 아는 수준에 대하여 또 다른 물음으로 시험할 수 있다. 교회사나 역사 신학에 대해 스스로 점수를 매긴다면, 몇 점을 줄 것인가? 이전에 살았던 그리스도인에 대해 얼마나 알고 있는가? 그들의 책을 어떻게 읽고 그들의 생각을 어떻게 살펴보았는가? 왜 그러한가? 그렇지 않다면, 왜 그렇지 않은가? 지난 십 년간 나의 신학적, 영적 취향에 대해 어떻게 묘사할 것인가? 내가 읽은 책은 아직도 절판되지 않았는가? 그 책은 일시적으로 유행했는가, 아니면 실질적으로 도움을 주었는가? 가벼운 디저트인가 아니면 근사한 만찬인가? 성경을 이해하는 데 가장 큰 영향을 준 책, 열 권을 꼽는다면 어떤 책인가?

나는 연구할 때 가장 저항이 적은 길을 택하려는 유혹을 받는가? 내가 어떤 저자에게 즉각 끌리지 않고, 저자의 어휘나 세계관, 사고 유형이 어렵거나 낯설다고 여길 적에, 그 저자의 책 읽기를 포기하려는 경향이 있지는 않는가? 나에게 도전을 준 어려운 책, 내 능력의 한계까지 시험하는 것 같은 책을 마지막으로 읽었던 때는 언제였는가? 나는 다른 그리스도인의 관점을 얼마나 빨리 잊어버리는가? 나는 귀를 잘 기울이는 사람인가? 내가 다른 신자에게 묻고 싶은 것과 같은 물음을 나에게도 던지는가?

여기서는 무자비할 정도로 정직한 것이 가장 좋다. 여러분은 이 책에서 교부들의 성경 해석의 여러 가지 예를 읽어갈 때, 화내거나 잊어버리거나, 믿을 수 없거나 당황하거나 지겹거나 혼란스럽거나 흥분하거나 자극을 받거나 좌절하는 자신을 보지 않았는가? 나올 수 있는 반응들의 목록은 끝이 없는 것 같다. 여러분의 반응을 여러분의 신학적 배경과 어떻게 연결할 수 있는가? 혹은, 다른 어떤 것이 교부의 성경 본문 읽기에 감정을 이입하려는 여러분의 능력과 의지에 긍정적으로든 부정적으로든 영향을 미치고 있는가?

이러한 물음은 중요하다. 교부들의 성경 해석은 환상적이고 당혹스럽고 어려울 수 있기 때문이다. 우리처럼 교부들도 역시 다양한 영향들과 압력들, 전제들, 편애들 그리고 때때로 선입견들에 종속되어 있었다. 우리가 현재와 교부 시대, 두 세계를 연결하려고 한다면, 중요한 다리를 놓아야 한다. 다리를 놓는 일의 대부분은 우리가 해야 할 일이다. 교부는 성도 공동체 안에서 우리와 함께 있다. 하지만 지금 그들은 주석 작업에 적극적으로 참여하는 사람이 아니라 구경꾼이다. 그들이 우리에게 살펴보라고 남겨준 말만이 예외이다. 교부들은 우리를 그들의 세계로 들어오라고 초대한다. 교부들은 우리가 연구해야 할 중요한 저술들을 우리에게 남겨 주었다. 하지만 우리가 주석과 신학을 제대로 연구하려면, 교부의 성향과 태도뿐 아니라 우리의 성향과 태도도 염두에 두어야 한다.

지난 10년 동안 우리가 어떤 책을 읽었는지 깨닫는다면, 문제는 좀더 선명해질 수 있다. 우리 독서 습관의 리듬은 교부를 읽을 능력을 보강할 수도 있고 망가뜨릴 수도 있는 좀더 깊은 학습 습관들을 잘 보여줄 것이기 때문이다. 예를 들어 기독교 서점에는 어려운 문제를 쉽게 풀어준다고 약속하는 책들이 가득 차 있다. 영적 어려움이든 정서적 어려움이든 지적 어려움이든 상관없다. 이러한 기독교적 해답서들이 유행하는 이유가 있다. 한마디로 말해서, 많은 북미 그리스도인들이 집중도가 너무 떨어지기 때문이다. 저자가 실천적이거나 주석적이거나 신학적인 논점을 빨리 밝히지 않으면, 우리는 그 책을 제쳐놓으려는 경향이 있다. 우리는 쉽게 이해할 수 있는 해결책을 찾으려 한다. 우리는 빨리 대답을 얻기 원한다.

본질상 더 느리고, 더 넓고, 더 깊은 응답을 요구하는 문제나 질문이나 사안들이 있다. 이런 주제에 대해서도 텍스트가 곧바로 대답해 주기를 기대하는 문화에서 양육된 사람은 교부들의 저술을 만날 때 당황하는 경우가 많을 것이다. 영적으로나 지적으로 즉각 만족하려 한다면, 거의 성공하지 못한다. 장기적인 문제에 대해 단기적 해결책을 내놓으면 결국 망하게 된다. 교부에 따르면, 영성과 신학, 성경에 대한 통찰은 하룻밤에 얻어지지 않는다. 교부들은 성경의 풍부함에 젖어 들고 기도와 예배, 공동체적 반성이라는 맥락에서 성경을 깊이 숙고하는 사람에게 성경이 열린다고 강력하게 주장한다.

그리스도인들까지 포함해서 오늘날 많은 이들은 서두르고 있다. 그러나 교부들은 서두르지 않는다. 여러분은 교부들이 영적 완성을 위해 손쉬운 열 단계 해결책을 제시하는 것을 볼 수 없을 것이다. 여러분은 교부들이 자신들의 책을 처음 펼쳤을 때 어려움을 겪는 사람들을 향해 동정심을 표시하는 것도 보지 못할 것이다. 성경이 제시하고 설명하는 문제와 실재는 죄와 악, 죽음, 생명, 성육신, 구속, 창조, 재창조와 같은 것이다. 이런 주제들은 지각과 마음을 집중하여 관심을 기울여 달라고 요구한다. 이제 우리는 인내하는 법, 귀 기울이는 법, 침묵하는 법, "마음을 담은 지각을 가지고" 연구하는 법을 배워야 한다.

듣는 법 배우기

다시 한번 스스로에게 어려운 질문을 던져보자. 나는 잘 듣는 사람인가?

낯설거나 익숙하지 않은 목소리를 들을 적에, 관심이 줄어들고 짜증내지는 않는가? 아니면 뭔가 낯선 것의 침입을 두려워하거나, 혹은 다른 사람의 말을 주의 깊게 들을 시간이 없어서 듣지 못하는가? 히에로니무스나 크리소스토무스, 암브로시우스나 아우구스티누스에게 정말로 귀 기울일 수 있는가? 그렇지 않으면, 내가 읽고 있는 텍스트가 나의 특정한 기독교 세계관과 경험 바깥에 있다는 이유로 내가 편견을 가지고 그것을 대하는 경향이 있다는 것을, 정말 솔직하게 인정할 수 있는가? 교부 시대와 문화와, 나의 시대와 문화의 차이를 언제나 깨닫고 교부의 세계에 들어가려 하는가? 교부가 나에게 말하는 것에 대해 받아들일 자세가 있는가? 나는 열린 자세로 가르침을 받는가? 내가 그 목소리에 귀 기울이기만 한다면, 나를 가르칠 만한 것이, 아마도 땅을 흔드는 듯한 메시지를 교부 저술가가 갖고 있을 가능성은 없을까?

토머스 오든이 네메시우스를 처음으로 읽을 때 한 말을 떠올려보자.

> 조건을 달지 말고 열심히 적극적으로 귀 기울여 들어야 한다는 사실을 깨달았다. 내 삶 전체가 듣는 것에 달려 있는 것처럼 들어라, 현대라는 근시를 넘어서 멀리 볼 수 있도록, 현대라는 감옥의 벽을 뚫고 나가기 위해 들어라. 세계와 시간과 인간 문화에 관해 전혀 다른 전제를 가진 과거에서 들려오는 음성을 실제로 들을 수 있도록 귀 기울이라.[2]

마이클 케이시에 따르면, 교부들의 주석이 학생에게 지혜롭게 사용되려면, 두 가지 특성 혹은 요구 조건이 필요하다. 즉 인내와 교훈이다. 이 두 가지는 듣는 일의 중심성과 관련된다.[3] 브레바드 차일즈에 따르면, "처음으로 초대 교부의 주석과 중세 스콜라 학자의 주석을 읽을 때 드는 당혹감을 극복하려면 특별한 훈련, 즉 보통 이상의 감정이입이" 요청된다. "군켈의 질문을 크리소스토무스에게 할 수 없으며, 불트만의 물음을 칼뱅에게 할 수 없다."[4]

듣는 재능이 있는 사람이라면 감정이입을 통해 다른 사람의 세계에 들어갈 수 있다. 비록 자신의 세계를 버릴 수는 없다고 하더라도, 감정이입이 훈련된 듣는 사람은 다른 세계와 나란히 가며, 새로운 세계를 열어 달라고 다른 사람에게 부탁할 수 있다. 그녀는 다른 사람의 경험에 들어가기 위한 준비가 되어 있으며 받아들일 자세가 되어 있다. 그녀는 열려 있고, 열정적이다.

듣는 일에 재능이 있기는 어려운 일이다. 공감적인 청자들이 교부에게 받기를 원하는 통찰과 관점들은 오직 그들이 언어와 상징, 문화에 있어서 다른 세계에 기꺼이 들어가려고 할 때만 주어진다. 처음에는 모든 것이 너무 낯설 것이다. 상징과 문화, 언어에서 충격을 받을 것이다. 듣는 사람이 감정이입에 몰입되지 않으면 곧 후퇴할 것이다. 낯선 장소, 소리, 상징, 표현, 관점, 행동에 크게 위협을 받기 때문이다.

하지만 듣는 사람이 감정이입을 할 때, 그녀는 자신이 받을 만한 것이 교부에게 있다고 확신한다. 그래서 좀더 편안하고 익숙한 환경으로 도망가려는 유혹을 물리칠 것이다. 그녀는 그곳에 머물러서 그녀에게 주어지는 신비한 세계를 듣고 파악하려고 애쓴다. 다른 사람들의 고향에 적응하려면 시간과 노력이 필요하다는 사실을 알기 때문이다. 그녀는 마음으로 확신한다. "두 세계가 수렴될 수 있다. 의사소통과 상호이해가 이루어질 것이다. 지평 융합은 몽상에 그치지 않는다." 점차 그녀는 새로운 환경을 편안하게 느낄 것이다. 또한 시간이 흘러감에 따라 선생들에게 대답할 수 있는 권리와 심지어 그들을 비판할 수 있는 권리도 얻을 것이다.

결국 우리는 우리가 들어가지 않으려는 세계를 통합적으로 분석하거나 비판하거나 거부할 수 없다. 일부러 귀 기울여 듣지 않은 목소리를 제대로 판단하거나 버릴 수 없다. 물론 왜 굳이 이런 목소리를 들어야 되는지 물을 수도 있다. 나는 교부 주석의 예들이 흥미롭고, 놀라우며, 종종 무엇인가 밝혀준다는 것을 발견했다. 그럼에도 그것들이 현대 세계에 사는 나의 삶과 달라서 매우 낯설기도 하다. 내가 교부들을 이해하는 데 드는 시간과 에너지는 정말 투자할 만한 가치가 있는 것일까? 동일한 내용을 내가 더욱 쉽게 이해할 수 있도록 말해 주는 현대 저술가는 없을까?

우리 모두가 알듯이, 오늘날 세계는 시간이 없다. 그래서 큰 수확을 얻을 전망이 있는 계획에 투자해야 한다. 교부는 투자할 만한가? C. S. 루이스의 글을 살펴본다면, 이 물음에 답하는 데 도움을 받을 수 있다. 이 글은 처음에 아타나시우스가 쓴 『하나님의 말씀의 성육신』의 서문으로 출판되었다가, 나중에 단행본으로 출판되었다.[5]

오래된 책은 그 정의에 걸맞게 지겹고 조밀하고 현실과 무관하며, 전문 학자만 볼 수 있다고 생각하는 사람들이 많다. 루이스는 그러한 생각의 가면을 벗기기로 결심했다. 위대한 사상가는 지금도 위대하며 여전히 그들의 글이 출판된다. 루이스에 따르면, 그 이유는 그들의 글이 많은 학생들이 그들에 대해 배우고자 할 때 의존하는 이차 문헌에 비해 훨씬 쉽기 때문이다. 루이스는 학생들이 이차 문헌이 기대는 것에 대해 나무라지 않는다. 위대한 사상가에게 겁을 먹는 학생들이 많다는 것을 알기 때문이다.

> 학생들은 위대한 철학자를 직접 만나기를 두려워한다. 그들이 위대한 철학자를 만나는 데에 자신이 적합하지 않다고 느끼며 그를 이해하지 못할 것이라고 여긴다. 하지만 위대한 사람은 위대하기 때문에 오늘날 주석가보다 훨씬 더 이해하기 쉽다는 사실을 학생들이 알기만 한다면……따라서 이차적 지식보다 일차적 지식이 훨씬 더 얻을 게 많을 뿐 아니라, 보통은 그것들이 얻기에 훨씬 쉽고 즐겁다는 사실을 학생들에게 설득하는 일이 언제나 나의 주된 일 중의 하나였다.[6]

많은 교부에 대해서도 같은 말을 할 수 있다. “교부들의 성경 주해”은 일부러 편집자의 주석을 제한한다. 그 시리즈가 부각하려는 것이 교부의 주석이기 때문이다. 이 시리즈 편집자들은, 감정이입을 통해 교부를 읽으려는 이들이라면 교부들의 주석이 접근 가능하며, 유익하며, 기쁘기까지 하다는 것을 곧 발견할 것이라는 사실을 확신한다.

하지만 현실과의 관련성은 어떤가? 오늘날의 기독교 저술가는 고대 주석가가 전혀 알지 못했던 세계에 살면서, 그런 세계를 이해하고, 해석하고 있지는 않는가? 그러나 반드시 그렇지는 않다. 아우구스티누스의 독자가 입증할 수 있듯이, 예를 들어 성적 불건전은 오랜 역사가 있다.

오늘날의 기독교 저술가는 오늘날의 세계에 산다. 그렇기에 분명하게 보는 문제도 있지만 분명하게 보지 못하는 문제도 있다. 예를 들어 언제나 성적으로 불건전한 사회에 살았다면, 성적 불건전을 무심코 정상으로 여겼을 것이다. 그러나 성적 불건전이 정상이 아니라는 것을 안다면, 다른 시간과 장소에서 온 기독교 저술가가 성적 죄와 순결의 문제를 논의할 때에, 새로운 빛이 내 자신의 관점에 던져질 것이다.

물질주의적이고 방종한 문화에서 자랐다면, 물질적 방종이 어떻게 내 눈을 멀게 하는지, 그래서 내가 자신을 희생하고 부인하라는 그리스도의 요청을 어떻게 못 볼 수도 있는지를 깨닫지 못할 수도 있다. 다른 시대와 장소에 살았던 기독교 저술가를 읽는다면, 완충장치를 얻는 도움을 받는다. 그것은 모든 문화가 그 문화 가운데 사는 사람에게 복음의 어떤 측면에 대해 낳는 자기기만과 맹목을 막아주는 완충장치이다. 역사와 문화, 정치, 인이라는 환경을 벗어날 때에만 분명하게 확인하고 이해할 수 있는 복음의 요소들이나 인간의 죄라는 측면이 있는 것 같다. 루이스의 말을 빌리면, “모든 세대에는 나름대로의 전망이 있다. 그 전망은 어떤 진리를 보는 데 특히 좋지만, 어떤 잘못을 저지르기도 특히 쉽다. 따라서 우리 시대의 독특한 잘못을 교정할 책들이 우리 모두에게 필요하다. 그런데 바로 그러한 책은 오래된 책이다."[7]

C. S. 루이스는 과거를 신격화하려고 하지 않는다. "그때 사람들이 지금 사람들보다 똑똑하지 않았다. 그들도 우리처럼 많은 실수를 했다." 하지만 일반적으로 말하자면, 그들은 오늘날 우리가 저지르는 것과 "같은 잘못"을 저지르지는 않았다. "그들은 우리를 부추겨 우리가 이미 저지르고 있는 잘못에 빠지도록 하지 않을 것이다. 오늘날에서 그들을 볼 때, 그들의 잘못은 분명하고 뻔하다. 그래서 우리에게 위험이 되지 않을 것이다. 머리 두 개가 하나보다 낫다. 어느 하나에 잘못이 없기 때문이 아니라, 둘 다 같은 방향으로 잘못될 것 같지 않기 때문이다.[8]

루이스는 "일상적인 독자"가 오래된 자료에 근거를 두는 일에 관심을 기울인다. "전문가보다 아마추어가 오늘날 위험한 배타적 식사법에서 보호받기 어렵기 때문이다."[9] 루이스는 질문한다. 일상적인 독자가 기독교 신앙을 나타낸다고 주장하는 새로운 책을 어떻게 평가할 수 있는가? 기독교 저술가가 오늘날 맥락 밖에서 쓴 글을 읽어서 "순전한 기독교"에 친숙해질 때만 가능하다.

> 새로운 책은 아직 시험받고 있으며, 아마추어는 그 책을 판단할 자리에 있지 않다. 그 책은 세대를 걸쳐 내려오는 많은 분량의 기독교 사상에 비추어 시험당해 보아야 한다. 저자 자신도 의심해 보지 못했을 수 있는 감추어진 함의들을 밝혀내야 한다.……순수하고 중추적인 기독교라는 기준을 갖는 것만이 안전하다. 리처드 백스터는 이러한 기독교를 "순전한 기독교"라고 불렀다. 이러한 기독교 덕분에 일시적인 논란을 올바른 관점에 놓게 된다. 오래된 책들을 통해서만 그러한 기준을 얻을 수 있다.[10]

루이스가 이 글을 쓸 적에 다만 싹트기 시작했던 다원주의가 오늘날 문화와 신학에서는 활짝 꽃을 피웠다. 하지만 루이스는 현대적 자료에만 친숙한 그리스도인이 "기독교가 너무나 다양한 의미를 담은 단어이기 때문에 결국 아무것도 뜻하지 않는다고……생각하는 유혹에 빠질지" 모른다는 사실에 깊은 관심을 두었다. 루이스에 따르면, 이렇게 잘못 파악하는 것을 치료할 수 있는 유일한 방법은 현대라는 배경에서 벗어나는 것이다. 오래된 기독교 저술가와 함께하는 여행은 곧 "순전한 기독교"라는 익숙한 향기를 가져다 줄 것이다. 여러 저술가 사이에서 달콤함과 강도가 다르지만 분명히 같은 향기다. 러렝의 빈켄티우스가 말하는 공통된 기독교가 여기에 있다. "모든 곳에서 언제나 모든 사람이 믿는" 기독교다.

> 일단 여러분이 그 속에 빠져들면, 정말 즐거운 경험이라고 말할 수 있게 될 것이다. 여러분이 존 번연을 모방한다면 교황주의자가 될 것이며, 여러분이 아퀴나스를 인용할 때는 범신론자가 될 것이며, 그와 같은 경험들이 또 있을 것이다. 여러분은 세대를 넘어서는 교각으로 올라가기 때문이다. 이 교각은 계곡에서 볼 때는 매우 높아 보이지만 산에서 볼 때는 매우 낮아 보인다. 이 교각은 늪지에 비교해 볼 때는 좁고, 양이 다니는 길에 비교하면 매우 넓고 평평하다.[11]

러렝의 빈켄티우스와 루이스는 공통된 기독교가 세대를 넘어선다고 보았다. 우리는 어떻게 이러한 기독교에 가장 효과적으로 접근할 수 있을까? 첫 번째이자 가장 직접적인 단계는 지식의 토대를 넓히는 것이다. 우리는 넓고 깊게 읽어야 한다. 현대 저술가와 주석가의 글만 보아서는 안 된다. 토머스 오든이 옳게 주장하듯이, 성령에는 역사가 있다. 그리스도인은 오랜 세월 동안 성경을 읽고 주석을 붙였다. 이러한 주석의 역사가 전문 역사신학자와 성경 해석사가의 영역이 되는 경우가 너무 많았다. 더 넓은 기독교 공동체는 주로 이런 역사를 무시했다. 많은 로마 가톨릭 신자는 개신교도가 지난 4백 년 동안 성경을 어떻게 읽었는지를 거의 알지 못한다. 많은 개신교 신자는 로마 가톨릭 신자가 성경을 어떻게 주석했는지 알지 못한다. 종종 그들이 아는 것들은 비뚤어지고 망가진 자료를 통해 이차적으로 전달되는 경우가 많았다. 대체로 개신교 신자와 가톨릭 신자는 그리스 정교회와 러시아 정교회의 주석 전통에 대해 모르고 있다. 그 반대도 마찬가지다.

기억하는 법 배우기

같은 공동체에 있는 다른 그리스도인이 성경을 어떻게 읽는지 잘 깨닫도록 기독교 공동체가 어떻게 도울 수 있는가? 성경의 의미에 관해 불일치가 없는 것처럼 가장해서는 안 된다. 중요한 지점에서 로마 가톨릭 신자, 개신교 신자, 정교회 신자는 핵심 되는 성경 본문의 의미와 그 본문이 기독교 공동체에 대해 갖는 함축들에 대해 서로 의견이 다르다. 그리스도인들이 의미 있는 대화를 하려면 이런 불일치를 공개적으로 인정해야 한다.

그와 함께 서로 귀 기울이고 서로의 입장을 이해하고 다른 그리스도인의 주석과 신학, 공동체의 삶을 진지하게 받아들일 정도로 서로 협조하면서 사랑하는 법을 배워야 한다. 세 집단 모두 교부를 다시 보아야 한다. 이것이 올바른 방향으로 한 걸음 발을 내딛는 것이다.

물론 정교회 공동체는 자신들이 오랫동안 교부를 주의 깊게 읽어왔다고 할 것이다. 하지만 정교회와 로마 가톨릭, 개신교 그리스도인이 교부 텍스트를 함께 읽으려 한다면, 각 집단이 교부의 노래에 겸손하게 귀 기울인다면, 어떤 일이 일어날까?

로즈 힐 학회는 신학적으로 서로 기름지게 하는 것에는 어떤 유형이 있고 어떤 힘이 있는지 잘 보여 준다. 신자들이 서로의 말을 열심히 듣고 공통된 전통을 기억하려 할 때, 기독교 공동체들은 신학적으로 서로를 기름지게 할 수 있다. 1995년에 일단의 정교회 학자, 로마 가톨릭 학자, 개신교 학자가 사우스 캐롤라이나 아이켄의 로즈 힐 대학에 모였다. "성경과 공의회에서 표현된 고전적 기독교 신앙에 단단한 근거를 두는 공교회적 정통이 이 시대에 단일하면서도 변혁적인 증거를 위한 토대가 될 수 있는지 검토하기 위해서"였다.[12]

제임스 컷싱어는 이 학회를 위해 여러 논문을 모아 편집했다. 그는 "끈기 있게" 각자의 관점과 입장을 고수하는 것으로 유명한 "진지한 기독교 학자"를 초대해서 논문을 발표했다. 이 모임에는 J. I. 패커, 칼리스토스 웨어, 리처드 존 뉴하우스, 피터 크리트프, 헤롤드 브라운, 패트릭 헨리 리어든이 참석했다. 학회 참가자는 그리스도인의 일치에 분명히 관심을 두었지만 진리를 희생하면서까지 그렇게 하려 하지는 않았다. 일치를 발견하고 경험할 수 있다면, 기독교 신앙의 주변부가 아니라 심장부에 일치의 근거를 두고자 한 학회였다. 학회의 목적은 "전통주의적 공교회주의", 즉 "최소한 기독교 전통의 본래의 모습 양보하기를" 거부하는 공교회주의다.[13]

> 다소 이상한 생각을 했었다. 정말 우리 각자가 왜 가톨릭이나 개신교가 아니라 정교회인지, 아니면 가톨릭이나 정교회가 아니라 개신교인지, 아니면 정교회나 개신교가 아니라 가톨릭인지 매우 솔직하게 고백할 수 있다면, 이렇게 외적으로 다양한 고백이 함께 어울려 우리 신앙의 핵심이 무엇인지 가리킬지 모른다. 이러한 고백은 연구 위원회나 연구단이 문서로 작성한 목록의 의견일치 문항보다 훨씬 더 좋을 것이다. 리처드 뉴하우스 신부는 개회 연설에서 우리 생각의 의도를 사로잡았다. 그가 본 것처럼, 많은 경우 "진리에 미치지 못하는 것을 결정

할 때보다 진리에 관해 논쟁할 때 진리에 있어서 우리의 단일성이 더 욱 분명하게 드러난다.[14]

학회 참가자는 모두가 기독교 전통으로 알고 긍정할 수 있는, 계시로 받은 일단의 진리가 있다고 확신했다. 물론 각 공동체의 대표자는 기독교가 무엇에 관한 것인지 열린 자세로 직접적이고 분명하게, 긍정 아니면 부정으로 파악해야 한다. 그래야만 그 진리가 분명하게 드러날 것이다. 컷싱어는 루이스가 『순전한 기독교』 서문에 표현했던 기대를 언급했다. 그것은 다음과 같은 기대이다. "교리에서는 아닐지라도 영에 있어서는 각 공동체가 실제로 서로 가장 가까운 사이라는 사실이 기독교의 가장 참된 자녀가 거주하는 이곳 기독교의 중심에 있다. 이는 각 공동체의 중심에 어떤 것이, 아니 어떤 존재가 있다는 뜻이다. 그 존재는 같은 목소리로 말한다. 믿음이 서로 다르고, 기질이 서로 다르고, 서로 박해했던 기억이 있지만 같은 목소리로 말한다."[15]

로즈 힐 학회가 보여 주었듯이, 배경이 매우 다른 그리스도인들이지만 이들은 서로에게 배울 수 있다. 주의 깊게 듣는 귀라는 선물을 이웃에게 확대 적용한다면, 서로 성장할 수 있다. 그들은 서로에게 귀 기울였으며, 공통된 전통에 대해 귀 기울였다. 물론 그 전통에 대한 참가자들의 이해가 때때로 다르기도 했다. 이는 예상할 수 있는 일이었다. 그런데 교회 전통의 핵심을 형성하는 사항에 대하여 넓은 영역의 일치가 있었다는 것은 다소 기대하지 않았던 일이었다.

학회 참가자들은 20세기 후반에 그리스도인과 그리스도 교회의 구성원이 된다는 것이 무슨 뜻인지에 대해 서로 이야기할 때에 어떤 주제들이 계속해서 다시 제기되었다. 그때 학회 참가자들은 종종 그 주제들을 교부들의 성경 해석의 도움을 받아 발전시키곤 했다. 예를 들어 성경과 교회가 서로 밀접하게 연결된다는 것에 대해서는 참가자들 모두가 거의 만장일치였다. 참가자들은 우리가 그리스도의 몸인 교회라는 맥락 안에서만 성경을 안전하고 효과적으로 읽는다는 교부들의 일관된 논증을 받아들였다.

전통?

헤롤드 브라운은 트리니티 복음주의 신학교의 복음주의 신학자다. 그의 설득력 있는 주장에 따르면, 교회와 전통과 성경의 관계는 역동적이다. "나이브한" 가톨릭 신자라면, "교회, 즉 가톨릭교회가 우리에게 성경을 주었으며, 교회의 권위가 성경에 권위를 부여한다"고 주장할 것이다. 이에 비해 개신교 신자는 "성경이 교회를 만들며, 예언자와 사도의 근거 위에, 즉 그들의 말씀 위에 교회가 세워진다"고 주장할 것이다.[16]

브라운은 "신약성경이 교회보다 오래되었다고 말할 수 없다"고 인정했다. 이는 개신교 복음주의 신학자로서는 놀라운 행동이었다. 그렇다면 이것은 하나님의 계시된 말씀이라는 권위를 성경에 부여한 것이 교회의 권위라는 뜻인가? 브라운의 대답에 따르면, "그렇지 않다. 그렇게 말하면 너무 앞서간 것이다." 하지만 성령이 일하셔서 교회가 하나님의 목소리와 말씀을 알게 된 것은 교회 안에서였다.

> 신약의 책들은 하나님의 말씀으로 받아들여졌으며, 신약 정경 가운데 놓여졌다. 당시 교회가 신약성경을 하나님의 말씀으로 인정했기 때문이다. 성령의 역사 덕분에 인간 저술가는 하나님의 말씀을 기록할 수 있었다. 성경이 신적 권위를 지니게 되고 오류에서 벗어나게 되는 이유는 성령의 이러한 사역 때문이다. 이에 덧붙여 성령은 초대 회중과 공의회에서 활동하셨다. 그 덕분에 그들은 올바른 성경을 하나님의 말

쓺으로 인정할 수 있었으며, 위경(도마복음 같은 문서)에 권위가 없다고 여길 수 있었다.[17]

그렇다면, 완성된 정경은 교회보다 역사가 짧다. 하지만 그렇다고 해서 하나님의 말씀인 성경이 교회의 밑에 있다거나 교회의 포로가 되었다는 뜻은 아니다. 브라운이 그 관계를 그려내듯이, 성경은 교회의 가르침과 삶의 "규범을 이루는 규범"이다.

교회가 성경의 권위를 인정했을 때, 해석의 문제가 생긴다. 보통 수준의 개별 그리스도인은 성경의 메시지를 이해하고 잘 해석하는가? 역사적으로 볼 때, 로마 가톨릭교회는 이를 의심했다. 브라운이 주목하듯이, 가톨릭은 성경을 보통 사람들의 손에서 멀리하려고 애쓴 적도 있었다.

브라운은 해석의 문제에 대해 미묘한 반응, 가톨릭 신자와 정교회 신자, 개신교 신자가 살펴볼 만한 반응을 보인다. 첫째, 브라운이 인정하듯이, "성경을 믿는 그리스도인" 가운데 있는 개신교 해석의 역사는 성경의 명료성이라는 개신교의 주장을 강하게 떠받치지 못하고 있다. "성경의 무오성을 고백하고 성경을 올바로 이해하고 있다고 여기는 사람들 사이에서 분파와 이단이 급격하게 늘어난 방식은" 가톨릭이 성경의 명료성에 관해 의심한 일에 "타당성을 부여하는데, 이는 옳다."

한편으로, 개인적으로 성경을 공부할 때에 그리스도에 대해 인격적 신앙을 갖게 된 사람이 많다. 브라운은 호텔 방에서 기드온 성경을 연구하는 사람에 대해 생각해 보라고 한다. 분명히 그 사람은 구원의 메시지가 성경에서 전달되고 있다고 이해하며 신앙으로 반응할 수 있다. 또 다른 한편으로, "성령의 인도를 구하는 신자와 교제하지 않고, 교회의 신앙이 시대를 통해 깨달은 것을 알지 못하는 개인적 성경 연구는 많은 경우 심각한 잘못을 낳는다."[18]

그렇다면 어떤 방식으로 성경은 충분하고 명료한가? 브라운은 "성경이 구원을 가르친다는 개념을 옹호하기는 매우 쉽다"고 느낀다. 많은 사람이 성경을 읽고 구원의 메시지를 충분히 명료하게 이해하고 신앙으로 반응했기 때문이다. 하지만 이러한 신앙의 첫 번째 단계를 지난 뒤에는 사태가 복잡해진다. 브라운은 "그곳에서 그들은 어디로 가는가?"라는 수사적 물음을 던진다. 물론 대답은 "교회로"이다. 그리스도의 몸이 그들을 양육할 때 교회에서 그들이 성장하고 성숙해진다.

> 먼저 예배에 대해, 이어서 회중의 공동생활에 대해 생각해 보자. 이 용어를 사용할 때, 우리는 그리스도인이 몸의 지체로 부름받았다는 생각을 암묵적으로 받아들인다. 물리적으로 볼 때, 아기는 혼자 태어나지 않는다. 적어도 아기에게는 영양분을 주고 성장하도록 하는 어머니가 있다. 이처럼 하나님의 자녀로 홀로 거듭나는 사람은 없다. 그를 임신하고 그에게 영양분을 주는 영적 어머니가 언제나 있어야 한다.[19]

개신교 전통이 상당 부분 근거를 두는 가르침을 베풀었던 위대한 종교개혁가들은 교회 전통의 축복과 위험을 잘 알고 있었다. 성경에 닻을 내리지 못하는 것처럼 보이는 전통과 교황권에 대해 루터나 칼뱅보다 강하게 비판한 사람은 없었다. 동시에 브라운의 지적처럼, 칼뱅은 많은 현대 그리스도인의 매우 개인화된 신앙은 잘해 봤자 이상한 현상에 불과할 것이라고 여겼을 것이다. "칼뱅은 기드온 성경을 호텔 방에 놓는 것을 추천할 만하다고 여겼을 테지만 충분하다고는 보지 않았을 것이다."

인간의 공동체는 모두 전통을 창조한다. 그리스도인으로 이루어진 공동체도 전통을 창조한다. 전통은 피할 수 없다. 로마 가톨릭, 정교회, 영국 성공회 공동체에는 특정 전통들이 있다. 그들의 전통의 뿌리는 성경 이야기 그 자체에 있다. 개신교 공동체도, 심지어 지역 독립 성경 교회도 마찬가지가 아닐까?

> 개신교 공동체의 자유주의적 교회를 본다면, "신조가 아닌 오직 성경만" 있다고 주장하는 사람들에게조차 많은 전통이 있음을 알 수 있다. 물론 그들은 공식적으로는 그런 개념을 경멸하겠지만 말이다. 주일학교는 성경에 없다. 그런데 모든 세대에 걸쳐 주일학교는 성경에 충실하다는 실제적인 표시가 되었다.……개인적 묵상, 즉 "경건의 시간"을 명령으로 여기는 모임이 많다. 물론 주일 저녁 예배나 기도 모임도 성경에서 명령한 것이 아니다.[20]

이러한 개신교 전통은 잘못된 것이 아니다. 이 전통들은 성경 자체에서 모은 원리에 근거를 두고 주로 형성되었다. 종교개혁을 둘러싼 사건들이 보여 주듯이, 전통이 제대로 닻을 내리지 못할 가능성이 있다. 예수의 가르침에 따르면, 인간에게는 인간의 생각을 하나님의 명령으로 선포하는 경향이 있다(마 15:9), 브라운은 전통이 왜곡될 수 있는 방법을 매우 많이 열거했다.

예를 들어 전통은 오해받을 수 있으며, 실제로 복음의 본질적 진리를 감출 수 있다. "전통 때문에 소박한 사람이 그리스도의 구속적 희생 대신에 성물이나 특정의 경건한 헌신 같은 인간의 생각을 신뢰한다면, 그들은 자신들의 구원을 위태롭게 할 수 있다. 이것은 전통이 주는 개인적인 위험이다."[21]

브라운은 "전통이 주는 조직적 차원에서의 위험"도 밝힌다. 교회 전통은 "고백을 통해 구성원을 확인하는 데 이바지"하지만, 때로 사소한 고려나 강조의 차이에 불과한 것에 대해서 하나의 기독교 공동체를 다른 공동체와 분열시키는 결과에 이를 수 있다. 전통에 근거를 둔 그 밖의 조직적인 차이들은 사소하지 않다. "성인들에게 기도하고 중보를 요청하는 것이나, 성찬식에 대한 이해나, 교황, 주교, 교회 공의회의 가르치는 권위"와 같은 구분은 신학적으로 심각한 차이에 근거를 둔다.

브라운이 제대로 보듯이, 전통은 위험하지만, 전통을 피할 수는 없다. 여기에 딜레마가 있다. 그리스도인은 가족과 문화, 언어, 정치, 교회라는 요소에서 벗어난 밀봉하여 은폐된 방에서 성경을 읽지 않는다. 그렇다면 문제는 이것이다. 우리가 어떻게 전통을 지혜롭게 사용할 수 있는가? 또한 전통이 개인적 차원과 조직적 차원에서 어떻게 위험한 것을 피할 수 있는가? 또는 브라운의 표현을 빌리자면, "풍성한 공동체의 삶, 자신이 살아가는 환경에서부터 전통을 발전시킬 수밖에 없겠지만, 그럼에도 전통을 다르게 발전시킨 다른 기독교 공동체와 충돌하지 않는, 그런 풍성한 공동체의 삶을 어떻게 유지할 수 있는가?" 브라운은 안전장치와 지침을 다음과 같이 내놓는다.

첫째, 개신교 교인은 기독교 세계에서 전통이 없는 공동체처럼 행동하지 말아야 한다. 개신교 공동체에서 전통의 역할을 인정함으로써, 개신교 교인은 "다른 공동체에서" 발견하는 전통에 대해 더 관용적 태도를 취할 수 있다. 브라운은 개신교 교인에게 모든 기독교 공동체에 전통이 있음을 인정하라고 충고한다. 반면에 전통을 비판적으로 분석해야 한다고도 주장한다. "그 전통이 예수께서 우리에게 경고하신 '사람의 계명'이 되지 않도록 하기 위해서다."[22]

둘째, 가톨릭과 정교회의 교인은 전통이 형성될 때 들어가는 "인간적 요소"를 자세히 검토해야 한다. "전통은 자라고 늘어나며, 풍부하고 유익할 수 있다. 하지만 너무 커져서 질식하게 할 수도 있다. 사람의 계명을 하나님의 말씀과 같은 것으로 놓지 않도록 주의하라. 결단코 그것들을 하나님 말씀보다 위에 놓지 말라."[23]

셋째, 기독교 공동체들은 그들의 전통이 하나님의 계명인 양 다른 사람에게 자신의 전통을 강요하지 않도록 주의해야 한다. 브라운은 요한복음 14장 2절에 나오는 예수의 말씀을 청중에게 떠올리게 한다. "내 아버지 집에 거할 방이 많도다." "아마도 방마다 들여놓은 가구가 다를 것 같다. 동방의 왕궁에 살 수 있으며, 스칸디나비아산 현대 가구를 갖추어놓고 살 수도 있다. 가구가 없이 살 수도 있지만 어려운 일이다. 또한 분명히 좋은 일도 아니다."[24]

그리스도인으로서 공동체 안에서 살기 위해 가구가 필요하다면, 어떻게 해야 가구를 가장 잘 배치할 수 있을까? 교부들이 주는 도구, 목재, 스타일을 무시한다면 잘 배치할 수 없다. 교부들도 우리처럼 수많은 해석의 가능성 앞에 있었고 일부 가능성이 다른 가능성보다 더 성과를 나타냈다. 헤롤드 브라운이 이해하듯이, 전통을 없앨 수는 없다. 전통을 없앨 수 있다고 여기는 것은 소박한 생각이다. 교부 주석의 전통은 우리에게 수많은 해석 원리를 주는데, 이것들은 오늘날 우리가 곰곰이 생각해보아야 할 원리들이다.

성경을 전체적으로 읽어라. 교부는 성경 이야기가 연속적이라고 한다. 창세기에서 시작해서 요한계시록까지 깊게 연결된다. 구약은 신약과 연속되어 있다. 구약의 주제들은 신약 이야기 구조에서 성취된다. 연속성과 성취가 이야기 전체의 특징이다. 아주 중요하게도 교부들은 성경 이야기가 하나님의 아들의 성육신, 십자가 처형, 부활에서 절정에 이르며, 주제가 최정점에 이른다고 주장했다. 사실 신약이 성육신, 구원, 종말에 초점을 두는 것은 구약의 증언 자체를 더 분명하게 밝히고 깊게 한다. 교부들의 경고에 따르면, 모든 곳에 걸리며 모든 것을 하나로 이어주는 성경의 메시지에 비추어 성경의 구절을 읽지 않는다면, 성경을 정확하게 읽지 못할 것이다. 로버트 젠슨은 이런 정서를 반영하여 다음과 같이 주장한다.

> 모든 성경의 우회로와 연장선, 다양한 문학 장르가 한 이야기를 들려주면서 움직이는 것으로 읽어야 한다. 예를 들어 성경 본문의 비유를 연

구하는 설교자에게 가장 중요한 과제는 예수가 이 비유를 말씀하셨다는 사실, 이 비유를 말한 분이 부활하신 만물의 주님이시라는 사실, 비유를 듣고서 믿거나 믿지 않은 사람이 이스라엘이었다는 사실, 그 비유를 다시 말하는 것이 교회라는 사실이 무엇을 뜻하는지 묻는 것이다.[25]

'예수와 이스라엘, 교회'가 핵심 단어다. 이 단어들 가운데 어떤 것도 성경 저자들이 제공해 준 성경 이야기 전체에 걸치는 줄거리에서 그들이 차지하는 위치와 별개로 해석될 수는 없다. 성경 저자는 그 이야기 안에서 의미를 발견한다. 그래서 '이스라엘' 같은 핵심 개념들은 이야기가 확장되고 절정을 향해 나아감에 따라 의미론적 중요성에서 발전할 것이다.

그래서 해석학은 저자의 의도를 발견하고 설명하는 것 이상의 내용을 포함한다. 해석학은 좀더 넓은 과제를 아우른다. 성경의 주제 구조 전체 안에서 본문을 읽는 것이 해석학의 과제다. 그 구조는 근본적으로 기독론적으로 드러날 것이다. 이야기의 한 부분만 권위 있게 받거나 이야기의 이전 부분들을 이야기의 마지막 장들과 따로 떼어서 읽는다면, 잘못 해석할 수밖에 없을 것이다. 예를 들어, 마르키온 같은 영지주의 해석가는 신약을 잘못 읽었다. 구약에 제시된 성경 이야기의 토대를 거부했기 때문이다. 신약을 구약과 떼어서 이해할 수 없다. 오히려 신약은 구약에 새로운 빛을 던지며, 구약 본문에 숨겨져 있어서 기대하지 않았던 보화를 추구한다.

성경을 기독론적으로 읽어라. 모든 교부는 그리스도의 성육신, 십자가 처형, 부활과 승천이라는 프리즘을 통해 성경을 읽었다. 그들은 이구동성으로 "구약 전체가, 특히 시편이 기독론적이라고 주장했다."[26] 이레나이우스가 가르치듯이,

> 성경을 조심스럽게 읽는다면, 그리스도라는 주제에 관한 단어와 새로운 부르심의 예표를 발견할 것이다. 그분은 밭에 숨겨진 보화다. 밭은 사실 세상이다. 그런데 정말로 성경에 숨겨진 보화는 그리스도이다. 만물의 성취, 즉 그리스도의 도래 이전에는 인간이 깨달을 수 없는 유형들과 말들에 의해 그분은 계획되어 있기 때문이다.[27]

350년경 프와티에의 주교 힐라리우스는 매우 다양한 구약성경 본문과 문맥에서 묘사된 그리스도를 보았다.

> 성경의 모든 부분이 우리 주님 예수 그리스도의 오심을 말씀을 통해 선포하며, 사실들을 통해 드러내며, 예를 통해 입증한다.……모든 현세대 동안 참되고 분명한 예시를 통해 족장 시대에 교회를 낳고 깨끗하게 하고 거룩하게 하고 선택하고 구별하고 구속하시는 분이 우리 주님이 시기 때문이다. 아담의 얕은 잠과 노아의 홍수, 멜기세덱의 축복, 아브라함의 칭의, 이삭의 탄생, 야곱의 종살이를 통해 그렇게 하신다.[28]

아담을 땅의 먼지로 창조한 것과, 마른 뼈가 살아나는 것을 에스겔이 본 것, 그리스도가 죽은 사람들 가운데 부활하신 것을 힐라리우스가 어떻게 연결하는지 다음 주석에서 살펴보자.

> 그분이 수난으로 잠든 후에, 그분의 부활로 깨어났을 때, 하늘에 속한 아담은 그의 뼈와 살이 교회 안에 있음을 알아차렸다. 그의 뼈와 살은 더 이상 땅의 진흙으로 형성되지 않고, 생명의 호흡으로 되살아나지 않았다. 그것은 자라나서 뼈가 되고 몸에서 물질성을 얻고 성령의 운행을 통해 완전해졌다.……그리스도 안에 있는 사람들은 그리스도에 따라 부활할 것이다. 모든 육체의 부활이 지금도 그리스도 안에서 이

루어진다. 그리스도께서 하나님의 능력을 지니시고 육체로 태어나셨기 때문이다. 성부께서 그 능력으로써 시간이 시작하기 전에 그분을 낳으셨다.[29]

처음에는 힐라리우스가 연결한 것을 이해하지 못할 수도 있다. 하지만 기독론과 구원론에 중심을 두는 사건이 그의 성경 읽기를 이끈다는 점을 기억할 때, 그의 주석의 생생함과 통찰력이 드러난다. 사실 메트로폴리탄 티미아디스는 "그리스도와 관련한 계시에 비추어 구약을 해석하는 것보다 더 자연스러운 것이" 없다고 본다. "그들은 이스라엘에게 하신 약속들의 성취인 그리스도께서 이미 각 장에 어떻게 계신지에 대해 이러한 글들에서 찾는 것이 자연스러웠다. 그들에게 예수 그리스도는 구약을 여는 열쇠였다."[30]

도나투스주의 주석가였던 티코니우스의 해석 규칙은 아우구스티누스의 성경 주석 이해에 큰 영향을 주었다. 그의 해석 규칙은 초기 기독교 해석가가 구약 본문과 신약 본문의 관계를 어떻게 이해하고 설명했는지를 잘 보여 준다.[31] 예를 들어 "주님과 그분의 몸에 관하여"라는 제목의 첫 번째 주석 규칙에서 티코니우스는 성경이 "그리스도의 인격과 그분의 몸인 교회"의 차이를 분명하게 구분하지 않는다고 주장한다. 제럴드 브레이는 티코니우스의 설명에 대해 다음과 같은 주석을 붙인다.

예를 들어 다니엘 2장 34절이 세상 왕국을 파괴하는 돌에 대해 이야기할 때, 그는 그리스도의 오심에 대해 예언하는 것이다. 하지만 이 돌이 이어서 땅 전체를 채우는 산이 될 때 뜻하는 것은 더 이상 그리스도가 아니라 교회이다. 성경은 구분하지도 않고 주저하지도 않고 하나에서 다른 것으로 넘어간다.[32]

베르트랑 드 마제리는 구약이 그리스도에게서 성취된 것에 비추어 구약을 다시 읽었던 교부들의 방법에 대해 유용한 요약을 제공한다. 그 방법은 드 마제리가 새로운 역사적 맥락에서 "업데이트 된 다시 읽기"라고 부른 기술이다. 그는 교부들의 구약 해석을 다음 단계로 나누었다.

1. 원래 문맥—"원래는 한 성경 본문이 정의로운 개인이나 왕, 예언자와 연결되어 쓰일 수 있다."

2. 그 후에 이 본문을 구약성경 내에서 "재해석"하고 그 본문에 "종말론적" 연관이 있다고 보는 경우가 종종 있다.

3. 예수 시대에 "유대적 해석"은 본문을 "좀더 메시아적 의미로 향하도록" 확장한다.

4. 예수 자신이 그 본문을 "자신의 인격 및 사역"과 연결했을 수도 있다.

5. 그래서 부활을 알고서 그 본문을 "다시 읽는다."

6. 그래서 교회는 그 본문을 "부활하신 그리스도의 인격과 기능"을 더 설명하거나 밝혀 주는 본문으로 읽는다.

7. 그 본문을 변증적으로 사용해야 할 필요가 있다면, 교회가 그렇게 할 것이다. 특히 그리스도 안에서 옛 언약이 성취된 것을 보지 못하는 유대 주석가와 논쟁할 때 그렇다.

8. 그들은 교회를 지상에서 "그리스도의 연속"으로, 즉 그리스도의 몸으로 여긴다. 그래서 그 본문을 "교회와 공동체와 연결해서 읽을" 것이다.[33]

드 마제리가 알려 주듯이, 분명히 이러한 단계 가운데 어떤 단계는 이미 교부들에게 성취되었다. 예를 들어 사도 바울은 이미 많은 구약 본문을 예수의 성육신과 십자가형, 부활에 비추어 읽었다. "교부들은…주석에서 이전의 성경 본문들과 관련해서 영감받은 저자들 자신의 다시 읽는 노력을 넘겨받아 계속 진행시켰다."[34] 교부들의 다시 읽기 과제는 사도 바울과 그 밖의 사도적 해석가들의 인도를 받으며, 우리를 교부의 세 번째 해석 원리로 이끈다.

그리스도의 몸인 교회 안에서 성경을 공동체적으로 읽어라. 이 책 전체에서 살펴보았듯이, 교부들은 주석이 교회의 일이라고 주장했다. 주석은 교회를 위해 교회 안에서 이루어진다. 아마도 그들은 '어떻게 다른 방식으로 성경 읽기가 가능한가?'라고 물을 것이다. 초기 교회가 영지주의자들을 만났을 때 주석의 공동체적 성질을 깨닫는 것이 특히 부각되었다. 영지주의자들은 계시와 해석의 통찰을 모두 은밀히 받았다고 주장했지만, 이 해석법은 지지받지 못했다.

이레나이우스는 영지주의자를 크게 반대했다. 그는 은밀한 계시와 은밀한 해석의 가능성을 거부했다. 예수의 의미와 재림에 이르기까지의 이야기는 예수가 세우신 공동체 안에서만 발견하고 설명할 수 있기 때문이다. 공동체의 존재 자체가 성경 이야기의 줄거리 구조에서 절정을 이룬다. 사실상 로버트 젠슨이 설명하듯이, "교회는 성경 이야기의 줄거리와 등장인물들을 알고 있다. 그 이야기의 전달자, 저자, 청중과 연결될 뿐 아니라 배우와 해설자와도 연결된 하나의 공동체가 교회이기 때문이다."[35]

복음의 메시지에 대해 생각하고 복음과 구약 이야기의 관계에 대해 생각하면서 교회는, 교회 구성원이 기독교 신앙의 핵심을 이해하고, 성경을 잘 읽을 수 있게 도와주는 신앙 규칙을 만들었다. 이 신앙 규칙은 기독교 메시지의 핵심을 간추린 일종의 요약이다. 교부들은 신자 개개인이, 특히 젊은 신앙인이 작은 주제들과 주변 사안에 집착하는 경향이 있음을 천성적으로 깨닫고 있는 것 같았다. 그래서 교부들은 신앙 규칙으로 복음을 요약할 때, 일부러 초점을 시시하지 않은 것에 두었다. 이 진리들은 모든 기독교인이 그리스도의 이름을 지니려면 믿어야 하는 진리들이다.

교부가 보기에 해석학은 모든 맥락에서 모든 학자가 행할 수 있는 객관적인 학문이 아니었다. 그리스도 안에서 해석학은 영적이고 공동체적인 해석 기술이 된다. 정신과 마음이 복음 자체에 푹 빠져 있고 복음에 의해 형성되는 사람만 안전하고 지혜롭고 효과적으로 행사할 수 있는 것이다. 기독교 공동체의 반성과 헌신, 예배 안에서 그것이 가능하다. 브레바드 차일즈가 보기에

> 이것은 순전히 객관적이거나 중립적인 독해를 찾으려는 최초의 입장에서 시작하여 신앙은 나중에나 덧붙이는 식으로 해서는 적절한 해석이 성립할 수 없다는 뜻이다. 처음부터 기독교인 독자는 성령을 통해 하나님으로부터 새롭게 오는 말씀을 기다리는 사도적 신앙을 분별하는 특 정 입장을 받아들인다.[36]

교부 주석가들은 교회를 위해 교회 안에서 일했다. 이는 대학에서 일하는 오늘날 많은 학자에게는 낯선 생각이다. 그래서 차일즈는 "교회를 위해 성경을 되찾으라는 도전은 두렵다. 학문 집단이 정반대 방향으로 나아가고 있는 때에 특히 그렇다"고 했다.[37]

기도와 예배와 영적 형성이라는 상황과 실천에서 성경을 읽어라. 교부의 글을 처음 읽는 사람들이라면, 교부들이 성경을 주석할 때 그들에게서 받을 수 있는 것과 받을 수 없는 것을 염두에 두어야 한다. 교부 주석에는 오늘날 주석가에 비해 성경을 연구하기 위해 사용할 수 있는 언어와 역사, 신학의 도구가 적었다. 교부 주석에 다가가서 오늘날의 주석을 만날 것이라고 기대하는 학생들은 실망을 하고 떠나갈 것이다.

하지만 교부들의 성경 해석은 많은 현대 주석에게 꼭 있어야 하는 토대와 지극히 중요한 보충을 제공해 준다. 교부들은 영적 건강, 교회 안에

서의 삶을 교회의 책에 대한 주석과 연결시켜야 한다고 주장한다. 그런 주장은 학문을 영성이나 예배와 떼어놓으려는 오늘날의 경향을 꾸짖고 있다. 메트로폴리탄 티미아디스는 현대의 비판적 학문이 필요하다고 인정한다. 그러나 주석이 현대 학자의 유일한 특권은 아니라고 강하게 주장한다.

> 주석에는 매우 중요한 많은 다른 측면들이 있다. 교부들은 오늘날의 많은 주석들에서 발견되는 영적 빈곤과 공허에 균형을 잡아주는 무게를 발견하도록 도와준다. 오늘날의 주석은 과학적이고 엄밀하게 비판적이고 역사적으로 보여야 한다는 구실 아래 성경에 나타난 우리 구원의 근본적 차원을 건너뛴다. 오늘날 우리는 신약 저자와 거의 20세기 정도 떨어져 있다. 하지만 교부는 구원 사건에 훨씬 더 가까이 있었다. 그래서 성경 기록 뒤에 있는 정신을 더 잘 파악할 수 있었다.[38]

앞에서 말했듯이, 해석과 역사에 있어서 교부가 신약 교회와 사도 전통에 가까이 있기 때문에 우리는 주석에 나타난 교부의 통찰과 조언, 직관에 조심스럽게 귀 기울여야 한다. 그들이 성경 저자에 귀 기울일 때 듣는 음악은 오늘날 학자들이 즐기는 멜로디나 리듬과 다른 경우가 많다. 그 음악은 오늘날의 귀가 듣지 못하는 음정과 형식, 화음, 운동을 담고 있다. 티미아디스에 따르면, 교부는

> 그들과는 다른 범주를 통해 생각하고, 완전히 다른 성향으로부터 격려받는 구조주의나 합리적 비판주의 학파에서 훈련받은 20세기 저자들보다 신약의 근본 주제의 핵심 사상을 파악하고 참된 의미를 논의하기에 더 적합하다. 물론 비판적 주석을 다 버리자고 주장하는 것은 아니다. 성경에 접근하기에 적절한 방법론에는 해가 될 것도 없다. 하

> 지만 교부들의 성경 해석이 필수적인 교정책을 제공하여, 성경 본문의 심오한 의미를 확실한 직관으로써 우리들에게 지시해 준다는 사실을 인식하는 것은 매우 중요하다.[39]

거의 모든 교부가 목회자였으며, 많은 교부가 주교였다. 교회 지도자인 그들은 성경 지식을 학문의 일로 추구하지 않았다. 그들은 초심자 교육이나 설교를 준비하는 상황에서 주석을 했다. 그들은 본문을 읽을 때마다 스스로에게 물었다. 이 본문에서 회중에게 향하신 그리스도의 말씀은 무엇인가? 내 양을 더 효과적으로 양육하기 위해 어떻게 이 본문을 설교해야 할까? 본문이 내 정신뿐 아니라 가슴에도 말을 걸고 있는가? 이 본문은 나와 내 회중에게 어느 지점에서 들으라고 요구하고 있는가? 변하라고? 회개하라고? 성장하라고?

교부 문헌에 반영된 목회자적 심정은 목회자와 교사에게 풍부하지만 아직 많이 연구되지 않은 영역으로 남아 있다. 교부는 성경 이야기와 그 이야기들이 영적 건강과 성장을 위해 갖는 암시들에 매우 정통해 있었다. 그래서 그들은 학생들이 추상적으로 성경을 연구하지 않도록 했다. 성경 연구를 말씀과 행위에서 그리스도를 반영하라는 매일의 요청과 무관한 지적 자극제로 다루지 못하게 했다.

예를 들어 지적으로 막 꽃피우기 시작한 젊은이일 때 아우구스티누스가 성경과 씨름한 것을 살펴보자. 그는 성경을 연구하고자 했지만, 성경과 거리를 두었다. 『고백록』에서 아우구스티누스는 성경에 대한 회의적 태도를 그의 교만과 연결했다. "그것들(성경)은 본성상 당신의 작은 자들 안에서 자라나야 했습니다. 하지만 나는 작은 자임을 참을 수 없었습니다. 교만이 나를 삼켰습니다. 내가 보기에 나는 매우 큰 사람이었습니다." 그 후 아우구스티누스는 젊은 시절 그의 비뚤어진 시각을 떠올린다.

> 당신에게 말을 거는 저, 저는 과거에 속았습니다. 아직 어린 시절에 저는 경건하게 탐구하기보다, 비판적 논의를 하나님의 성명에 적용하려 했습니다. 저는 도덕적으로 단정하지 못해서 주님께 나아가지 못했습니다.……교만 속에서, 저는 겸손으로 행하지 않으면 발견할 수 없는 것들을 감히 찾으려 했습니다.[40]

『고백록』보다 먼저 쓴 『신앙의 유익에 관하여』에서 아우구스티누스는 성경을 잘못 읽은 것을 회상했다. 베르트랑 드 마제리도 주목하듯이, 그것은 아우구스티누스의 기억에 낙인처럼 찍혀있었다.

> 우리 총명한 젊은이들, 이성을 추구하는 놀라운 사람들은, 이 책들을 열어보지도 않았고, 선생을 찾지도 않았으며, 우리 자신의 우둔함을 비난하지 않고, 심지어는 전 세계에 걸쳐 읽히고 수호되고 설명되어야 할 책들을 그렇게 오랫동안 바랐던 사람들을 이해하려고 보통 수준의 수고도 기울이지 않았습니다. 우리는 이러한 사람들을 신뢰하지 말아야 한다고 여겼습니다. 우리는 적이며 반대자였던 사람들의 말 때문에 이런 의견을 갖게 되었습니다. 그들 속에서 우리는 이성의 거짓 모습 아래에서 밝혀지지 않은 수천의 우화를 아끼고 믿도록 강요될 것입니다.[41]

아우구스티누스는 회심해서 사제 서품의 소명을 받은 때부터 생애 말년까지 성경을 해석할 때 인도를 구하는 끊임없는 기도, 겸손, 신앙 공동체와 성경 지식이 서로 뗄 수 없이 연결되었다고 주장했다. 그가 서품 받은 직후 주교 발레리우스에게 보낸 편지는 그의 시각이 극적으로 변했음을 잘 보여 준다. 아우구스티누스는 분명히 새로운 눈과 태도로 성경을 읽었다. 그의 교만과 자기 확신은 사라졌다.

> 저는 성경에서 그분의 모든 처방을 연구해야 합니다. 기도하고 읽음으로써, 그렇게 위험한 의무에 충분한 힘이 내 영혼에 주어질 수 있도록 해야 합니다. 저는 과거에 시간이 없었기 때문에 이런 일을 하지 않았습니다. 하지만 서품을 받고 나서는 여가 시간을 모두 거룩한 성경을 읽는 데 쓰기로 했습니다. 여러분의 기도를 통해……저를 도와주십시오.……주님께서 그러한 까닭에 기도라는 자선을 무시하지 않으신다는 것을 저는 압니다. 그분은 기도를 달곰한 희생 제물로 받으실 것입니다. 제가 구한 것보다 더 빠르게 저를 회복시키실 것입니다. 성경에서 나온 구원의 지식으로 무장하게 하실 것입니다.[42]

오리게네스도 주석에 대한 잘못된 접근을 경계했다. 그는 성경을 잘 아는 경우 성경을 잘 읽을 수 있는 능력을 왜곡시키는 교만을 낳을 수도 있다고 두려워했다.

> 조심합시다. 생수가 나오는 샘 가까이에 우리가 있는 경우가 많기 때문입니다.……많은 눈물과 그치지 않는 기도가 있어야 하는 이유는 주님께서 우리 눈을 여시도록 하기 위해서 입니다.……하지만 왜 "눈을 열기 위해서"라는 은유를 사용합니까? 눈은 이미 열려 있습니다. 예수께서 내려오셔서 시각 장애인의 눈을 여셨으며, 율법의 베일이 벗겨졌기 때문입니다.[43]

히에로니무스가 수도사 루스티쿠스에게 권고하는 말을 살펴보자. "그대의 감옥을 그대의 낙원으로 만들고, 그곳에서 성경의 다양한 열매를 모으시오. 거룩한 책에서 기쁨을 얻고, 성경의 친밀함을 즐기시오.……책에서 손을 떼거나 눈을 떼지 마시오. 시편 한 구절 한 구절을 배우고, 끊임없이 기도하시오."[44] 히에로니무스가 가까운 두 친구에게 주는 조언도 생각해 보자. "오, 파울라와 에우스토키움, 이 세상의 번잡과 고난 가운데 여기 아래에 우리를 안정시키고 우리 영혼에 균형을 주는 것이 있다면, 저는 성경 묵상과 성경 지식이 가장 먼저라고 믿습니다."[45]

암브로시우스도 시편 119장(70인역에서는 118장) 주석 끝에 쓴 기도에서 성경을 잘 읽을 수 있는 능력과 마음 상태의 관계를 깊이 통찰하고 있다. 시편 마지막 구절은 헤매면서 멀리 가버린 시편 기자를 주님께서 찾아달라는 기도이다. "잃은 양같이 내가 유리하오니, 주의 종을 찾음으로써 내가 주의 계명을 잊지 아니함이니이다"(176절). 암브로시우스는 응답 기도를 드렸다.

> 주 예수여, 오셔서 당신의 종을 살피시고, 지친 양들을 찾으소서, 오 목자여, 오셔서 요셉이 형제들을 찾은 것처럼 나를 찾으소서(창 37:16). 당신께서 산에 계실 때 당신의 양들이 헤매어 멀리 갔나이다. 아흔아홉 마리 다른 양들을 그곳에 두시고 잃어버린 양을 찾으소서. 문을 통과하기에 너무나 포악한 개들이나 나쁜 일꾼들이나 삯꾼들이 없이 오소서. 도움을 찾거나 알려지는 일이 없이 오소서. 오랫동안 저는 당신의 도착을 기다렸나이다. 당신이 오실 것을 알고 있습니다. "제가 당신의 계명을 잊지 않았기 때문입니다." 채찍 대신 부드러운 마음과 자비를 갖고 오소서.……저에게 오소서. 탐욕스러운 늑대들의 습격이 저를 괴롭힙니다. 저에게 오소서. 저는 낙원에서 추방되었습니다.……저는 헤매다가 높은 곳에서 풀을 뜯는 무리에서 떨어져 나갔습니다.……당신께서 저를 그곳에 두셨지만, 밤에 배회하는 늑대가 저를 양 우리에서 몰아냈습니다. 나를 찾아오소서. 나도 당신을 찾고 있습니다. 나를 추적하시고, 나를 발견하소서. 나를 당신에게 이끄시고, 나를 데려가소서. 당신이 찾는 자를 당신은 발견하실 수 있습니다. 황송하지만 발견한 자를 반겨주시고, 그를 당신의 어깨에 두소서.……당신의 양을 찾

도록 종이나 삯꾼을 보내지 마시고 직접 오셔서 당신의 양을 찾으소서. 아담에게서 실패한 이 육체에서 나를 당신에게 이끄소서. 사라가 아닌 마리아로부터 나를 당신에게 이끄소서.……나를 당신의 십자가로 데려가소서. 당신의 십자가는 잃어버린 자의 구원이며, 지친 자의 유일한 안식처입니다. 당신의 십자가를 통해 죽은 자가 다시 살 수 있습니다.[46]

아우구스티누스, 오리게네스, 히에로니무스, 암브로시우스로부터 폭넓게 인용한 위의 글 덕분에 우리는 그들의 가슴으로 더 깊이 들어갈 수 있다. 그들의 가슴에 귀 기울일 때, 우리는 그들을 신뢰할 수 있으며 그들을 사랑하는 방법마저 배울 수 있다. 마이클 캐세이에 따르면, 우리가 교부를 만날 때 겪는 의사소통의 어려움을 극복하는 유일한 길은 "고대 교회의 인물 가운데 한 사람에게 '정서적으로 몰두하는 것'이다. 이는 우리로 하여금 그 인물을 생생하게 느끼도록 돕는 전기를 읽게 이끌 것이다. 편지를 읽는 것도 누군가와 친해지는 방법이다."[47]

초대

요하네스 크리소스토무스에 대한 나의 연구를 돌아볼 때, 케이시의 말은 사실인 것 같다. 드루 대학교에서 박사 논문을 쓰기 시작했을 때까지 나는 교부를 거의 접하지 못했다. 대부분의 신학도처럼 나는 아우구스티누스의 『고백록』과 『하나님의 도성』을 읽었지만 그 외 교부의 관점을 접하지 못했다. 나는 크리소스토무스에 대해 들었다. 그가 설교자로서 유명하며 특히 가난한 사람과 빈궁한 사람에게 관심을 두었다는 사실을 알았다. 그게 전부였다.

나는 교부 저술을 다루는 드루 대학교 대학원 세미나에 끌렸다. 부분적으로는 이 세미나가 새롭게 느껴졌기 때문이고, 부분적으로는 많은 다른 그리스도인이 매우 존경하는 신학자와 주석가를 몰랐다는 것을 알고 당황했기 때문이다. 왜 이들의 글을 지금도 출판할까? 나는 스스로 물었다. 지속적인 가치를 지니는 교부 저술에서 사람들은 무엇을 발견했는가? 교부는 나에게 도움을 줄 것인가, 아니면 나를 방황하게 할 것인가? 교부를 신뢰할 수 있는가?

아우구스티누스와 그 밖의 니케아 이후 교부를 다루는 세미나 덕분에 나는 이런 물음에 답을 할 수 있게 되었다. 나는 내가 신뢰한 주석가, 신학자, 목회자인 장 칼뱅, 마르틴 루터, 존 웨슬리가 교부 문헌을 깊이 읽었다는 사실을 알게 되었다. 나의 지도교수이자 조언자인 드루 대학교 토머스 오든이 영성과 신학에서 보여 준 순례는 나에게 호기심을 불러일으켰다. 토머스 오든은 나의 신학 교육과 영적 삶, 목회로의 소명을 위해 교부들을 연구하는 것이 가치가 있다고 나에게 이야기해 주었다.

박사 논문을 준비하면서 크리소스토무스의 삶과 죽음에 빠져들었을 때, 나는 지도 교수 말이 옳았다는 사실을 깨달았다. 교부 세계가 나에게 열렸다. 크리소스토무스 그 자신을 알게 되었기 때문이었다. 그의 전기, 그의 설교와 논문을 읽었고, 그가 생애 대부분 동안 만났던 깊은 고난과 시험에 대해 그가 어떻게 반응했는지를 보았기 때문이다. 크리소스토무스가 그의 말과 삶에 귀 기울이라고 나를 부르고 있음을 깨달았다. 내 자신의 기독교적 경험에 너무나 자주 부족했던 통합성을 나는 그 안에서 보게 되었다. 그의 말과 삶은 극적으로 잘 어울렸다.

나는 크리소스토무스와 만남으로써 다른 교부들을 깊게 접하게 되었다. 시간이 흐르면서 한때 불길하고 낯설고 두렵게 보였던 세계가 고향처럼 편하게 느껴지기 시작했다. 하지만 이 과정의 첫 번째 단계는 교부 한 명을 자세하게 연구하는 선택이었다. 나는 첫 번째 단계를 통해 새롭고 지속적인 우정이 형성되었다고 본다.

그렇기에 나는 교부와 함께 성경을 읽도록 여러분을 초대한다. 그대가 속한 전통이 주는 풍부한 주석을 무시하지 말라고 당부한다. 오늘날 많은 성경 해석이 초래했던 명예 훼손에 빠지지 말라고 부탁한다. 교부 읽기에 당신을 초대한다. 그들은 아마도 오랫동안 망각된 여러분의 가족이나 친척의 한 사람이기 때문이다. 그들은 오랫동안 족보의 구성원으로 기억되길 바라왔다. 너무나 오랫동안 교부는 가족의 테두리를 떠나 있었다. 그들을 집으로 초대하자.

주

1 Harold O. J. Brown, "Proclamation and Preservation: The Necessity and Temptations of Church Tradition", in James S. Cutsinger (ed.), *Reclaiming the Great Tradition: Evangelicals, Catholics and Orthodox in Dialogue* (Downers Grove, Ⅲ.: InterVarsity Press, 1997), 78쪽.

2 Thomas C. Oden, *The Word of Life* (San Francisco: Harper & Row, 1989), 219-220쪽.

3 Michael Casey, *Sacred Reading: The Ancient Art of Lectio Divina* (Liguori, Mo.: Triumph Books, 1995), 110쪽.

4 Brevard Childs, "On Reclaiming the Bible for Christian Theology", in Carl E. Braaten, Robert W. Jenson (eds.), *Reclaiming the Bible for the Church* (Grand Rapids, Mich.: Eerdmans, 1995), 16쪽.

5 C. S. Lewis, "On the Reading of Old Books", in Walter Hooper (ed.), *God in the Dock: Essays on Theology and Ethics* (Grand Rapids, Mich: Eerdmans, 1970), 200-207.

6 같은 책, 200쪽.

7 같은 책, 202쪽.

8 같은 책.

9 같은 책, 201쪽.

10 같은 책

11 같은 책, 204쪽.

12 James S. Cutsinger, introduction to *Reclaiming the Great Tradition*, 8쪽.

13 같은 책, 9쪽.

14 같은 책, 8쪽.

15 C. S. Lewis, *Mere Christianity* (New York: Macmillan, 1943), viii. Cutsinger, *Reclaiming the Great Tradition*, 9쪽에서 인용.

16 Brown, "Proclamation and Preservation", 78쪽.

17 같은 책, 79쪽.

18 같은 책, 80쪽.

19 같은 책, 81쪽.

20 같은 책, 83쪽.

21 같은 책, 84쪽.

22 같은 책, 85쪽.

23 같은 책.

24 같은 책.

25 Robert W. Jenson, "Hermeneutics and the Life of the Church", in: Braaten, Jenson (ed.), *Reclaiming the Bible for the Church*, 97쪽.

26 Bertrand de Margerie, *An Introduction to the History of Exegesis*, Vol. 2, *The Latin Fathers* (Petersham, Mass : Saint Bede's Publications, 1995), 54쪽.

27 Irenaeus, *Adversus Haereses* 4.26.1, cited in Metropolitan Emilianos Timiadis, *The Relevance of the Fathers* (Brookline, Mass.: Holy Cross Orthodox Press, 1994), 57쪽.

28 St. Hilary, *Traite des Mysteres*, I Pref., ed. Brisson, SC 19 bis (Paris: Editions du Cerf, 1967), 73-75쪽, de Margerie, *Introduction to the History of Exegesis*, 2:55에서 인용.

29 같은 책, 1.5, SC 19. de Margerie, *Introduction to the History of Exegesis*, 2:71-72에서 인용.

30 Timiadis, *Relevance of the Fathers*, 56쪽.

31 Bray, *Biblical Interpretation: Past and Present* (Downers Grove, Ⅲ. : InterVarsity Press, 1996)에서 발견한 티코니우스의 일곱 가지 주석 규칙을 제럴드 브레이가 요약한 것에 나는 의존한다.

32 Bray, *Biblical Interpretation*, 107쪽.

33 De Margerie, *Introduction to the History of Exegesis*, 2:3.

34 같은 책.

35 Jenson, "Hermeneutics and the Life of the Church", 97-98쪽.

36 Childs, "On Reclaiming the Bible", 10쪽.

37 같은 책, 17쪽.

38 Timiadis, *Relevance of the Fathers*, 55-56쪽.

39 같은 책, 56쪽.

40 Augustine, *Sermo* 51.4-5 (PL 38.336). Bertrand de Margerie, *An Introduction to the History of Exegesis*, vol. 3, *Saint Augustine* (Petersham, Mass.: Saint Bede"s Publications, 1991), 10쪽.

41 Augustine, *De utilitate credendi* 6.13. de Margerie, *Introduction to the History of Exegesis*, 3:11에서 인용.

42 Augustine, *De utilitate credendi* 6.13. de Margerie, *Introduction to the History of Exegesis*, 3:11에서 인용.

43 Origen, Homily on Genesis 7.6. Timiadis, *Relevance of the Fathers*, 57쪽에서 인용.

44 St. Jerome, Epistle 125, 7.3, 11.1. de Margerie, *Introduction to the History of Exegesis*, 2:142에서 인용.

45 St. Jerome, Prologue to the Commentary on the Letter to the Ephesians, PL 26.439. de Margerie, *Introduction to the History of Exegesis*, 2:142에서 인용.

46 St. Ambrose, Expositio in Ps. 118, Sermo 22, 28-30, PL 15, 1520-1521. de Margerie, *Introduction to the History of Exegesis*, 2:112-113쪽에서 인용.

47 Michael Casey, *Sacred Reading: The Ancient Art of Lectio Divina* (Liguori, Mo.: Triumph Books, 1996), 113쪽.

약어표

ACW	Ancient Christian Writers
ANF	Ante-Nicene Fathers
CSEL	Corpus Scriptorum Ecclesiasticorum Latinorum
FC	Fathers of the Church
NPNF	Nicene and Post-Nicene Fathers
PG	Patrologia Graeca
PL	Patrologia Latina
SC	Sources Chrétiennes

주요 교부들의 연대

순교자 유스티누스 Justinus	100-165년경, 동방 교부
타티아누스 Tatianus	110-180년경, 동방 교부
아테나고라스 Athenagors	133-190년경, 동방 교부
이레나이우스 Irenaeus	140-202년경, 동방 교부
알렉산드리아의 클레멘스 Clemens of Alexandria	155-216년경, 동방 교부
테르툴리아누스 Tertullianus	160-220년경, 서방 교부
히폴리투스 Hippolytus	170-236년경, 서방 교부
오리게네스 Origenes	185-254년경, 동방 교부
카르타고의 키프리아누스 Cyprianus of Carthage	3세기 초-258년, 서방 교부
카이사레아의 에우세비우스 Eusebius	260-340년경, 동방 교부
아타나시우스 Athanasius	295-373년, 동방 교부
예루살렘의 키릴루스 Cyrillus of Jerusalem	313-387년, 동방 교부
프와티에의 힐라리우스 Hilarius of Poitiers	315-367년, 서방 교부
나지안주스의 그레고리우스 Gregorius of Nazianzus	329년경-390년, 동방 교부
대 바실리우스 Basilius the Great	330-379년, 동방 교부
티코니우스 Tyconius	330년경-390년, 서방 교부
닛사의 그레고리우스 Gregorius of Nyssa	335/40-394년, 동방 교부
암브로시우스 Ambrosius	337/339-397년, 서방 교부
알렉산드리아의 테오필루스 Theophilus	385-412년(총대주교 기간), 동방 교부
요하네스 크리소스토무스 Johannes Chrysostomus	347-407년, 동방 교부

히에로니무스 Hieronymus	347-419/420년, 서방 교부
몹수에스티아의 테오도루스 Theodorus of Mopsuestia	350-428년, 동방 교부
아우구스티누스 Augustinus	353-430년, 서방 교부
알렉산드리아의 키릴루스 Cyrillus of Alexandria	370/80-444년, 동방 교부
퀴루스의 테오도레투스 Theodoretus of Cyrrhus	393-460년경, 동방 교부
베네딕투스 Benedictus	480/90-555/560년, 서방 교부
대 그레고리우스 Gregorius the Great	540년경-604년, 서방 교부
다마스쿠스의 요하네스 Johannes of Damascus	650년경-750년, 동방 교부
세빌라의 이시도루스 Isidorus of Seville	560-636년, 서방 교부

주요 공의회

니케아	325년, 성자의 신성 확립
콘스탄티노플	381년, 성령의 신성 확립
에베소	431년, 네스토리우스와 펠라기우스 정죄
칼케돈	451년, 성자의 신인성 확립

더 읽어볼 만한 책들

● 아달베르 함만, 『교부들의 길』(이연학, 최원오 옮김), 성바오로, 2002.
유명한 교부들의 삶과 신앙을 역사적 순서에 따라 설명하고, 그들의 글을 길게 인용하여 소개함으로써 감동을 더해 주는 책이다. 쉽고 흥미로우면서도 유익한 책이다.

● 후베르투스 드롭너, 『교부학』(하성수 옮김), 분도출판사, 2001.

● 배승록, 「교부와 교회」, 대전 가톨릭 대학교 출판부, 2005.

● 김광채, 「교부열전」, 상권(정은문화사, 2002), 중권(CLC, 2005).
동서방 교부들 전체를 두루 서술한 저술들로서, 본격적인 교부학 연구에 적합한 안내서들이다. 이 중에서 드롭너의 책이 가장 체계적이며, 방대한 참고 문헌들을 담고 있다.

● 아돌프 리터, 『고대교회』 (공성철 옮김), 한국신학연구소, 2006.
고대교회 연구에 있어 중요한 주제들에 대하여, 주전 1세기~주후 7세기에 나온 핵심 원전들을 번역하여 제시하며, 간단한 설명과 다양한 참고 문헌을 덧붙인 책이다.

● 유해무, 「신학. 삼위일체 하나님을 향한 송영, 성약, 2007.
신학의 개념, 삼위일체론, 기도, 신격화에 대한 동서방의 교부들의 견해를 폭넓고 깊이 있는 원전 연구를 바탕으로 상세하게 서술한 책이다.

●《교부 문헌 시리즈》, 분도출판사.
동서방 교부들의 유명한 작품들을 선별하여, 원전과 함께 번역 및 해설을 제공한다. 교부들의 성경 해석과 신학 및 초기 기독교의 모습을 직접 접하고자 하는 분들에게 추천한다.

● 배정훈, 우병훈, 조윤호 공저, 『초대교회의 갈등과 치료』, 도서출판 다함, 2022.
고신대 동서방기독교문화연구회 중심으로 개신교 최초의 교부신학 연구 프로젝트 첫 번째 책이다. 기독교 신앙의 뿌리와 원천인 1-6세기까지의 동서방 교부들의 원전을 연구하고 그들의 역사, 신학, 사상과 문화를 소개함으로써 교부와 목회 현장을 잇고 이를 통해 기독교의 본질을 회복하려는 기획이다.

● 토머스 오든, 크리스토퍼 홀 편집, 〈교부들의 성경 주해〉 (이상규 외 옮김), 분도출판사, 2010.

역자 후기

2002년 본서를 읽으면서 한국 교회에 꼭 소개해야겠다는 필요성을 강하게 느껴 초역을 완성한 지 오래되었지만, 현재 기독교 출판 상황, 독서 현장의 흐름 등을 고려해 출간의 시기를 기다릴 수밖에 없었다. 그런 과정에서 원고를 다시 검토해 보니 전체적으로 손을 봐야 할 필요성을 느끼게 되었다. 하지만 역자의 바쁜 일정으로 더 이상 작업을 진척할 수 없었는데, 우병훈 교수가 초고를 다시 검토하고 잘못된 부분들을 바로잡아 주었다. 신학을 전공했을 뿐 아니라 서양 고전학과 교부학 분야에서 여러 편의 논문을 발표하고, 서울대 서양고전학대학원에서 그리스어와 라틴어 문헌을 꼼꼼하게 읽는 훈련을 받은 우병훈 교수가 공역자로 참여함으로써 번역서의 질이 한층 높아졌다고 자부한다. 독자의 이해를 돕기 위해 우병훈 교수가 '시대순으로 정리한 주요 교부 목록'과 '주요 공의회' 를 덧붙였으며, 한국 독자들이 더 읽어볼 만한 책들을 정선해서 실었다.

최근 기독교 전통 안에 있는 다양한 흐름들이 '화해와 일치' 라는 모토 아래 대화를 시도하면서 신학자들은 개신교와 가톨릭, 동방 정교회가 공통으로 갖는 유산 내지 원천에 관심을 두기 시작했다. C. S. 루이스가 "순전한 기독교" 라는 모토 아래 교파 간의 차이를 넘어서는 기독교의 공통분모를 제시하고자 한 것처럼, 기독교의 세 전통이 모두 초기 교회 교부들의 권위를 인정하기에 교부학 연구는 기독교의 세 전통 사이의 대화를 가능하게 하는 접촉점 역할을 할 수 있다. 국내에서도 가톨릭 안에서 교부학 연구 모임이 생기고 교부 용어도 표준화하려는 움직임이 있다. 국내 개신교 안에서도 교부학회를 출범시키려는 움직임이 있으며, 교부들의 저술을 번역하려는 움직임도 일어나고 있다. 하지만 그리스어와 라틴어로 되어 있는 교부들의 저술을 정확하게 번역할 수 있는 인적 자원이 아직 턱없이 부족한 가운데 이 일은 아직 요원해 보인다. 교부 저술들이 활발하게 번역되고 있는 미국에서도 아직 교부들의 저술이 다 번역되지 않은 것으로 알 고 있다. 이런 상황에서 홀의 저서가 교부학에 대한 관심을 일깨우는 역할을 하리라 기대한다. 특히 교부 설교들이 한국어로 출간될 때 그 설교들을 균형 잡힌 시각에서 읽고 활용하기 위해서는 일종의 안내 · 입문서가 필요 할 터인데 홀의 이 책이 그러한 역할을 할 수 있을 것이라 생각한다. 개인적으로 역자는 교부들의 설교문을 읽으면서 새로운 깨달음을 얻고 마음이 뜨거워지는 경험을 했다. 하나님의 말씀인 성경을 당시 시대 상황 속에서 어떻게 해석하고 적용했는지를 볼 때 하나님의 말씀을 오늘날 상황에 어떻게 해석하고 적용해야 하는지와 관련하여 통찰을 얻을 수 있으리라 생각한다. 이 책을 통해 올바른 성경 해석이 무엇인지에 대한 반성과 연구가 더 이루어지기를 기대한다. 이 책은 교부들에 관심을 두는 사람뿐 아니라 신학자, 목회자, 신학생, 일반 성도에게도 매우 유익한 책이 되리라 생각한다. 기독교에서 진리의 기준으로 삼는 성경에 대한 교부들의 해석을 다루면서 오늘날 성경 해석 방법 이해에 도움을 주는 책이기에 성경 공부에 관심이 있는 사람뿐 아니라 기독교에 관심이 있는 사람에게도 큰 도움이 되리라 생각한다.

한국 교회에 꼭 필요한 책이라는 열망을 가지고 2007년에야 처음으로 독자를 만날 수 있었던 이 책이 출간 후 얼마 지나지 않아 절판되어 무척 아쉬웠다. 그러던 차에 터치북스를 통해 이 책이 다시 세상에 빛을 보게 되어 매우 기쁘다. 전보다 개신교 내에서 교부 신학에 대한 관심이 높아져 있기에 이 책의 가치가 더 돋보일 것이라고 확신한다. 재출간해 준 터치북스 김태희 대표에게 감사를 표한다.

2022년 봄

역자 대표 이경직

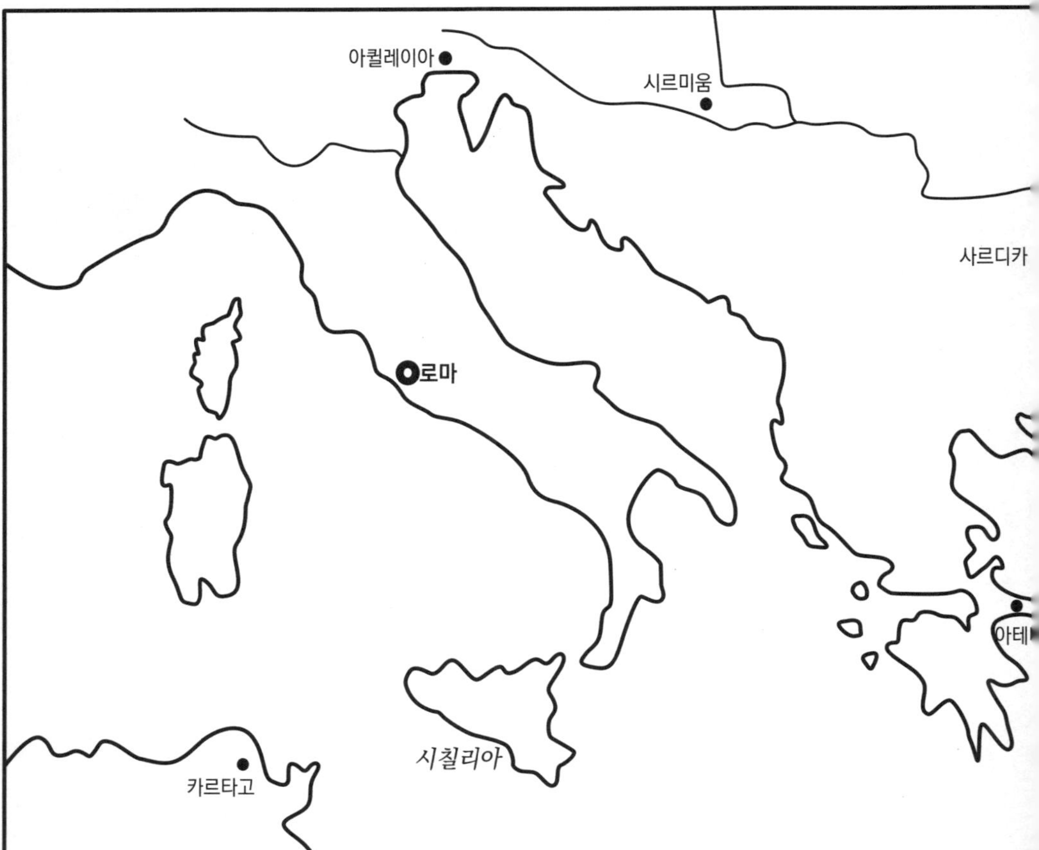

교부들의 주요 활동 무대(◉ 표시는 5대 총대교구)

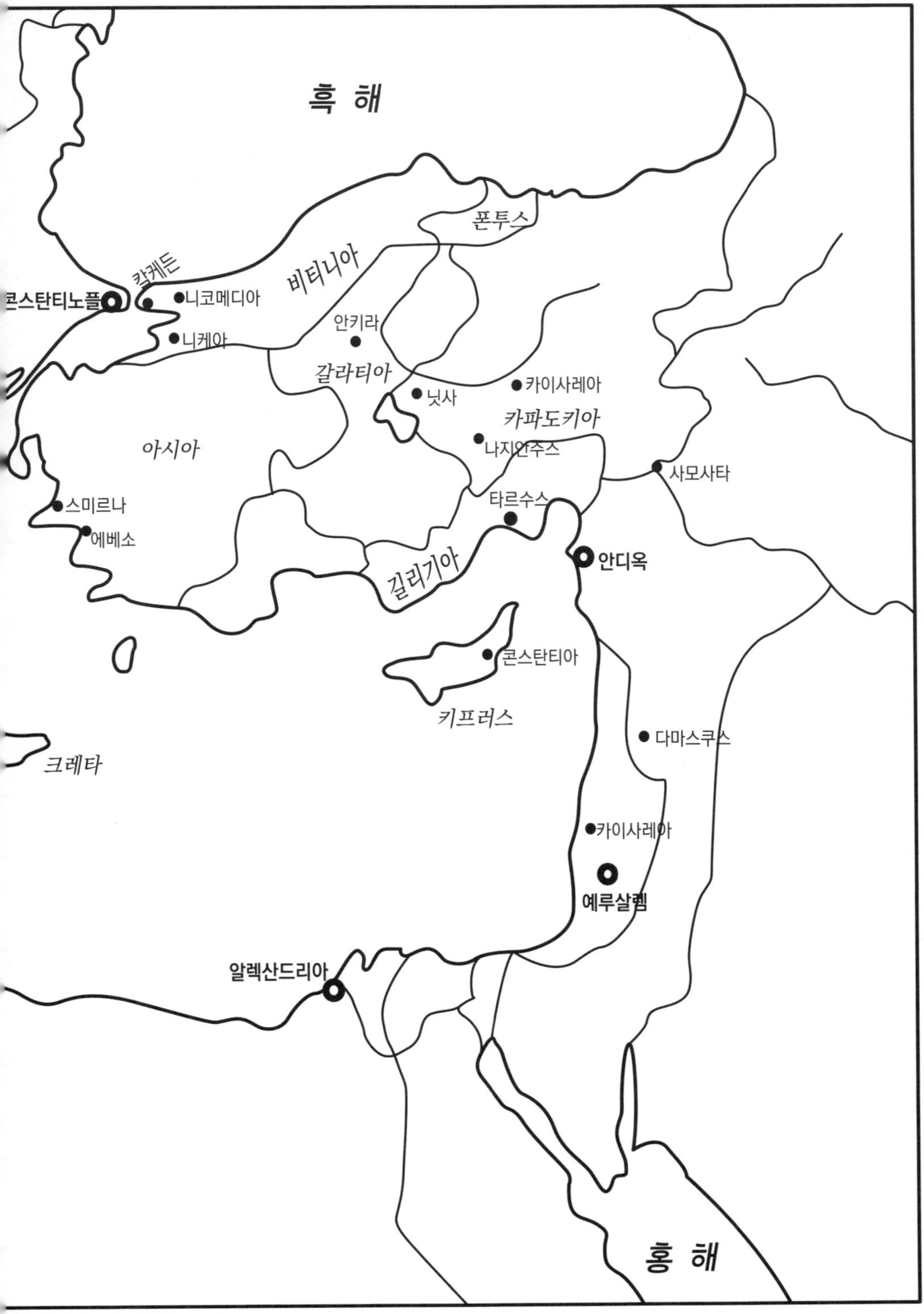
흑 해
폰투스
비티니아
칼케돈
콘스탄티노플
니코메디아
니케아
안키라
갈라티아
닛사
카이사레아
카파도키아
아시아
나지안주스
스미르나
에베소
타르수스
사모사타
길리기아
안디옥
콘스탄티아
키프러스
다마스쿠스
크레타
카이사레아
예루살렘
알렉산드리아
홍 해

교부들과 성경 읽기

초판 1쇄 인쇄 2022년 04월 14일
초판 1쇄 발행 2022년 04월 22일

지은이 크리스토퍼 홀
옮긴이 우병훈, 이경직
펴낸이 김태희
펴낸곳 터치북스
출판등록 2017년 8월 21일(제 2020-000174호)

주소 경기도 고양시 덕양구 통일로 800, 2층(관산동)
전화 031-963-5664 팩스 031-962-5664
이메일 1262531@hanmail.net

ISBN 979-11- 85098-44-9

책값은 표지에 있습니다.
파본은 구입한 곳에서 교환해 드립니다.